드디어
팔리기
시작했다

드디어 팔리기 시작했다

초판 발행 · 2019년 9월 23일
초판 10쇄 발행 · 2022년 11월 11일

지은이 · 안성은
발행인 · 이종원
발행처 · (주)도서출판 길벗
브랜드 · 더퀘스트
주소 · 서울시 마포구 월드컵로 10길 56(서교동)
대표전화 · 02)332-0931 | **팩스** · 02)322-0586
출판사 등록일 · 1990년 12월 24일
홈페이지 · www.gilbut.co.kr | **이메일** · gilbut@gilbut.co.kr

기획 및 편집 · 김세원(gim@gilbut.co.kr), 유예진, 송은경, 정아영, 오수영 | **디자인** · aleph design
제작 · 이준호, 손일순, 이진혁 | **마케팅** · 정경원, 김진영, 김도현, 이승기 | **영업관리** · 김명자
교정교열 · 공순례 | **CTP 출력 및 인쇄** · 예림인쇄 | **제본** · 예림바인딩

ISBN 979-11-6050-918-2 03320
(길벗 도서번호 090142)

정가 16,500원

독자의 1초까지 아껴주는 길벗출판사

(주)도서출판 길벗 | IT교육서, IT단행본, 경제경영서, 어학&실용서, 인문교양서, 자녀교육서 www.gilbut.co.kr
길벗스쿨 | 국어학습, 수학학습, 어린이교양, 주니어 어학학습, 학습단행본 www.gilbutschool.co.kr

---

이 도서의 국립중앙도서관 출판예정도서목록(CIP)은 서지정보유통지원시스템 홈페이지(http://seoji.nl.go.kr)와 국가자료공동목록시스템
(http://www.nl.go.kr/kolisnet)에서 이용하실 수 있습니다. (CIP제어번호: CIP2019034042)

드디어 팔리기 시작했다

사고 싶고 갖고 싶은 브랜드의 저력은 어디에서 오는가

안성은(Brand Boy) 지음

더 퀘스트

팔리는 브랜드에는
팔리는 '이유'가 있다

___
여덟 살짜리 아들에게 야채 주스를 팔았다

돌이켜보면, 나는 늘 무언가를 팔았다.

　고등학교에 입학한 첫날 치러진 반장 선거에서는 '내일까지 여러분의 이름을 모두 외워 오겠다'라는 공약을 팔았다(아는 얼굴이 거의 없는 고등학교에 입학한 자의 특권(?)이었다). 압도적인 차이로 당선됐다. 대학 졸업 후 취업 준비생 때는 선망하던 광고회사 TBWA KOREA에 27년간의 광고 경력(?)을 팔았다. 채용공고가 나지도 않는데 '27년차 경력사원을 3개월 동안 무료로 쓴다고?'라는 헤드라인을 단 자기소개서를 만들어 TBWA에 보냈다. 카피라이터셨던 아버지의 영향으로 엄마 배 속에서부터 광고 커리어를 시작했다는 기가 막힌 논리를 폈다. 자기소개서를 보낸 그다음 주부터 인턴 생활을 시작했다(물론 급여를 받았다). 6개월 뒤에는 신입사원이 되었다.

그 밖에도 무언가를 팔았던 기억은 끝없이 이어진다. 교회 예배 시간에는 광고를 팔았다(20초 안에 자동으로 슬라이드가 넘어가는 흥미진진한 광고였다. 일본의 프레젠테이션 축제 페차쿠차를 벤치마킹했다). 실제 현대카드사의 세일즈맨이 되어 프리미엄 카드를 팔았다(전국 판매 랭킹 상위권에 드는 세일즈맨이었다). 사랑하는 여자에게는 프러포즈를 팔았다(프러포즈를 '사준' 아내와 9년째 함께 살고 있다).

지금도 매일 무언가를 판다. 지난 10년 동안은 광고 기획자로서 제품이 잘 팔릴 수 있는 광고 아이디어를 클라이언트에게 팔았고, 현재는 토스라는 브랜드를 사람들에게 팔고 있다. '브랜드보이'로 활동을 시작한 후로는 매일 브랜드에 관한 인사이트를 브런치, 페이스북, 퍼블리를 통해서 팔고 있다. 3만 명이 넘는 구독자들이 매일 브랜드보이의 생각을 산다. 독서 모임 트레바리에서는 클럽장으로서 팔리는 브랜드에 대한 지식을 팔고 있다.

미래학자 다니엘 핑크는 '파는 행위'를 "사람의 마음을 움직여 자신이 원하는 바를 이루는 것"이라고 했다. 그런 의미에서 "현시대를 사는 우리 모두는 세일즈맨"이라며, 친절하게도 그 자신이 세일즈맨으로서 취했던 행동들을 다음과 같이 알려준다.

"2주 동안 나는 잡지사 편집자를 설득해 그가 구상하던 어리석은 스토리 아이디어를 포기하게 만들었고, 잠재적인 사업 파트너가 나와 협력하도록 만들었으며, 어느 조직으로 하여금 전략을 수정하게 했

고, 심지어 공항에서 근무하는 항공사 직원을 설득해 내 좌석을 창
문 쪽에서 복도 쪽으로 바꿔주도록 했다."

- 《파는 것이 인간이다》, 다니엘 핑크

그의 말마따나 모든 사람은 저마다 무언가를 판다. 우리네 세상살
이가 다른 사람의 마음을 움직여야 하는 일의 연속이기 때문이다. 대
통령은 정책과 비전을 국민에게 판다. 영화감독은 영화를 팔고, 작가
는 소설을 판다. 취업 준비생은 기업의 채용자에게 자신이 지닌 가능
성을 판다. 심지어 나는 여덟 살짜리 아들에게도 판다. 오늘 아침에는
'맛은 없지만 몸에 좋은' 야채 주스를 섭취해야 한다는 사실을 팔았다.
이 주스를 마셔야 키가 커지고, 친구들 사이에서 힘도 제일 세질 거라
는 매혹적인 포장을 더해서.

당신은 오늘 무엇을 팔았는가. 어떻게 다른 사람의 마음을 움직였
는가.

포화의 시대, 어떻게 해야 잘 팔 수 있을까

우울한 소식을 전한다. 지금은 무언가를 팔기에 녹록한 환경이 아니
다. 더 정확하게 말하자면 역사상 가장 팔기가 힘든 시기다.

신제품을 출시하기만 하면 날개 돋친 듯 팔려나가던 시대가 있었
(단)다. 수요가 공급을 앞섰다. 판매자 입장에서 '이보다 더 좋을 수 없
는' 시절이었다.

지금은 그 반대다. 포화의 시대다. 마트에 가서 맥주 하나를 사려고 해도 선택지가 수백 개에 이른다. 라거 맥주, 흑맥주, 에일 맥주, 발포주, 저칼로리 맥주, 독일 맥주, 프리미엄 맥주… 이런 마당이니 제품을 아무리 잘 만들어도 소비자들의 눈길조차 사로잡기 힘들다. 제품뿐만이 아니다. 브랜드도, 광고도 너무 많다. 한 사람이 하루 동안 접하는 광고가 3,000개에 이른다는 무시무시한 통계도 있다. 그중에 기억되는 광고가 손에 꼽을 정도라는 건 또 하나의 비극이다(나 같은 광고인에게는 더더욱 최악의 시기다).

사람도 포화다. 정치인, 변호사, 의사, 아이돌 그룹 할 것 없이 너무 많다. 하루가 멀다고 경쟁해야 할 상대가 쏟아져 나온다. 몇 년 전, 11명의 아이돌 그룹 멤버를 뽑는 방송 프로그램이 있었다. 101명의 미소녀가 떼 지어 나와 'Pick me'라는 노래를 불렀다. 이 시대를 상징적으로 보여주는 장면이었다. 우리 모두는 누군가에게 픽^{pick}되어야 한다. 선택받기 위해 박 터지게 경쟁한다. 결국, 포화의 시대를 살아가는 당신과 내가 던져야 할 질문은 하나다.

"어떻게 해야 잘 팔 수 있을까."

브랜드가 팔린다

'오리지널 이케아 프락타 백을 식별하는 법'

2017년, 스웨덴의 가구 브랜드 이케아가 낸 광고 카피였다. 그 밑으로 이케아의 장바구니 프락타 백이 진짜인지 가짜인지를 확인하는

왼쪽은 이케아의 프락타 백, 오른쪽은 발렌시아가의 캐리 쇼퍼백이다. 짝퉁이 2,000배 비싸다. **출처 | <애드위크>**

방법이 세세하게 적혀 있었다. 0.99센트에 불과한 이케아의 장바구니를 구분하는 방법이라고? 아니, 이 저렴한 가방을 누가 카피라도 했단 말인가? 답은 '그렇다'이다. 더 놀라운 사실은 짝퉁 프락타 백을 만든 브랜드가 요즘 가장 핫하다는 발렌시아가였다는 것.

발렌시아가의 캐리 쇼퍼백이 문제의 가방이었다. 2017년 발렌시아가 봄/여름 남성 컬렉션에서 공개되자마자 프락타 백을 카피했다는 소문이 났다. 사이즈와 컬러, 형태까지 모두 동일했다. 가방의 소재만 폴리프로필렌에서 양가죽과 소가죽으로 바뀌었을 뿐이다. 다만, 프락타 백의 가격까지 베끼지 않은 건 함정. 캐리 쇼퍼백에는 2,150달러의 가격표가 붙었다. '가성비 갑' 이케아의 장바구니가 2,000배 비싼 명품으로 재탄생한 기적! 캐리 쇼퍼백은 날개 돋친 듯 팔려나갔다.

캐리 쇼퍼백은 발렌시아가 디자이너 뎀나 바잘리아의 '의도된' 작품이었다. 그의 팬들은 캐리 쇼퍼백을 보고 놀라지 않았다. 역시 바잘리아라며 고개를 끄덕였을 뿐이다. 그가 대놓고 베끼는(?) 디자이너로 유명하기 때문이다. 그가 만드는 모든 옷은 이미 있는 아이템을 바탕으로 한다. 현시대를 상징하는 유물을 가져다 살짝 비틀어서 반쯤 새로운 무언가를 탄생시키는 것이 그의 작업 방식이다. 태국의 야시장에서 판매되는 비닐 가방을 모티브로 바자 백 시리즈를 출시하고, 뉴욕의 기념품 가게에서 흔히 판매하는 20달러짜리 가방에 '멀티 컬러 뉴욕 바자 쇼퍼 토트백'이라고 이름 붙여서 파는 식이다. 발렌시아가 로고를 얹어서 가격을 수백 배 이상 올려 받았음은 물론이다.

결국, 사람들이 구매한 것은 캐리 쇼퍼백이라는 제품 자체가 아니었다. 발렌시아가라는 브랜드였다. 발렌시아가의 로고였다. 발렌시아가의 역사, 브랜드 스토리, 신성 디자이너 뎀나 바잘리아의 명성이었다. 캐리 쇼퍼백의 가격은 곧 발렌시아가의 브랜드 값이었다. 기능이 2,000배 더 좋아졌다거나 2,000배 더 좋은 재료를 썼기 때문에 비쌌던 게 아니다. 이것이 브랜드의 힘이다. 발렌시아가 카피를 하든, 그로 인해 고소를 당하든 사람들은 너그럽게 받아들인다. 터무니없는 가격이라도 기꺼이 지불한다. 발렌시아가니까.

"일단 유명해지면 똥을 싸도 박수를 쳐준다"라는 앤디 워홀의 유명한 말은 발렌시아가에도 적용된다. 일단 브랜드가 되면 똥을 싸도 박수를 쳐준다.

이처럼, 요즈음 사람들은 물건을 사지 않는다. 브랜드를 산다. 오직 브랜드만이 팔린다.

초일류 브랜드는 팔리는 브랜드다

하루에도 수백, 수천 개의 브랜드가 세상에 나온다. 화려하게 주목받으며 출발했던 브랜드가 고작 1년을 채우지 못하고 사라지는 모습도 흔히 볼 수 있다. 그런데 어떤 브랜드는 이토록 치열한 현장에서도 끝까지 살아남는다. 자신만의 필살기로 시장의 판세를 바꾸고, 업계 1등으로 올라선다. 초일류 브랜드가 된다.

초일류 브랜드는 팔리는 브랜드다. 이들은 다니엘 핑크가 말한 것처럼 사람의 마음을 움직여 제품과 서비스를 파는 데 타의 추종을 불허하는 '선수들'이다. 평범한 브랜드와는 파는 것도 파는 방식도 하나에서 열까지 전부 다르다. 아웃도어 브랜드 파타고니아는 패션이 아닌 '사명'을 판다. 블루보틀은 커피 한잔에도 '애티튜드'를 담아서 판다. 백종원은 '역지사지'를 팔고, 버질 아블로는 '편집'을 판다. 무척 잘 팔린다.

드디어 팔리기 시작했다

초일류 브랜드들이 처음부터 승승장구한 건 아니다. 초창기에는 하나같이 고전했다. 에어비앤비의 세 창업자는 오랜 기간 투자자를 구하지 못했다. 모르는 사람에게 집을 내어준다는 아이디어는 숱한 조롱을 받았다. 국민 송금 앱 '토스'를 만들기 전까지 이승건 대표는 사업에 여덟 차례나 실패했다. 휠라는 불과 몇 년 전까지만 해도 나이 든 사람들만 입는 낡은 브랜드였다. 발뮤다는 세계 금융위기가 터진 이후 제품이 단 한 개도 팔리지 않는 날이 허다했다. 파산을 3개월 앞둔 브랜드였다. 그럼에도, 이 브랜드들은 살아남았다. 각자의 방식으로 위기를 돌파했다. 드디어 팔리기 시작했다. 초일류 브랜드로 올라섰다.

이 책에서는 25개의 초일류 브랜드를 선정했다. 이들이 고난의 터널 속에서 어떻게 반전의 계기를 마련하여 팔리는 브랜드로 거듭났는지를 분석했다. 이 브랜드들 가운데는 기업도 있고, 사람도 있다. 기업이든 사람이든, 초일류 브랜드가 되는 과정에는 몇 가지 공통점이 있었다. 사명, 문화, 다름, 집요, 역지사지다. 초일류 브랜드를 만든 이 다섯 가지 키워드를 알면 다음과 같은 유익이 있다.

1. 브랜드가 히트하는 진짜 이유를 알게 된다.

2. 세상 이치, 심리, 인과관계, 트렌드를 파악할 수 있다.

3. 마케팅의 핵심을 알게 된다.

4. '이렇게 하면 돈을 버는군' 하고 깨닫게 된다.

5. 좋은 브랜드에 투자하게 된다.

6. 눈길을 끄는 임팩트를 늘 생각하게 된다.

7. 회의 시간에 채택되는 아이디어를 낼 수 있게 된다.

8. 어디서나 화제가 풍부해진다.

9. 팔리는 브랜드를 만들 수 있게 된다.

10. 당신 스스로 '팔리는 브랜드'가 된다.

이 책은 어려운 이론서가 아닌 사례가 중심이 되는 실용서다. 데일 카네기의 말마따나 "소크라테스에게서 빌려 온 것이고, 체스터필드 경에게서 얻어 온 것이며, 예수에게서 훔쳐 온 것이다." 쉽게 읽히지만 각 사례가 지닌 무게만큼은 가볍지 않으리라 확신한다.

이제, 초일류 브랜드들을 소개할 시간이다. 이들이 전하는 '팔리는 마법'을 당신의 것으로 만드시길. '드디어 팔리는 순간'을 경험하시길. 행운을 빈다.

CONTENTS

사명 | 초일류 브랜드에는 분명한 이유[Why]가 있다

브랜드가 존재하는 이유와 철학이 뚜렷하다.
고객과 사회에 이윤 이상의 가치를 창출한다.
그렇게 '사명'을 실천하면서 팬을 끌어모은다.

문화 | 초일류 브랜드는 제품이 아닌 문화를 만든다

브랜드만의 고유한 문화를 만들고, 브랜드의 문화를 담은 놀이터를 만든다.
그 안에서 고객들이 놀게 한다.
자연스럽게 브랜드가 성장한다.

다름 | 초일류 브랜드는 차별화에 목숨 건다

모두가 믿는 상식을 뒤집는다. 이질적인 것을 충돌시킨다.
창조 대신 편집한다.
그들은 모두 차별화와 공감의 귀재다.

집요 | 초일류 브랜드는 미친 듯한 집요함으로 만들어진다

초일류 브랜드는 하루아침에 만들어지지 않는다.
광적인 규율을 준수한다. 고객에 집착한다.
실패하고 일어서기를 반복하며, 그렇게 끝내 성공한다.

역지사지 | 초일류 브랜드는 오직 고객의 입장에서 행동한다

그들은 스스로 대접받고 싶은 대로 상대방을 대접한다.
자신을 내려놓고 철저하게 고객 입장에서 생각한다.
어설프게 상상하지 않고, 완벽하게 고객이 되어본다.

1. 사명 Mission

초일류 브랜드에는
분명한 이유[Why]가 있다

"저에게 마케팅의 본질은 가치입니다."

스티브 잡스가 13년 만에 애플로 돌아왔다. 직원들 앞에서 연설을 시작했다. 8주 동안 준비한 애플의 새로운 광고 캠페인을 처음으로 공개하는 자리였다. 잡스는 지난 몇 년간 애플의 마케팅이 사실상 방치되어 있었다고 운을 뗐다. 애플의 광고는 제품 자체에만 초점이 맞춰져 있었으며, 엄청난 광고비를 썼음에도 아무도 애플의 광고를 기억해주지 않았다고 목소리를 높였다. 잡스는 나이키의 예를 들었다. 나이키가 파는 건 신발이지만, 광고에서는 신발의 기능성에 대해 말하지 않는다. 대신, 위대한 운동선수들에게 경의를 표한다. 스포츠의 역사를 기린다. 이것이 나이키의 방식이다. 세계 최고의 브랜드가 된 비결이다.

잡스는 직원들에게 진짜로 하고 싶은 말을 꺼냈다.

"애플의 핵심 가치는 '열정을 가진 사람들이 세상을 바꿀 수 있다는 믿음'입니다."

이것이 잡스가 생각하는 애플의 존재 이유였다. 이 브랜드가 목숨을 걸고 지켜야 하는 사명이었다. 잡스는 애플의 새로운 광고를 공개했다. 'Think Different' 캠페인이었다. 스스로 세상을 바꿀 수 있다고 믿었던 '미친 자들'에게 경의를 표하는 광고였다. 피카소, 아인슈타인, 히치콕, 리처드 브랜슨…. 이 광고가 세상에 공개된 이후 애플은 더는 컴퓨터를 파는 회사가 아니었다. 'Think Different'라는 가치를 파는 사명 중심의 회사로 거듭났다. 그때부터 애플의 신도가 기하급수적으로 늘어났다.

초일류 브랜드에게 사명은 곧 존재의 이유다.

토스는 복잡한 금융 생활을 쉽게 만들기 위해 존재한다.
에어비앤비는 현지에서 살아보는 여행 경험을 제공하기 위해 존재한다.
파타고니아는 파괴되어가는 지구의 환경을 보호하기 위해 존재한다.
무인양품은 '이것으로 충분하다'고 할 수 있는 제품을 만들기 위해 존재한다.
곤도 마리에는 설렘을 주는 정리법을 전파하는 일에 일생을 걸었다.

초일류 브랜드는 언제나 사명을 우선시했다. 제품을 팔고 돈을 버는 것은 부차적인 문제였다. 그런데도 오히려 더 많은 제품이 팔려나갔다. 역설이었다.

토스

본능적으로 심플

토스, 금융이 쉬워진다

Google Play   App Store

토스는 금융의 전 영역을 혁신하는 중이다. 토스의 무기는 변하지 않는다. 심플함이다. 출처 | 토스 홈페이지

애플은 늘 감춘다. 내부를 드러내는 일에 인색하다. 많은 이들이 애플의 담장을 배회한다. 보려는 자와 감추려는 자 간의 수 싸움은 치열하다.

2014년 어느 하루의 〈뉴욕타임스〉 기사는 보려는 자들의 승리였다. 베일에 싸여 있던 캘리포니아 쿠퍼티노의 애플 연수원이 공개됐다. '애플 대학'이라 불리는 곳이다. 애플 대학을 경험한 직원 셋이 〈뉴욕타임스〉의 취재에 응했다. 익명을 보장한다는 전제하에서였다. 따끈따끈한 특종은 전 세계로 퍼져나갔다.

화제가 된 건 커리큘럼이었다. 저 위대한 애플은 직원들에게 무엇을 가르칠까. 픽사 출신의 랜디 넬슨 강사는 '애플에서의 소통법'을 맡았다. 피카소의 1945년 작품인 〈황소Bull〉를 꺼내 들었다. 열한 장으로 이루어진 석판화 연작에서 황소의 모습은 단계적으로 생략된다. 마지막엔 극도로 정제된 실루엣만이 남는다.

"이것이 애플식 단순함입니다."

직원을 교육하는 방식마저 애플스러웠다.

애플 대학의 커리큘럼이 공개됐다. 애플의 직원들은 피카소의 1945년 작 <황소>를 보면서 '심플함'을 배운다.

미친듯이 심플

"스티브 잡스에게 심플함은 종교였다. 그리고 무기였다."

《미친듯이 심플》을 쓴 켄 시걸의 증언이다. 심플함을 위해 스티브 잡스는 스무 가지가 넘던 제품군을 네 가지로 축소했다. 아이폰에 3개의 버튼을 넣자는 의견을 뿌리쳤다. 제품의 사용설명서를 없앴다. 훌륭한 기술을 나열하는 대신 하나의 기능에 집중하는 광고를 만들었다. 심플한 의사결정을 위해 똑똑한 사람들로 구성된 '작은 집단'을 신뢰했다.

잡스는 심플함에 미친 남자였다. 그로 인해 동시대를 사는 이들이 심플함의 세례를 받았다. 모두가 애플을 배우고자 했다.

그러나 아무도 변하지 않았다. 여전히 애플의 경쟁사들은 별 차이가 없는 수십 개의 제품을 내놓는다. 작은 글씨로 빼곡히 적혀 있는 '친절한' 사용설명서를 동봉한다. 여러 개의 메시지가 담긴 복잡한 광고를 제작한다. 어떤 메시지도 소비자의 마음을 파고들지 못한다.

스티브 잡스는 심플함에 미친 인간이었다. 옷차림도 한 가지 스타일을 고수했다. 출처 | Wikimedia Commons

기업 내부로 들어가면 문제는 더 심각해진다. '모두모두 모여라' 식의 대규모 회의가 이어진다. 격식을 차리느라 서로의 의견에 대해 모호하게 이야기한다. 분명한 의사결정은 없다. 회의는 늘어진다. 복잡함이 춤을 춘다.

애플은 외딴곳에 떨어진 단순함의 섬일 뿐이다. 애플식 심플함을 흉내만 낼 뿐 그 본질까지 흡수하는 이가 없다. 심플함의 세상은 요원하다.

그래서 토스의 등장은 뉴스였다. 가뭄 속의 단비였다. 토스는 단 하나의 사명을 내걸었다. '복잡한 송금을 간편하게 만들자.' 토스에게 심플함은 수단을 넘어 목적이었다. 브랜드의 존재 이유였다. 심플함의 껍데기만 두른 여타 브랜드와는 달랐다.

어찌 보면 작은 앱에 불과했다. 그러나 이 앱이 대한민국 금융계에 던진 충격파는 작지 않았다. 파장은 갈수록 커졌다. 토스는 '금융계의 애플'이라 불리기 시작했다.

나 말고, 사람들이 원하는 사업

남자의 아홉 번째 사업이었다. 한때는 억대 연봉을 받는 치과의사였다. 돈보다 의미 있는 일을 해보고 싶었다. 기술로 전 세계인의 삶을 풍요롭게 하리라. 꿈은 원대했으나 현실은 정반대였다. 고난의 터널에 진입하신 것을 환영합니다. 손대는 사업마다 꼬꾸라졌다. 모바일 투표 시스템, SNS, 셀카봉, 문화 강좌 포털…. 8개의 사업이 연달아 실패했다. 직원들 월급을 주려고 카드를 돌려 막았다. 매일 독촉 전화를 받았다. 죽어가고 있는 듯한 기분을 느꼈다.

실패가 주는 유익도 있었다. 어깨에 들어갔던 힘이 빠졌다. 주변의 말을 경청하게 됐다. 그때 깨달았다. 지금까지 개발한 제품들은 모

토스를 만든 이승건 대표는 억대 연봉을 받는 치과의사였다. 기술로 세상을 변화시키고자 사업을 시작했다. 고난의 서막이었다. 8개의 사업을 말아먹었다. **출처 | 유튜브 채널 <태용>**

두 내가 원하는 것들이었구나. 이제는 사람들이 원하는 서비스를 찾아보자. 직원들과 거리로 나갔다. 각자 흩어져 사람들이 원하는 바를 수집했다. 사흘에 한 번씩 모여 관찰한 내용을 공유했다. 3개월 동안 100개의 아이디어가 나왔다. 간편송금 서비스 '토스'가 그중에 있었다.

반드시 존재해야 하는 서비스

실패할 게 뻔한 사업이었다. 간편송금 서비스를 시작하려면 거대 은행들과 제휴를 맺어야 했다. 공인인증서와 관련된 규제도 풀어야 했다. 가진 것 하나 없는 스타트업에는 하나하나가 불가능에 가까운 일이었다. 결정적으로, 직원 모두가 금융에 문외한이었다. 그야말로 맨땅에 헤딩이었다. 아홉 번째 실패 아이템으로 손색이 없었다.

그럼에도 성공할 수밖에 없는 사업이었다. 송금은 전 국민이 신음하는 '문제'였다. 스마트폰으로 1만 원을 보내려 해도 공인인증서에서 보안카드 번호까지 10단계 이상을 거쳐야 했다. 복잡해도 너무 복잡했다. 나이 든 사람들은 사용해볼 엄두조차 내지 못했다.

송금 시장의 헤게모니를 쥔 정부와 은행이 내세운 논리는 '안전'이었다. 안전하게 송금하려면 이 정도 과정은 불가피합니다. 그럴 리가요. 게으르고 폭력적인 이치였다. 국민은 인내심을 시험당했다. 토스가 구상한 간편송금은 있으면 좋은 서비스가 아니었다. 반드시 존재해야 하는 서비스였다.

이승건 대표는 통장에서 신문 대금과 통신비가 자동으로 빠져나

토스 이전에는 자신이 원하는 제품을 만들었다. 토스는 사람들이 원하는 서비스였다. 그제야 사람들이 호응하기 시작했다. 출처 | 유튜브 채널 <태용>

가는 걸 보고 힌트를 얻었다. 은행의 자동이체 기능을 송금에 이용하자. 공인인증서는 물론 상대방의 계좌번호 없이도 송금이 가능해지는 방법이었다. 10분 걸리던 송금이 10초 만에 끝났다. 안전에도 아무런 문제가 없었다.

2013년 12월, 토스의 베타 서비스가 공개됐다. 서비스 오픈 4시간 만에 2,000명이 모였다. 송금의 패러다임이 바뀌려 하고 있었다.

정부가 발목을 잡았다. 금융당국은 자동이체 기능이 송금에 이용되는 것을 '사고'로 인식했다. 세계 최초의 혁신적인 서비스를 이해하지 못했다. 의지도 없었다. 만에 하나 안전에 문제가 생기면 어쩔 건데. '책임소재'는 대한민국 공무원들이 가장 예민하게 반응하는 단어다. 토스의 서비스는 2개월 만에 중단됐다.

드디어 팔리기 시작했다

토스는 8개월 뒤에야 재개될 수 있었다. 때마침 전 세계에 불어닥친

핀테크 열풍 덕분이었다. 정부는 이 기류까지 무시할 순 없었다. 토스에 채워진 족쇄가 풀렸다. 영원할 것 같았던 규제의 벽이 허물어졌다. 그때부터 토스의 앞길을 막는 이는 없었다. 파죽지세였다. 드디어 팔리기 시작했다.

토스의 누적 다운로드 수가 2,600만을 돌파했다. 누적 송금액은 45조 원을 넘겼다. 월 송금액은 2조 원에 육박한다(2019년 5월 기준). 미국의 1위 간편송금 서비스인 벤모마저 뛰어넘는 수치다. '토스해줘'는 일반명사가 됐다.

은행들도 보는 눈은 있었다. 토스는 일종의 거울이었다. 그동안 자신들이 내놓은 송금 서비스가 얼마나 '거지' 같았는지를 보게 해주었다. 은행마다 토스를 벤치마킹하겠다는 내부방침이 세워졌다. 토스와 비슷한 서비스를 출시했다. 이미 늦었다. 토스는 저만치 앞서가고 있다. 현재 토스의 간편송금 시장 내 점유율은 70%를 넘는다.

심플함은 역설이다

'심플함'은 종종 오해된다. 흰 배경에 글자 몇 개만 남긴 디자인 정도로 치부된다. 무작정 빼는 미니멀한 사고쯤으로 여겨지기도 한다. 그건 겉핥기다. 심플함은 그 이상이다. 정수를 봐야 한다.

심플의 주적, 복잡함부터 이해해야 한다. 복잡함은 선택과 결정을 회피하는 데서 생겨난다. 결국은 확신의 문제다. 확신이 없으면 말이 많아진다. 무엇을 남길지보다 무엇을 더할지 고민하게 된다. 판단을 미룬다.

아인슈타인은 여섯 살짜리 아이에게 설명할 수 없다면 스스로 이해가 안 된 거라고 했다. 파스칼은 편지를 짧게 쓸 시간이 없어서 길게 쓴다고 했다. 고수일수록 쉽게 이야기한다. 본질을 꿰뚫는다. 하수는 어렵고 복잡하게 이야기한다. 제대로 알수록 쉽고 간단하게 말할 수 있다. 심플함은 역설이다.

"서비스를 사용하기 위해 알아야 할 것이나 배워야 할 것이 없고 본능적으로 이해할 수 있는 상태."

토스가 말하는 심플함이다. 본능적이어야 한다. 본능에 반하는 건 곧 복잡함이다. 애플의 아이폰을 보면 알 수 있다. 배우지 않아도 된다. 머리가 아닌 몸이 먼저 반응한다. 우리 집 다섯 살짜리 딸아이도 쉽게 가지고 논다.

토스도 마찬가지다. 앱을 켜고, 보낼 금액과 계좌번호를 입력하고, 지문인식을 거치면 끝이다. 계좌번호를 모르더라도 전화번호만 알고 있으면 된다. 완벽하게 본능적이다. 이것이 심플이다.

금융을 캐주얼하게

토스는 이제 간편송금 너머를 향한다. 금융 플랫폼이다. 토스에만 접속하면 은행 계좌 개설부터 해외 주식 투자까지 한 번에 해결할 수 있다. 금융 생태계다. 현재 40여 개의 금융 서비스를 채웠다. 이제 토스 사용자의 절반 이상은 간편송금 외에 다른 서비스를 이용하기 위해 토스를 찾는다.

서비스 영역이 확장됐다고 해서 달라지는 건 없다. 토스의 무기는 그대로다. 심플함이다. 복잡하고 어려웠던 금융이 토스 덕에 쉬워진다. 토스의 용어로 '금융의 캐주얼화'다. 모든 금융 서비스를 문자 메시지 보내듯 큰 노력 없이 이용하도록 하겠다는 것. 토스는 변하지 않는다.

토스의 이승건 대표가 지은 사명은 '비바리퍼블리카'다. 공화국 만세. 프랑스 대혁명 당시 시민들이 외쳤던 구호다. 프랑스 혁명처럼 혁신적인 서비스를 만들자는 뜻에서였다. 사명은 현실이 되어가는 중이다. 혁명의 중심에 심플함이 있다.

토스식 심플함은 '본능'이 기준이다. 배우지 않고도 본능적으로 서비스를 이용할 수 있어야 한다. 시작 페이지부터 본능적이다. **출처 I 토스 앱 화면**

에어
비앤비

골리앗에게 고함

여행은
살아보는 거야

airbnb

에어비앤비는 현지에서 살아보는 여행 경험을 제공하기 위해 존재한다. **출처** ㅣ 에어비앤비 광고

"오늘 리먼 브러더스가 파산 신청을 했습니다."

경제학 교수님이 소식을 전했다. 2008년 9월 15일의 수업 시간이었다. 158년 역사의 세계 4위 투자은행이 무너졌단다. 서브프라임 모기지의 직격탄을 맞았단다. 비우량 등급의 개인에게까지 대출을 남발했는데, 갚을 능력이 없는 자들부터 무너져 내렸단다.

거품의 잔치가 종말을 고했다. 탐욕의 대가로 값비싼 청구서가 날아들었다. 미국의 5대 투자은행 중 세 곳이 파산했다. 월스트리트에서 시작된 태풍은 전 세계를 집어삼켰다. 세계 경제위기의 서막이었다.

경기의 한파는 내가 재학 중이던 일리노이 주립대에도 불어닥쳤다. 그렇지 않아도 매서운 추위로 이름난 곳이었다. 소비 심리가 얼어붙었다. 상당수의 유학생이 눈물을 흘리며 고국으로 돌아갔다. 남은 자들은 허리띠를 졸라맸다. 친구들끼리 렌트비가 더 저렴한 아파트를 구하러 다녔다. 각자의 방이 있으면 양반이었다. 거실을 나눠 커튼으로 막을 쳤다. '프라이버시'라는 말은 사치였다. 생존이 우선이었다. 혹독한 겨울이었다.

초라한 출발

같은 기간 샌프란시스코에서는 에어비앤비가 탄생했다. 초라한 출발이었다. 청운의 꿈을 품은 청년 셋이 뭉쳤다. '세상에 영향을 미치겠다'라는 신념으로 직장을 때려치웠다. 샌프란시스코의 아파트로 집결했다. 높은 집세가 발목을 잡았다. 사나이가 칼을 뽑기도 전에 무릎을 꿇을 판이었다. 기이한 생각이 떠올랐다. '이 집의 남은 공간을 렌트해 볼까?' 궁지에 몰렸을 때는 즉각적인 실행이 답이다.

때마침 샌프란시스코에서 대규모 디자인 콘퍼런스가 열렸다. 호텔은 진작에 예약이 찼다. 세 청년은 에어베드airbed와 아침breakfast을 제공하겠다고 인터넷에 공지했다. 3명이 집을 찾아왔다. 1박에 80달러를 받았다. 어라, 잘하면 이걸로 먹고살 수도 있겠는데?

회사 이름을 '에어베드앤브렉퍼스트Airbedandbreakfast'로 정했다. 서비스를 다듬어갔다. 투자자를, 호스트를, 고객을 찾으러 다녔다. 하지만 성공은 요원했다. 조롱과 멸시의 끝없는 릴레이.

"그것 말고 다른 아이디어도 있는 거죠?"

"이미 존재하는 서비스네요."

"아들아, 넌 지금 실직자야."

"투자하지 않겠습니다."

수년 뒤 이 모든 말은 '헛소리'로 판명됐다.

위 MBTI 검사 결과 세 창업자의 성향은 놀라울 정도로 달랐다. 이들은 서로의 '차이'가 성공의 원동력이었다고 말한다. 아직까지도 끈끈한 사이다. **출처 | 에어비앤비**
아래 2006년에는 미국 대선후보들의 시리얼 박스를 팔아 빚을 갚았다. 오바마 버전만 불티나게 팔렸다. 창업자들의 '바퀴벌레 같은' 생존력에 와이 콤비네이터가 투자를 결정했다. **출처 | 에어비앤비**

준비-발사-조준

'주거공간을 공유하여 모르는 사람을 집에서 재워준다.'

급진적인 아이디어였다. 아이디어를 들은 사람들의 반응은 둘로 갈렸다.

"정말 멋져. 나도 이용하고 싶어."

"절대로 우리 동네에는 들어오지 않기를."

중간은 없었다. 사람들이 이 서비스를 이용하게 하기는 더 어려웠다. 이용자 100명을 모으는 데만 1년의 시간이 걸렸다.

낯선 사람의 집에 머문다는 아이디어가 '급진적이지 않게' 느껴지도록 해야 했다. 호스트가 되는 데 방해가 되는 장애물을 제거해야 했다. 창업자들은 발로 뛰면서 하나씩 해결해나갔다.

신뢰도를 높였다

국가로부터 등급^{Star}을 심사받는 호텔과 달리 에어비앤비는 별다른 안전장치가 없었다. 공동 창업자 조 게비아의 표현에 따르면, 에어비앤비를 이용하는 건 '본인 휴대전화의 비밀번호를 해제한 후 옆 사람에게 주는 경험' 같은 거였다. 고객은 불안했고, 호스트는 조마조마했다.

신뢰도를 높일 방법을 찾았다. 고객의 아이디와 프로필을 검증하는 시스템을 만들었다. 고객과 호스트가 서로 후기를 남겨 평판을 관리하게 했다. 보험 서비스를 더하여 혹시 발생할지 모를 피해 상황에도 대비했다.

사용자 경험을 관리했다

세 창업자는 자신들의 영웅 스티브 잡스가 얘기한 '클릭 세 번의 법칙(아이팟으로 노래를 들으려면 세 번 이상 클릭해서는 안 된다는 법칙)'을 참고했다. 사이트에서 세 번의 클릭만으로 예약을 완료할 수 있는 시스템을 구축했다.

호스트를 위한 사진 촬영 서비스도 제공했다. 에어비앤비 초창기에는 집 내부의 사진을 찍어서 올리는 데 스트레스를 받는 호스트들이 많았다. 그들이 찍어서 올리는 사진의 퀄리티도 매우 낮았다. 창업자들이 직접 호스트의 집을 돌아다니며 임대 공간이 매력적으로 보일 수 있도록 사진을 찍어주었다.

고객의 의견을 들었다

에어비앤비의 초기 투자자였던 와이 콤비네이터의 폴 그레이엄 대표가 교훈을 주었다.

"'서비스가 괜찮다'고 여기는 고객이 100만 명 있는 것보다 '서비스를 사랑하는' 100명의 고객이 있는 게 훨씬 더 낫다."

창업자들은 당시 에어비앤비의 서비스를 사랑하는 고객이 몰려 있던 뉴욕으로 떠났다. 모든 호스트의 집을 방문했다(숫자가 얼마 되지 않았다). 그곳에서 숙박을 해결하면서 호스트들의 의견을 들었다. 현장의 목소리는 부드럽지 않았다.

"왜 '일반 침대'는 안 되고 꼭 '에어매트리스'를 설치해야만 하나요?"

"왜 호스트가 반드시 집에 머물면서 손님들에게 아침을 차려주어야 하나요? 회사 이름 때문인가요?"

창업자들의 등에서 식은땀이 흘렀다. 틀린 말이 하나도 없었다. 쓸데없는 원칙들이 회사의 성장을 방해하고 있었다. 에어매트리스 구비, 아침 식사 제공 요건을 삭제했다. 호스트가 집에 머무르지 않고도 집 전체를 빌려줄 수 있다는 옵션도 추가했다. 회사 이름도 '에어비앤비'로 바꿨다. 고객의 말을 진심으로 들었기에 가능한 일이었다.

월마트를 창업한 샘 월튼은 '준비-발사-조준' 순서로 행동하는 사업가였다. '준비-조준-발사'가 아니다. 일단 저지르고 나서 영점을 맞췄다. 에어비앤비의 창업자들도 마찬가지였다. 아이디어를 떠올리는 데 많은 시간을 할애하지 않았다. 조금이라도 가능성이 있어 보이면 바로 론칭했다. 실행하고 나서 조준했다. 그제야 에어비앤비를 찾는 수요가 늘어났다. 에어비앤비가 팔리기 시작했다.

여행은 살아보는 거야

에어비앤비를 경험한 고객 대다수는 이 브랜드의 추종자가 됐다. 호텔보다 '더 나은' 경험이 아니었다. 완전히 '다른' 경험이었다. 규격화된 '방'이 아닌 호스트의 체온이 느껴지는 '집'이었다. 따뜻한 환대였

왼쪽 에어비앤비를 통해 도쿄의 오래된 가정집에서 머물렀다. 우리 가족 9명의 숙소였다. 완벽하게 새로운 여행이었다.
오른쪽 아이들은 이 낡은 판잣집을 호텔보다 더 좋아했다. 이 안에서만 놀자고 했다.

다. 현지인이 되는 체험이었다. 이곳에서만 누릴 수 있는 유일함으로 가득했다. 사람들은 깨달았다. '여행은 살아보는 것'이구나. 이것이 진짜구나.

에어비앤비는 '선악과'였다. 경험하는 자마다 눈이 밝아졌다. 이제 호텔은 시시해 보였다. 도쿄의 힐튼이든, 뉴욕의 메리어트든 거기서 거기인 프랜차이즈였다. 숙소 선택의 기준이 '편리함'에서 '진정성'으로 넘어왔다. 여행 문화가 바뀌고 있었다. 에어비앤비가 세상에 영향을 미치고 있었다. 세 청년의 간절한 소망이 이루어졌다.

3불 전략

베트남에는 20세기 최고의 전략가로 꼽히는 인물이 있다. '붉은 나폴레옹'이라 불린 보응우옌잡 장군이다. 베트남 전쟁에서 미국을 격파한 전쟁 영웅이다. 초강대국 미국으로서는 20세기에 겪은 최초이자

유일한 패배였다. 보응우옌잡 장군의 트레이드 마크는 '3불조 전략'이
었다.

첫째, 적들이 원하는 시간에 싸우지 않는다.
둘째, 적들이 원하는 장소에서 싸우지 않는다.
셋째, 적들이 생각하는 방법으로 싸우지 않는다.

그는 이 전략으로 미국·프랑스·중국군을 격퇴했다. 머릿수와
화력의 열세를 뒤집어버렸다. 에어비앤비가 호텔 업계를 무너뜨린 비
결도 3불 전략이었다.

호텔이 만실이 됐을 때를 공략했다(적들이 원하지 않는 시간).
세상의 모든 집이 숙소였다(적들이 원하지 않는 장소).
집집마다 사연과 개성이 있었다(적들이 원하지 않는 방법).

세계 최고의 호텔들이 손써볼 새도 없이 당했다. 불과 10년 사이
에 벌어진 일이다. 보응우옌잡 장군이 살아 있다면 분명 이 모습을 보
고 흡족한 표정을 지으리라.

골리앗에게 고함

이제는 사방이 적이다. 기업가치가 310억 달러에 이르는 '성공한 이단아'의 숙명이다. 귀엽게 봐준 친구가 헤비급 거물이 되어 돌아왔다. 기득권은 칼을 갈았다. 밥그릇을 빼앗긴 자들의 공격이 시작됐다. 시대의 변화가 버거운 자들의 발악이었다. 에어비앤비의 빈틈을 파고들었다.

"호스트들도 호텔과 같은 수준의 안전과 위생 기준을 따라야 합니다."

"왜 저들은 우리와 똑같이 세금을 납부하지 않나요?"

특명을 하사받은 정치인들과 로비스트들이 재빠르게 움직였다. 소기의 성과가 나타났다. 뉴욕을 비롯한 일부 지역에서 에어비앤비의 비즈니스가 불법이 됐다. 묵직한 한 방이었다.

그럼에도 에어비앤비의 성장곡선은 꺾이지 않았다. 아니, 오히려 가팔라졌다. 거인들의 공격을 받음으로써 반체제 문화의 선봉이 됐다. 다윗으로 포지셔닝됐다. 그에 반해 호텔과 정부는 새로운 시대의 도래를 방해하는 골리앗으로 인식됐다.

골리앗들이 놓친 게 있다. 마케팅에서 전쟁이 이루어지는 장소가 '소비자들의 머릿속'이라는 사실이다. 이미 에어비앤비가 점령한 영역이다. 골리앗의 공격으로 전 세계 수억 명의 팬이 단결했다. 다윗의 물맷돌이 되어 골리앗을 향해 날아들었다. CEO 브라이언 체스키의 말은 골리앗들에게 내리꽂는 비수였다.

"대세가 된 아이디어는 결코 죽일 수 없다."

2라운드

2019년 초, 세계 1등 호텔 체인 메리어트가 공유숙박 사업에 진출한다고 선언했다. 2라운드가 시작됐다. 미국과 유럽, 카리브 연안 등에서 최고급 주택 2,000곳을 임대한다고 했다. '홈스 앤드 빌라 바이 메리어트 인터내셔널Homes & Villas by Marriott International'이라는 브랜드가 출범했다. 메리어트는 에어비앤비가 확고하게 자리 잡은 중저가 시장은 버렸다. 돈 많은 이들을 위한 '럭셔리 에어비앤비'가 되겠다는 전략을 세웠다. 에어비앤비는 쫄지 않았다. 브라이언 체스키는 따뜻한 환영의 인사를 전했다.

"(공유숙박 사업의 매력을 보여주는) 엄청난 증거다. 우리 세계에 온 것을 환영한다."

지금까지 에어비앤비에 도전장을 내민 호텔이 메리어트가 처음은 아니었다. 2016년, 프랑스 호텔 기업 아르코가 호화주택 전문 공유숙박 업체 원파인스테이를 인수했다. 2017년에는 하얏트호텔이 공유숙박 업체 오아시스에 3,500만 달러를 투자했다. 두 회사 모두 재미를 보지 못했다. 원파인스테이는 아직도 적자 상태다. 하얏트는 오아시스의 지분을 정리했다.

에어비앤비로서는 충분히 예상했던 시나리오다. 한 수 앞서서 대비책을 세워놓았다. 에어비앤비의 다음 공략지는 호텔이다. 호텔 업계에 날리는 역공이다. 2019년 3월, 호텔 예약 앱 호텔투나잇을 4억 6,300만 달러에 인수했다. 최근에는 인도의 최대 호텔 기업 오요룸스 지분을 2억 달러에 사들였다. 상업용 건물 일부를 숙박용으로 바꾸는 작업도 진행 중이다. 낯선 사람의 집에 머물기를 꺼리는 여행자까지도 고객으로 확보하겠다는 복안이다.

에어비앤비의 세계는 갈수록 확장된다. 공유숙박 분야의 '챔피언'이 된 지 얼마 지나지 않아 다시 호텔 분야에 '도전자'로 나섰다. 이렇게 에어비앤비는 계속 다윗으로 남는다. 다시 한번 골리앗을 잡으러 간다.

파타
고니아

언제나 옳은 일을 한다

산을 좋아하던 남자가 어쩌다 보니 세계 최고의 아웃도어 브랜드를 만들어
버렸다. 출처 | 파타고니아

고등학생 시절, 나의 런웨이 장소는 교회였다. 예배 시간은 일주일에 한 번 교복을 벗을 기회였다. 토요일 저녁이면 설레는 마음으로 패션쇼를 준비했다. 성경에 하나님은 사람의 중심을 보시지만, 사람은 외모를 본다고 쓰여 있었다. 하나님보다 사람에게 주목받고 싶었다. 스타일이 절실했다. 유행을 따랐다. 지금은 차마 눈 뜨고 보기 힘든 사진들이 남았다.

세월이 흘러 찾은 답은 '클래식'이었다. 복식의 룰을 충실히 따르는 남자의 갑옷들, 세월을 이겨낸 작품들. 소버린 하우스, 카모시타에서부터 인코텍스와 알든, 크로켓앤존스에 이르기까지. 취향이 정립되자 소비는 확신이 됐다. 진리가 쇼핑을 자유케 하리라. '올 시즌 유행'이라는 말 같은 건 우습게 들렸다.

파타고니아에 마음을 빼앗긴 건 자연스러운 귀결이었다. '아웃도어계의 클래식'이었다. 반세기를 헤쳐온 브랜드였다. 파타고니아에 '필연성 없는 파격'은 없었다. 제품력은 말할 것도 없었다. 지갑은 쉽게 열렸다. 적어도 10년 이상을 함께할 제품이었다. 제대로 입을 자신이 있었다. 그리고 파타고니아는 언제나 값어치를 했다.

겨울마다 입는 파타고니아 레트로 재킷. 테디베어 컬러라 불린다. 집에 있는 '19곰' 테드에게 입혀보았다.

산을 타는 게 낙이었던 청년

파타고니아 창업자 이본 취나드는 1938년생이다. 미국 북동부 뉴잉글 랜드의 메인주에서 태어났다. 이 사내의 인생을 관통하는 말은 '어쩌 다 보니'였다.

'어쩌다 보니' 유명 등산가가 됐다. 어려서부터 공부에는 흥미가 없었다. 수학 공식을 외우는 시간이 그렇게 아까울 수 없었다. 차라리 그 시간에 산을 타는 것이 나았다. 산이 집처럼 편안했다. 친구들과 절 벽에 매달려 있는 것이 낙이었다. 취나드는 한 마리 야생동물처럼 산 을 탔다. 결국 요세미티를 정복한 클라이머로 이름을 날렸다. 스위스 의 알프스로 날아가서는 '아이스 클라이밍'이라는 새로운 분야를 개 척했다.

클라이머로 활동하던 시절의 이본 취나드. 지금도 그는 스스로를 사업가가 아닌 클라이머로 칭한다. **출처 | Wikimedia Commons**

취나드의 산 사랑은 대한민국에서 주한 미군으로 복무할 때도 그대로 드러났다. 북한산에 자신의 이름을 딴 등산로를 개척했다(취나드 A코스, 취나드 B코스). 산에 죽고 산에 사는 남자였다.

'어쩌다 보니' 사업가가 됐다. 한때는 사업가를 '개똥'으로 생각했다. 기업은 '모든 악의 원천'이라고 믿었다. 1960년대에 미국에서 젊은 시절을 보낸 사람들은 대부분 그처럼 생각했다. 그런 그도 돈이 필요했다. 등산 여행을 떠나기 위해 경비를 마련해야 했기 때문이다.

'어쩔 수 없이' 대장장이 기술을 익혔다. 단단한 피톤(암벽등반을 할 때 틈새에 끼우는 확보물)을 만들어서 팔았다. 전설적인 클라이머가 직접 만든 피톤은 뭐가 달라도 달랐다. 주변 클라이머들의 압도적인 지지를 받았다. 사실 취나드가 만든 피톤의 품질이 좋은 데는 그만한 이유가 있었다. 그 제품을 사용하게 될 첫 번째 고객이 바로 취나드 자신이었기 때문이다. 장비 하나를 잘못 만들었다가는 자신이 죽을 수도 있었다. 열과 성을 다해 피톤을 만들었다.

피톤을 찾는 수요가 늘어가자 결국 자신의 이름을 딴 '취나드장비회사'를 설립했다. 튼튼하고 가벼우면서도 사용이 간편한 등산장비를 만들었다. 매출은 엄청난데 이익률은 언제나 1% 수준에 머무는 회사였다. 품질을 개선하느라 멀쩡한 기계를 자꾸만 교체했기 때문이다. 이것이 취나드식 장인정신이었다. 그가 고집을 부릴수록 회사의 명성이 높아졌다. 1970년에 미국 등산장비 시장 내 점유율 75%를 차지했다. 사실상 독점이었다.

'어쩌다 보니' 의류 사업을 하게 됐다. 장난삼아 코르덴 천으로 만들어서 내놓은 등산용 반바지가 대박이 났다. 스코틀랜드 여행 중에 보았던 럭비팀의 유니폼을 본떠서 만든 셔츠도 히트했다. 의류를 본격적으로 만들어보기로 했다. 취나드장비회사와 구분되는 상표명이 필요해졌다. 파타고니아라는 이름이 그때 나왔다. '피오르 해안으로 무너져 내리는 빙하와 풍화작용으로 매섭게 깎인 기암절벽, 그 위를 미끄러지듯 선회하는 콘도르와 한가로운 양치기 등의 로맨틱한 풍경'을 연상시키는 이름이었다. 로고에는 파타고니아산을 그려 넣었다.

의류 사업을 하면서 파타고니아는 두 가지를 혁신했다. 하나는 소재이고, 또 하나는 디자인이다.

파타고니아는 신소재 개발에 특출 난 회사였다. 등산복의 소재가 목화, 양털, 오리털이 전부이던 시절이었다. 파타고니아 본사에 직물개발연구소가 차려졌다. 외부의 직조회사와도 협력했다. 신칠라, 폴리프로필렌, 캐필린 같은 신소재가 그렇게 탄생했다. 신소재 아웃도어 의류는 출시하는 족족 대박이 났다. 경쟁사들은 파타고니아를 베끼는 데 급급했다.

파타고니아는 디자인도 혁신했다. 당시 미국 내 야외활동 복장은 흑갈색, 초록색처럼 칙칙한 색 위주였다. 파타고니아는 코발트색, 진홍색, 망고색 같은 '야한' 컬러를 아웃도어 의류에 심었다. 미 전역의 산 주변을 환하게 물들여버렸다.

파타고니아가 팔리기 시작했다. 1980년대 중반부터 1990년대 사이에 파타고니아의 매출액은 2,000만 달러에서 1억 달러로 치솟았다. 지금은 매년 10억 달러에 가까운 매출을 올린다.

'어쩌다 보니' 파타고니아는 '가장 일하기 좋은 회사'가 됐다. 등산 여행 자금을 마련하기 위해 '가볍게' 시작한 사업이 엄청난 규모로 커져 버렸다. 아차 하는 순간, 수백 명의 직원이 일하는 회사가 되어버렸다. 쉬나드는 창업자로서 직원들에게 책임감을 느꼈다. 기왕 사업을 하는 거 직원들이 신나게 일할 수 있는 회사를 만들고 싶었다. 스스로 대접받고자 하는 대로 직원들을 대접했다. 직원들을 '믿어주는 것'이 가장 큰 대접이라 생각했다.

독립심이 강하고 스스로 동기 부여를 잘하는 사람을 뽑아서 '내버려 뒀다.' 복장에 대한 규제 따위는 당연히 없었다. 맨발로 걸어 다니든 반바지를 입고 출근하든 전혀 관여하지 않았다.

일하는 시간도 알아서 관리하게 했다. 직원들은 멋진 파도가 몰려

오면 파도를 타러 갈 수도, 눈이 오는 날에는 산으로 가 스키를 탈 수
도 있었다. 스키나 등산을 하러 갈 때면 회사가 경비 처리를 해줬다.

창업자부터 솔선수범(?)했다. 오랜만에 보는 직원과 마주치면 '최
근에 어느 곳으로 등산을 다녀왔는지' 물었다. 대화를 마칠 때는 '파도
좋은 날 서핑 가자'고 꼬드겼다. 직원들은 이런 창업자를 사랑할 수밖
에 없었다. 파타고니아는 포브스가 선정하는 '일하기 좋은 100대 기
업'에 6년 연속으로 올랐다. 현재 파타고니아 직원들의 이직률은 4%
에 불과하다(미국 소매 업계의 평균 이직률은 60% 수준).

'어쩌다 보니' 파타고니아는 세계 최고의 친환경 회사로 우뚝 섰
다. 창업자부터가 업에 대한 관점이 남달랐다. 영리 추구는 수단이었
다. 회사를 운영하는 궁극적인 목적은 '지구에 책임을 지는 것'이었다.
취나드에 따르면 '건강한 지구가 없다면 주주는 물론 고객도 없으며,
직원 또한 없을 터'였다. 사업은 사명이 됐다.

사지 말고 고쳐 입으세요

사이먼 사이넥은 저서 《나는 왜 이 일을 하는가》에서 말한다. 어떤 일
을 어떻게 하느냐보다 중요한 건 왜 하느냐라고. 기업도 마찬가지다.
'왜'가 분명한 기업이 강한 기업이다. 오래 살아남는다. 애플은 남다
른 생각Think different을 위해 존재한다. 탐스는 빈민국의 아이들에게 신
발을 나누어주기 위해 탄생했다. 페이스북의 목표는 세상을 연결하는
것이다. 파타고니아의 '왜'는 환경보호다. 친환경 소재를 사용하는 건

왼쪽 매장에서 직접 제품을 수선해준다. 파타고니아 제품뿐 아니라 다른 브랜드의 옷도 고쳐준다.
오른쪽 파타고니아 매장. 매장 전체가 사명, 사명, 사명이다. 자세히 읽어보라고 의자까지 가져다 놓았다.

기본이다. 파타고니아의 모든 면 제품은 유기농으로 재배된 원료만을 사용한다. 당연히 원가가 상승할 수밖에 없다. 파타고니아는 이 비용을 고객에게 전가하지 않는다. 회사의 이윤을 줄이는 방식을 택한다. 대규모 마케팅 비용을 지출하지 않기 때문에 가능한 일이다.

파타고니아는 전체 매출액의 1%를 환경운동단체에 지원한다. 순이익이 아닌 매출의 1%다. 적자가 나도 어김없이 시행한다. '자연에 내는 세금'이라는 취지다.

사명감이 지나친 나머지 가끔은 터무니없는 행동을 하기도 한다. 취나드장비회사 시절에는 주력 상품이던 피톤의 생산을 중단했다. 피톤이 너무 단단해서 암벽이 망가지고 회수가 어려워 자연을 훼손한다는 이유에서였다. 그뿐만이 아니다. 환경을 생각한다면 파타고니아 재킷을 사지 말고 고쳐 입으라고 광고했다. 아버지의 파타고니아를 아들에게 물려주라고 권했다.

DON'T BUY THIS JACKET

COMMON THREADS INITIATIVE

REDUCE
WE make useful gear that lasts a long time
YOU don't buy what you don't need

REPAIR
WE help you repair your Patagonia gear
YOU pledge to fix what's broken

REUSE
WE help find a home for Patagonia gear you no longer need
YOU sell or pass it on

RECYCLE
WE will take back your Patagonia gear that is worn out
YOU pledge to keep your stuff out of the landfill and incinerator

REIMAGINE
TOGETHER we reimagine a world where we take only what nature can replace

patagonia
patagonia.com

역사상 가장 대범한 캠페인. 모두가 쇼핑에 미쳐 있는 블랙프라이데이 기간에 '우리 재킷을 사지 말라'고 광고했다. 이게 기업이 할 소리인가 했는데 더 많은 파타고니아 제품이 팔려나갔다. **출처 | 파타고니아 광고**

2018년에는 월가 금융인들의 유니폼처럼 되어버린 파타고니아 플리스 재킷을 월가의 회사들에는 팔지 않기로 결정했다. 금융회사들이 탐욕스럽게 돈을 버는 모습이 파타고니아의 환경보호 취지와 맞지 않는다고 판단해서다. 환경보호에 우선순위를 두는 기업에만 파타고니아를 판매한다고 선언했다. 월가는 패닉에 빠졌다.

이 모든 행동은 비즈니스 측면에서는 하등 도움 될 것이 없는 것들이다. 노이즈 마케팅이라는 오해를 받기 십상이다. 그러나 아무도 파타고니아의 진정성을 의심하지 않는다. '역시 파타고니아'라는 말이 터져 나오고, 온라인에서 미담으로 공유된다. 결국 더 많은 파타고니아가 팔려나간다. 지금까지 이 브랜드가 보여준 일관된 행동으로 쉽게 허물어지지 않는 신뢰감이 쌓였기 때문이다. 사람들은 이제 파타고니아 브랜드가 어떤 행동을 해도 받아들일 준비가 되어 있다.

"언제나 옳은 일을 하려고 노력하다 보면 그것이 좋은 비즈니스로 연결된다."

이본 취나드의 말이다. 파타고니아의 성공이 이 한마디에 모두 담겨 있다.

사명, 패션이 되다

누가 파타고니아를 입을까? 왜 입을까? 파타고니아의 고객은 잘 모이지 않는다. 그만큼 스펙트럼이 넓다. 뉴욕의 힙스터도 제주의 이효리도 즐겨 입는다. 한비야에게도 어울리고, 진중권이 입어도 멋스러울 것 같다.

더글라스 홀트와 더글라스 캐머런의 저서 《컬트가 되라》에는 파타고니아 고객에 대한 재미있는 내용이 담겨 있다. 파타고니아가 지원하는 환경단체 중 상당수는 미국의 정치적 지형도에서 '극좌파'로 분류되는 단체들이다. 그런데 수많은 '공화당원'도 파타고니아의 단골이다. 특정 부류만 구매하는 게 아니다. 환경에 관심이 있거나 없거나, 프리우스를 타거나 허머를 타거나 모두가 파타고니아를 좋아한다.

패션은 한 사람의 정체성이다What you wear is who you are. 샤넬의 트위드 재킷을 입으면 품위 있는 귀부인이 된다. 미국의 풍요로움을 동경하는 자는 랄프로렌을, 시칠리아식 섹시함을 얻고자 하면 돌체앤가바나를 입으면 된다.

파타고니아는 '무심한 멋'이다. 투박하고 어찌 보면 지루하다. 그런데 그 안에 고민의 흔적이 있다. 형태와 기능에는 명분이 있다. 무엇보다 파타고니아의 사명이 제품을 두른다. 이 모든 요소가 모여 패션이 된다. 패션에 신경 쓴 것 같지 않으면서도 패셔너블해지는 효과를 낸다. 뭘 좀 아는 사람이 된다. 사명이 패션이 되는 순간이다.

많은 기업이 사회공헌활동CSR에 힘쓴다. 교육기관을 짓고, 음악회를 개최하고, 자영업자에게 자동차를 선물한다. 감동적인 광고를 만든다. 정작 소비자들의 반응은 심드렁하다. 진정성이 느껴지지 않는다. 억지스럽다. 왼손이 하는 일을 저렇게 오른손에게 알려야 하나. 그마저도 본업과 전혀 무관한 활동을 펼치는 경우가 많다.

파타고니아는 조용히 권한다. 사회적 기업이 되라고. 사회적 기업은 비영리조직과 영리 기업의 중간 형태다. 돈 버는 일과 사회적 선을 추구하는 일을 병행한다. 사회적 기업에 '성장을 위한 성장', '다름을 위한 다름' 따위는 없다. "올해 목표는 20% 성장입니다" 같은 헛소리도 하지 않는다. 묵묵하게 '가치'를 만들어갈 뿐이다. 이것이 쌓여 구매의 준거가 된다. 수익은 따라온다. 모든 것이 자연스럽다.

파도가 칠 때는 서핑을

"나는 그다지 가난하지 않다. 사과 익는 냄새를 맡을 수 있기 때문이다."

- 《월든》, 헨리 데이비드 소로

취나드는 어려서부터 사업을 해야겠다고 마음먹은 적이 한 번도 없었다. 사업에 대해서 배운 적도 당연히 없었다. 어쩌다 보니 사업가가 됐고, 세계적인 브랜드를 일구어냈다. 전 세계에서 수많은 파타고니아 팬이 생겨났다. 이런 상황에서 창업자들은 보통 어떻게 행동할까. 아마도 복권에 당첨된 후 몰락하는 자의 모습이 나오지 않을까? 인생이 이상한 방향으로 흘러가지 않을까?

취나드는 변하지 않았다. 자족하는 법을 알고 있어서였다. 높은 곳에 있든지 낮은 곳에 있든지, 부유하든지 가난하든지 자신의 삶에 만족했다. 소로의 말처럼 사과 익는 냄새를 맡을 수 있기에 가난함을 가난함으로 받아들이지 않는 인생이었다. 취나드는 지금도 자신을 '사장'이 아닌 '클라이머'라 지칭한다. 여전히 파도, 카약, 스키에 도전한다.

취나드가 지은 책의 제목은 《파도가 칠 때는 서핑을》이다. 파도가 들어오면 밖으로 나가 서핑을 하면 된다. 이것이 파타고니아식 우선순위다. 자연의 순리에 따르는 삶이다. 자족하는 삶이다. 이 삶을 누리는 자들이 자연에 책임감을 지닌다. 필사적으로 보호한다. 파타고니아의 고객들은 이와 같은 파타고니아의 태도에 매혹된다. 취나드의 가치관을 입는다. 티 내지 않고, 무심하게.

무인
양품

기본으로 충분하다

지평선은 아무것도 없지만 모든 것이 있는 장소였다. '브랜드 없는 브랜드' 무인양품의 정신을 표현하는 데 더없이 적절한 소재였다. **출처 | 무인양품 광고**

無印良品

아버지는 오랜 기간 카피라이터로 사셨다. 출판업으로 인생 노선을 변경하신 후에도 늘 당신의 아이덴티티는 광고인이셨다. 그만큼 광고 일을 즐기셨다(본인 표현으로는 '미치셨다'). 아버지의 직업병(?)은 가족에게까지 영향을 미쳤는데, 광고 카피를 쓰실 때면 꼭 나와 동생을 불러 의견을 물으셨다(서로의 의견에 영향을 주지 않도록 따로 부르셨다). 이 안이 좋니, 저 안이 좋니? 이게 왜 더 좋니? 다시 한번 봐볼래? 유대인들은 부모와 자식이 밥상머리에서 경제와 정치를 논한다는데 우리 집의 주제는 광고와 브랜드였다. 최초, 전략, 차별화, 잭 트라우트, 오길비 같은 단어들이 반찬으로 올라왔다. 큰아들이 아버지의 직업에 매력을 느꼈다. 결국 대를 이어 광고밥을 먹고 산다.

아버지에게는 독특한 습성이 하나 있으셨다. 브랜드 로고가 드러나는 옷은 입지 않으셨다. 로고가 없거나 아주 작아야 맘에 들어 하셨다. 브랜드를 팔아야 하는 카피라이터가 브랜드 옷을 멀리하는 아이러니. 아버지는 브랜드를 만든 사람의 의도가 뻔히 보인다고 하셨다. 브랜드에 휘둘리고 싶지 않다고, 본인이 광고판 역할을 하는 게 싫다고 하셨다.

아버지가 '브랜드 없는 브랜드' 무인양품을 좋아하신 건 자연스러운 귀결이었다. 브랜드라는 거품을 걷어낸 무인양품의 콘셉트를 아버지는 놀라워하셨다. 대단한 철학이라고 생각하셨다. 결국 무인양품은 밥상머리 대화에 늘상 오르는 브랜드가 됐다. 일본으로 가족 여행을 갈 때면 긴자와 신주쿠에 있는 무인양품 매장에서 상당 시간을 머물렀다. 현장학습이었다. 수업이 끝난 후에는 양손에 쇼핑백을 한가득 들고 나왔다.

무인양품의 탄생

무인양품은 1980년 일본 슈퍼마켓 체인 세이유의 PB^{Private Brand}로 출발했다. 앞서 PB 상품을 내놓은 경쟁사 다이에, 자스코, 이토요카도에 비해 늦은 출발이었다. 판도를 뒤엎을 차별화 포인트가 필요했다. '본질만 남긴다'라는 무인양품의 콘셉트가 그래서 나왔다. 다른 브랜드들이 하나라도 더하려 할 때, 우리는 더 이상 뺄 것이 없을 때까지 빼겠다는 선언이었다.

　당시는 일본의 버블경제가 절정을 향해 치닫던 시기였다. 화려하고 비싼 제품일수록 인기가 좋았다. 그리고 '브랜드'가 잘 팔렸다. 브랜드는 소비의 근거이자 프리미엄이 붙는 요인이었다. 브랜드 로고가 크게 박혀 있는 제품이라야 가치를 인정받았다. 무인양품은 이런 시대의 흐름을 역행하고자 했다. 조용히 반란을 시작했다.

　브랜드명을 무인無印(도장이 찍혀 있지 않은)양품良品(좋은 품질의 제품)으로 지었다. 브랜드의 시대에 브랜드를 없애버렸다. 제품에서 브랜드명을 빼버렸다. 무색무취한 디자인으로 제품을 둘렀다. 패키징은 간소화했다. 아트 디렉터였던 다나카 잇코의 주도로 유명 모델을 쓰지 않고 자연과 비움을 강조한 광고를 내보냈다. 무인양품은 나지막하게 외쳤다. 껍데기는 가라. 본질이 중요하다. 어떻게 해서든 자신의 존재감을 드러내려는 브랜드들 사이에서 무인양품은 홀로 튀었다. 무인양품의 '조용한' 목소리가 가장 크게 들렸다.

무인양품은 생각할 거리를 던지는 브랜드였다. 사람들은 무인양품을 보면서 나에게 진정으로 필요한 물건이 무엇인지 돌아보게 됐다. 즉, 무인양품의 제품을 사용한다는 것은 단순한 소비가 아니라 이 브랜드의 철학에 동참하는 일이었다. 무인양품식 간소함을 지지하는 소비자들이 늘어갔다. 무인양품 제품만 사용하는 무지러^{mujirer}들이 생겨났다.

무인양품은 센세이션을 일으켰다. 남다른 철학을 발신하는 아이콘으로 우뚝 섰다. 1989년에는 모기업 세이유로부터 독립했다. 1995년에는 일본 증시에 상장됐다. 일본의 경제 성장률이 0%대에 그치던 1991년부터 2000년까지의 '잃어버린 10년' 동안에도 무인양품은 홀로 성장했다. 이 기간에만 매출은 4.4배, 경상이익은 107배 증가했다. '무인 신화'라는 말까지 생겨날 정도였다. 브랜드를 없앴더니 가장 강력한 브랜드가 됐다. 역설이었다.

기본을 잃었을 때

"기본으로 충분하다."

대한민국 축구계의 레전드 이영표의 말이다. 그는 자신의 책《말하지 않아야 할 때: 이영표의 말》첫머리에서부터 기본의 중요성을 이야기한다(보통 저자의 가장 중요한 생각이 맨 앞에 배치되는 법이다).

> "축구 경기에서 실점의 95%는 반드시 지켜야 하는 축구의 기본을 최소한 다섯 차례 이상 지키지 않았을 때 발생합니다. 세계적 수준의 수비수가 되는 조건 중 하나는 축구의 기본, 그 기본을 철저히 지키는 평범함에 있습니다. 스포츠에도, 우리 삶에도 기본을 지키는 것만큼 중요한 것은 없습니다. 그리고 기본을 지키는 것만큼이나 어려운 것도 없습니다."

무인양품도 초창기에는 기본을 지켰다. 고객의 필요를 고민했다. 품질에 전력을 기울였다. 매장에서는 최고의 서비스를 제공하고자 했다. 그때 무인양품은 이겼다.

위기의 전조는 무인양품이 증시에 상장된 1995년부터 나타났다. 무엇이든 만들기만 하면 팔려나가던 때였다. 회사의 매출과 이익이 매년 급격히 증가했다. 무인양품은 샴페인을 터뜨렸다. 무리하게 매장을 늘렸다. 고객의 만족도를 높이고 브랜드의 내실을 다지기보다 수익을 높이는 데만 초점을 맞췄다. 무엇보다, 무인양품 직원들의 열정이 사라진 것이 가장 큰 위기였다. 더 나은 제품을 만들려는 열의가 증발했다. 1990년대 초만 하더라도 일본 산간 지역을 샅샅이 돌며 소재를 찾던 직원들이 기계적으로 제품을 개발하기 시작했다. 제품에 담긴 '혼'이 사라졌다. 편 가르기와 줄 서기 등 사내정치도 횡행했다. 그렇게 무인양품은 기본을 지키는 법을 잃어버렸다. '무지다움'의 상실이었다. 브랜드가 흔들렸다.

더욱이 외부에서는 유니클로, 니토리, 다이소 등 가성비를 내세운 업체들이 무인양품의 영역을 침범해 들어왔다. 무인양품과 비슷한 제품을 30% 정도 저렴하게 출시했다. 무인양품은 가격 경쟁의 소용돌이에 빠져들어 갔다.

기본을 지키지 않는 브랜드에서 소비자들의 마음이 떠나는 건 한순간이었다. 무인양품의 실적이 곤두박질쳤다. 2001년에 38억 엔(약 400억 원) 적자라는 최악의 성적표를 받아 들었다. 4,900억 엔이었던 회사의 시가총액이 1년 새 6분의 1가량인 770억 엔으로 떨어졌다. 무인양품은 이제 끝났다는 소리가 나왔다. 기본을 상실한 대가는 너무나 컸다.

다시, 기본으로

무인양품은 배수진을 쳤다. 리더십을 교체했다. 사업부장이던 마쓰이 타다미쓰가 대표이사로 승진했다. 유명 디자이너 하라 켄야를 아트디렉터로 영입했다. 2명의 구원투수가 마운드에 올랐다. 무인양품의 수술이 시작됐다. 그동안 무인양품이 소홀히 해온 기본으로 돌아가는 일이었다.

타다미쓰 대표는 무인양품의 체질을 바꾸는 작업에 돌입했다. 전국의 매장을 돌며 직접 점장들을 만나 현장의 목소리를 들었다. 100억 엔 상당의 불량 재고를 소각했다. 적자 매장의 문을 닫았다. 디자이너 요지 야마모토와 협업하는 등 경쟁력이 떨어진 무인양품의 제품력을 끌어올리는 데 힘을 쏟았다.

타다미쓰 대표가 가장 심혈을 기울인 부분은 직원들이 지켜야 할 행동 수칙을 마련하는 일이었다. 〈무지그램Mujigram〉이라는 매뉴얼북을 발간해서 전 매장에 배포했다. 매장에서 일하는 방식을 표준화하기 위함이었다. 상품 진열법, 고객에게 인사하는 법, 잔돈 주고받는 법까지 이 책에 모두 담겨 있었다. 그 덕에 전 매장의 직원들이 일관된 서비스를 제공할 수 있게 됐다. 베테랑 직원이 갑작스럽게 퇴사해도 업무 공백이 발생하지 않았다. 〈무지그램〉만 있으면 새로 온 직원이 그 자리를 거뜬히 메울 수 있었다.

〈무지그램〉은 무인양품의 직원들이 지켜야 할 '기본'이었다. 맨앞 페이지에는 각각의 작업이 갖는 의미와 목적이 제시돼 있었다. 각 수칙을 유연하게 해석해서 자신에게 맞게 체득하는 것이 얼마나 중요한지를 알려주려는 의도였다. 직원들이 〈무지그램〉에 명시된 기본을 지키면서부터 무인양품 매장이 예전의 모습으로 돌아갔다.

아트 디렉터 하라 켄야는 무인양품 브랜드가 지켜야 할 기본을 돌아보았다. 먼저 이 브랜드에 질문을 던졌다. 무인양품은 왜 세상에 존재해야 하는가. 고객에게 어떤 가치를 제공해야 하는가. 하라 켄야가 찾은 답은 '이것으로 충분하다'였다.

이것으로 충분하다

'이것으로 충분하다'는 '본질만 남긴다'의 하라 켄야식 해석이었다. 무지다운 제품을 개발하기 위한 분명한 기준점이었다. 무지다운 제품은 단순히 심플한 디자인을 의미하지 않았다. 기분 좋은 생활을 돕는 최소한의 것이자, 생활의 기본이 되는 제품이었다. 한마디로, 본질에 충실한 제품이었다. 너무 좋지도 나쁘지도 않은 '이것만으로 충분한' 제품이었다. '이것으로 충분하다'는 필요 없는 상품은 만들지도 팔지도 말자는 의미이기도 했다. '이것이 좋다', '이것을 꼭 사야 한다' 같은 말과는 결이 달랐다.

하라 켄야는 '이것으로 충분하다'를 무인양품 브랜드가 지켜야 할 기본으로 삼았다. 디자인에 개성을 담지 않았다. 필연성 없는 파격을 지양했다. 디자이너 채용 공고에는 '디자인을 하지 않는 디자이너 모집'이라는 문구를 넣었다.

두 리더의 지휘 아래 무인양품은 경영과 브랜딩의 기본을 정립하고 이를 철저히 지켜나갔다. 그때부터 무인양품이 다시 팔리기 시작했다. 최악의 적자를 기록한 2001년 이듬해부터 흑자로 돌아섰고, 이후 매년 성장세를 이어갔다. 지금은 3,795억 5,100만 엔(약 3조 8,000억 원)에 달하는 매출을 올리는 브랜드로 성장했다(2017년 기준). 전 세계 30여 개국에서 900개가 넘는 매장을 운영한다. 무인양품이 부활하는 데는 복잡한 공식이 필요한 것이 아니었다. 기본을 지키는 것으로 충분했다.

무지다움 찾기

'무지다움이란 무엇인가.'

이 질문은 오랜 기간 무인양품 내부에서 부유하고 있었다. 누구도 명확한 답을 내놓지 못하는 숙제 같은 거였다. '본질만 남긴다', '이것으로 충분하다'라는 말들도 어찌 보면 추상적인 슬로건이었다. 직원마다 해석에 차이가 있었다. 무지다움이 구현된 실체를 보지 못해서 발생하는 문제였다. '파운드 무지Found MUJI' 프로젝트가 시작된 건 그런 연유에서였다. 세계 각지에서 무지다운 물건들을 발견한 후에 역으로 무인양품의 정체성을 찾아보겠다는 취지였다.

파운드 무지는 시대의 필요를 읽은 프로젝트이기도 했다. 시중에는 특색 없는 공산품들만 판을 치고 있었다. 나름의 고유성을 간직한 물건들이 점점 사라져 갔다. 이는 일본뿐 아니라 전 세계적인 현상이었다. 무인양품은 자신들의 사명을 슬로건에 담았다.

'시대와 국경을 넘어, 무인양품을 찾는 여행을 시작합니다.'

무지다움을 찾는 여행을 시작했다. 세계 각지에 흩어져 있는 될성부른 물건을 발견했다. 생산지를 직접 방문해서 탄생부터 완성까지 세밀하게 들여다보는 과정을 거쳤다. 오리지널리티가 있는, 간소하면서도 쓰임새가 확실한 '무인양품스러운' 아이템들이었다. 한국 담양에서

왼쪽 위 파운드 무지 book. 파운드 무지에서 발굴한 물건들을 모아 책으로 엮었다. 2014년 파운드 무지 매장에서 구입했다. 4,000엔 정도였던 걸로 기억한다. 상당히 고가였다.
왼쪽 아래 아오야마 파운드 무지 스토어. 동아시아에서 발굴해낸 무지다운 물건들.
오른쪽 이곳을 찾았을 때 한국 섹션이 별도로 구분되어 있었다. <서울신문>은 깨알 아이템.

는 죽세공품을 발굴했다. 미국 애리조나주에서는 밀가루를 담는 포대, 일본 아오야마현에서는 사과 상자를 발견했다. 쓰임이 특정 지역에 한정되어 있던 아이템이었다. 이를 현대적으로 개량하여 출시했다.

파운드 무지를 이끄는 디자이너 후카사와 나오토는 "아무도 상품화하지 않을 만한 것을 발견해 제품으로 만드는 게 파운드 무지의 저력"이라고 했다. 더는 찾는 사람이 없어 사라질 위기에 처한 전 세계 특산품들이 파운드 무지 프로젝트를 통해 생명을 연장했다.

파운드 무지의 첫 번째 단독 매장은 도쿄 최고의 부촌 아오야마에 생겨났다. 30여 년 전부터 이 자리에 있던 무인양품 1호점을 리모

도쿄의 부촌 아오야마에 있는 파운드 무지 매장. 명품족
들 사이에서 '의식 있는 시골 청년'의 오라를 발산한다.

델링한 공간이었다. 아오야마는 꼼데가르송, 샤넬, 에르메스 등 글로벌 명품 브랜드들이 집결한 지역이다. 파운드 무지의 매장은 존재만으로도 이질적인 풍경을 연출했다. 세련된 명품족들 사이에 끼어 있는 의식 있는 시골 청년의 모습이었다.

파운드 무지 매장은 존재 자체가 메시지였다. 여기 전 세계에서 발굴해 온 오리지널들을 보라고. 진짜배기 명품이란 이런 게 아니겠냐고. 이것이 무지다움이라고. 고객들은 기대감을 안고 파운드 무지 매장을 찾았다. 오늘은 또 어느 나라에서 가져온 신선한 아이템을 볼 수 있을까. 다른 나라에서 온 관광객들도 일본 기업이 찾은 세계 각국의 '잇템'들을 보러 왔다. 무지다움을 경험했다. 무지다움이 전 세계로 퍼져나갔다.

파운드 무지 프로젝트의 위력은 기대 이상이었다. 무인양품과 비슷한 정체성을 지닌 제품들을 계속해서 찾다 보니 무지다움의 실체가 서서히 드러났다. 직원들은 무지다운 제품을 보면서 이 브랜드의 지향점을 한층 더 또렷하게 이해하게 됐다. 고객들 또한 이 브랜드가 단순히 말만 번지르르하게 하는 브랜드가 아님을 알게 됐다. 그야말로 일거양득이었다. 무엇보다, 파운드 무지 덕에 쉽게 흔들리지 않을 브랜드의 기틀이 다져졌다. 무인양품 브랜드의 기본기가 깊게 뿌리내렸다.

무지, 호텔을 짓다

시작은 가나이 마사아키 회장이 해외 출장을 갈 때마다 호텔에서 느꼈던 불만이었다. 대부분의 호텔은 과하게 넓거나(비싸거나) 허접하거나(싸거나) 둘 중 하나였다. 중간급 호텔이 부재했다. 무지다운 호텔을 만들어보면 어떨까. 얼마 후 무인양품은 호텔 사업을 시작한다고 발표했다.

> "나이키는 호텔을 보유하고 있지 않다. 하지만 보유하고 있다면 어떤 모습일지 충분히 추측할 수 있을 것이다. 그것이 나이키의 브랜드다."
>
> - 《이것이 마케팅이다》, 세스 고딘

세스 고딘의 말처럼 무인양품 호텔이 없었을 때도 사람들은 무인양품의 호텔을 추측해볼 수 있었다. 무지다움이 그만큼 명징했기 때문이다. 호텔에는 무인양품의 간결하고 내실 있는 세계관이 고스란히 반영될 것이었다. 방 안에 배치된 가구에서부터 냉장고, 옷걸이에 이르기까지 호화스럽지 않은 간소한 제품들로 구성될 터였다. 불필요한 부분을 찾아볼 수 없는 합리적인 호텔이 될 것이 확실했다. 무엇보다,

무지가 호텔을 짓는다고 했을 때 사람들은 그 모습을 충분히 추측할 수 있었다. 무지다움이 명징해서였다. **출처 | 무지호텔 홈페이지**

'이것으로 충분한' 호텔이 될 것임은 의심의 여지가 없었다.

　무지호텔이 모습을 드러냈을 때 사람들은 '역시나'를 외쳤다. 모두가 예상한 그대로의 모습이었다. 호텔의 무엇 하나 무지스럽지 않은 것이 없었다. 너무 좋지도 나쁘지도 않은 '이것만으로 충분한' 호텔이었다. 가격도 무인양품스럽게 합리적이었다. 무지호텔은 등장하자마자 전 세계에 있는 무인양품의 팬들을 끌어모았다. 객실은 늘 만원 사례를 기록했다. 무인양품은 다시 한번 브랜드의 기본에 충실했다. 무지호텔도 통했다.

브랜드가 없는 브랜드

무인양품의 가나이 마사아키 회장은 한 인터뷰에서 한국의 젊은이들이 김치를 만들 줄 모른다는 사실을 두고 탄식했다. 어떻게 당신네들은 김치 같은 멋진 문화가 사라지는 것을 눈 뜨고 보기만 할 수 있는가. 왜 메이크업이니 해외 패션이니 하는 가벼운 문화에만 빠져 있는가. 그는 무인양품에서 김치 교실을 만들어볼까 생각한 적도 있다고 했다. 우리가 해야 할 고민을 일본의 기업가가 해주고 있었다.

역시 무인양품이구나 하는 감탄이 나왔다. 이들은 언제나 이 시대의 필요를 바라봤으니까. 필요는 사명이 됐으니까. 브랜드를 없애고, '이것으로 충분하다'는 철학을 전파하고, 파운드 무지라는 희대의 프로젝트를 발족한 사람들이니까. 사라질 뻔한 여러 '김치'들을 구해낸 장본인들이니까. 그것이 무인양품의 기본이었으니까.

가나이 회장은 경쟁사들과 무인양품의 차이점을 '사상의 유무'라고 말했다. 더 나아가 무인양품에는 사상 말고는 아무것도 없다고 단언했다. 그의 말을 들어보니 무인양품에는 애초에 브랜드가 필요 없었겠구나 하는 생각이 들었다. 그들의 사상이 이미 브랜드였다. 브랜드는 억지로 만드는 게 아니라 애초에 존재하는 것이었다. 브랜드가 존재하는 이유 자체가 이미 브랜드였다. 자연스레 생겨나는 것이었다. 사명을 좇고 고객의 필요를 채워주는 기본에 충실하면 브랜드가 되는 것이었다. 브랜드는 감동받은 느낌이었다. 고마움이었다. 기대감이었다. 존경심이었다.

무인양품은 스스로 브랜드가 되려 하지 않았다. 기본에 충실했다. 브랜드가 됐다.

————————————————

곤도
마리에

정리를 팔아라

넷플릭스는 곤도 마리에의 희한한 정리법이 풍요에 지친 미국인들의 마음
을 뒤흔들 거라고 예상했다. 예상은 적중했다. **출처 | 넷플릭스 광고**

近藤麻理恵

"이걸 언제 다 치우지?"

곤도 마리에의 가르침을 실천하는 일은 만만치 않았다. 그녀가 출연한 넷플릭스 프로그램을 보고 마음이 동했다. 칼을 뽑아 들었다. 옷부터 정리를 시작했다. 집에 있는 모든 옷을 한곳에 쌓아 올렸다. 거대한 '옷 탑'이 생겼다. 한숨이 절로 나왔다. 내가 지금 무슨 일을 벌인걸까. 이 작업을 언제 끝낼 수 있을까.

언젠가는 마주해야 할 일이었다. 고백하자면, 지난 10년간 정리다운 정리를 해본 적이 없었다. 심지어 새집으로 이사를 가면서도 가지고 있는 물건들을 잘 배치하는 데에만 신경을 쏟았다. '버리지' 못했다. 수납공간마다 물건들이 넘쳐흘렀다. 옷이나 책을 찾을 때마다 꽤 많은 시간이 걸렸다. 집에 있는 줄도 모르고 똑같은 제품을 구입한 적도 여러 번이었다.

본격적인 정리 작업에 들어갔다. 곤도 마리에가 가르쳐준 대로 옷 위에 손을 올렸다. 이 옷이 나에게 설렘을 주는지 확인해보는 '의식'이었다. 손을 댔을 때 설렘을 주는 옷은 옷걸이에 걸었다(그녀의 말처럼 스파크가 튀는 일은 없었다). 그렇지 않은 옷은 박스에 담았다. 초반에는 옷을 분리하는 데 시간이 꽤 걸렸지만, 점차 속도가 붙었다. 대개 평소에 자주 입는 옷들이 설렘을 주는 옷이었다. 언젠가 입을 때가 있으리라 생각했던 옷들은 대부분 박스행이었다. 정리를 마무리한 시점에는 옷더미의 3분의 2가량이 5개의 박스에 담겼다. 옷 정리를 하는 데 주말 이틀이 지나갔다. 정리하라고 오랜 기간 압박(?)하던 아내가 제일 기뻐했다.

'곤마리 효과'는 확실했다. 정리에서 살아남은 친구들이 옷장에서 존재감을 발휘했다. 예전에는 여러 라이벌(?)에 치여 제대로 숨조차 쉬지 못하던 친구들이었다. 남은 친구들이 예전보다 소중하게 느껴졌다. 이 친구들을 더 잘 활용할 방법을 연구하게 됐다. 옷의 가짓수는 더 적어졌는데도 이후 더 많은 스타일링을 시도하게 된 건 그 때문이다. 무엇보다 달라진 건 옷장을 열 때의 기분이었다. 옷장을 열 때마다 그동안 느꼈던 짜증이 사라지고, 꽤 설레는 기분을 느꼈다. 옷을 찾기 위해 옷장을 헤집는 일도 없었다. 곤도 마리에가 말하는 '정리의 마법'이 이런 거구나 싶었다.

팔리는 브랜드 곤도 마리에

전 세계가 '곤마리' 열풍이다. 일본에서 2011년에 출간된 《인생이 빛나는 정리의 마법》은 일본 아마존에서만 100만 부 넘게 팔렸다. 미국에서는 2014년에 출간되어 800만 부 이상이 팔렸다. 이듬해 곤도 마리에는 시사주간지 〈타임〉이 선정한 '세계에서 가장 영향력 있는 100인'에 이름을 올렸다.

2019년 1월부터 방영된 넷플릭스 프로그램 〈설레지 않으면 버려라^{Tidying Up With Marie Kondo}〉는 화룡점정이었다. 미 전역에 곤도 마리에 신드롬을 일으키는 중이다. 방송 이후 굿윌에 기증된 물품 숫자가 40% 이상 증가했다. 중고품 가게마다 물건을 내놓겠다는 사람이 줄을 섰다. 그녀의 이름 곤도^{Kondo}는 '정리하다'를 뜻하는 영어 신조어가 됐다. 곤도 마리에의 정리 방식을 실천하는 사람은 '콘버트^{Konvert}(곤마리 정신으로 개종한 사람)'로 불리게 됐다. 인스타그램에서는 곤마리 정리법으로 정돈한 옷장·수납장 사진 올리기가 유행이 됐다.

키 142센티미터에 불과한 평범한 일본인 주부가 어떻게 세계인의 마음을 사로잡은 걸까. 그녀는 '정리'를 어떻게 '팔리는 콘텐츠'로 만들 수 있었을까.

다섯 살짜리 정리 덕후

곤도 마리에는 일본의 평범한 중산층 가정에서 태어났다. 3남매 중 둘째였다. 수줍음을 많이 타는 내향적인 성격이었다. 곤도는 세상의 모든 둘째가 그렇듯이, 어머니가 장남인 오빠와 막내인 여동생만 각별하게 챙기는 것처럼 느끼면서 자랐다. 세 살 때 이후로는 부모님의 세심한 보살핌을 받은 기억이 없다고 생각했을 정도다. 그만큼 곤도는 어머니의 사랑에 늘 목이 말랐다.

아이러니하게도 바로 이런 결핍이 다섯 살 소녀 곤도 마리에를 집안일과 정리의 세계로 인도하는 계기가 됐다. '정리'야말로 어머니의 도움을 받지 않고 주체적으로 살아갈 수 있는 방법처럼 느껴졌기 때문이다. 물론 정리를 잘해서 어머니에게 칭찬받고 싶고, 주목받고 싶다는 바람도 있었다. 그렇게 다섯 살짜리 '정리 덕후'가 탄생했다.

유치원에 다닐 때는 집에 있는 온갖 생활 잡지에서 정리 관련 기사를 찾아내 그대로 실천했다. 티슈 상자로 서랍을 만들고, 용돈을 털어 잡지에 소개된 수납 제품을 구입해 시험해보았다. 초등학생이던 때, 다른 친구들은 동물을 돌보거나 꽃을 가꾸는 부서에 들어갔다. 곤도는 정리정돈부에 가입하는 유일한 학생이었다.

중학교 3학년 때 《버리는 기술》이라는 책을 읽으면서 정리에 눈을 떴다. 그녀에게 이 책은 정리의 바이블이었다. 바이블이 설파한 진리는 정리의 핵심이 '버리기'라는 사실이었다. 지금까지 어떤 잡지에서도 말해주지 않던 내용이었다. 이 책을 읽은 후 자신의 방에서 쓰레기봉투 8장 분량의 물건을 버렸다. 그로 인해 달라진 방의 분위기, 가벼워진 마음을 보면서 정리는 자신이 그동안 생각한 것 이상으로 대단한 행위임을 깨달았다.

그때부터 더욱 정리에 빠져들었다. 때와 장소를 가리지 않고 정리를 하는 '정리 머신'으로 거듭났다. 집에서는 오빠 방, 여동생 방, 거실, 주방, 욕실을 매일 정리했다. 학교에서는 틈이 날 때마다 교실 책장의 책을 배열하고, 청소도구함의 내용물을 정리했다. 누가 시켜서 한 일이 아니었다. 정리가 그만큼 좋았다. 좋아하는 만큼 잘하고 싶었다. 그럼에도, 앞으로 정리를 업으로 삼을 생각은 하지 못했다. 정리가 어엿한 직업이 될 수 있으리라고는 상상하지 못했다. 주변 사람들이 그녀에게 취미를 물어보면 '정리' 대신 '독서'라고 대답했다.

정리가 돈이 되다

대학교 2학년 때부터 정리가 돈이 되기 시작했다. 친구들의 물건을 정리해주고 용돈을 벌었다. 도쿄여자대학을 졸업한 뒤에는 인력회사에 재직하면서 부업으로 정리하는 일을 계속했다. 5시간 동안 정리를 하면 1만 엔가량을 받았다. 다섯 살 때부터 쌓아온 정리 내공이 빛을 발했다. 곤도의 정리를 경험한 사람마다 하나같이 그녀의 팬이 되었다. 곤도를 찾는 곳이 점점 늘어났다.

이 일로 생계를 유지할 수 있겠다는 생각이 들자 곤도는 모험을 감행했다. 다니던 회사를 그만두고 정리해주는 일을 전업으로 삼았다. 한때 현모양처를 꿈꾸던 소녀는 그렇게 '정리 컨설턴트'라는 천직을 찾았다. 이때부터 곤도는 본격적으로 정리를 세일즈하기 시작했다.

"정리하는 방법을 돈을 주고 배운다고?"

곤도 마리에가 등장하기 전에 많은 일본인은 이렇게 생각했다. 요가, 악기, 꽃꽂이 같은 건 돈을 내고 배우는 것이 맞았다. 정리는 아니었다. 정리는 스스로 연마하는 것이었다. '배우는 것'보다는 '익숙해지는 것'이었다. 초등학교 1학년 아이도 얼마든지 혼자서 할 수 있는 일이었다.

곤도는 색다른 주장을 펼쳤다.

"정리는 배워야 합니다. 오랫동안 정리를 해왔다고 해서 절대 잘하는 것이 아닙니다. 잘못된 방법으로 정리를 하다 보면 물건을 잔뜩 쌓아두고 있거나, 무리한 수납법으로 불편을 겪게 됩니다."

다섯 살 때부터 정리 연구에 매진해온 '정리 장인'의 말에는 설득력이 있었다. 사람들이 조금씩 그녀의 말에 귀를 기울였다. 그녀의 정리법이 퍼지기 시작했다.

곤도의 정리는 다르다

곤도 마리에 이전에도 청소나 정리를 대행해주는 사람은 많았다. 일본만 하더라도 정리 전문가 협회가 30여 개나 있었고, 인터넷과 TV에서 정리를 가르쳐주는 사람 또한 많았다. 그러나 곤도에 비견될 만한 이는 없었다. 그녀의 정리법은 그만큼 독보적이었다. 다른 이들이 정리를 잘하는 기술을 가르칠 때, 곤도는 몇 걸음 더 나아갔다. 그녀는 '테크닉'보다 '마음가짐'을 더 중시했다. 정리를 신비로운 인생 철학이자 영적인 행위로 만들었다.

곤도 마리에의 정리는 정중한 인사로 시작된다. 사람에게 하는 인사가 아니다. 집을 향해서 올리는 인사다. 무릎을 꿇고 두 손을 공손히 모아 자신이 정리할 집을 향해 예의를 갖춰 인사를 올린다. 정리를 잘할 수 있도록 집에 부탁하는 독특한 예식이다. 집과 물건을 살아 있는 생명체로 여기기 때문이다. 모든 사물에 영혼이 있다고 믿는 일본 고유의 종교 신도神道와 유사한 점이다.

집 안에 있는 물건에도 예를 갖춘다. 어떤 물건이 집 안에 놓여 있다는 건 그 자체로 굉장한 인연이라 믿는다. 예를 들어, 옷걸이에 걸려

곤도 마리에의 정리는 집을 향한 경건한 인사로 시작된다. 출처 | 넷플릭스 <설레지 않으면 버려라>

있는 셔츠는 공장에서 대량생산된 셔츠 중 하나일지 모른다. 그러나 자신이 '특정한 날', '특정한 상점'에서 구입한 '유일한' 셔츠이기에 보통 인연이 아니라는 것이 그녀의 설명이다.

또한 곤도는 모든 물건에 고마운 마음을 지녀야 한다고 주장한다. 부자들이 지폐가 구겨지지 않게 장지갑에 넣어 가지고 다니고, 일류 스포츠 선수가 자신이 사용하는 도구를 신성하게 다루는 것과 같은 맥락이다. 물건을 소중히 다루면 반드시 주인에게 보답한다고 믿는다.

물건이 쓸모없어졌다고 해서 가차 없이 내다 버리는 것도 금물이다. 그동안 나에게 도움을 준 물건에 합장을 하고 감사 인사를 하며 떠나보낸다. 처음 만났을 때처럼, 이별 또한 아름다워야 하니까.

곤도 마리에의 정리법은 '더 나은' 정리법이 아닌 완벽하게 '다른' 정리법이었다. 지루하고 힘든 노동을 숭고한 의례이자 신비한 체험으

코미디언 지미 키멜이 곤도의 가르침에 따라 자신의 양말에 감사를 표하고 있다. **출처 | <지미 키멜 라이브>**

로 격상시켰다. 그래서 주목받을 수 있었다. 특히 서구인들은 곤도의 정리법을 '동양에서 온 심오한 지혜'로 받아들였다. 곤도의 희한한 정리법은 서양에서도 통했다.

드디어 팔리기 시작했다

정리 컨설턴트로 전업한 이후에는 줄곧 일대일 개인 레슨을 고수했다. 주로 여성과 경영자들을 대상으로 정리와 수납 교육을 실시했는데, 그녀의 컨설팅은 단기간에 완벽한 정리법을 습득할 수 있는 것으로 이름이 높았다. 곤도에게서 컨설팅을 받은 고객 중 정리 때문에 그녀를 다시 찾는 고객은 단 한 명도 없다는 사실이 이를 입증한다.

자연히 곤도를 찾는 곳이 늘어갔다. 오사카, 홋카이도 그리고 해외에서까지 컨설팅 요청이 쇄도했다. 그녀에게서 컨설팅을 받으려면 3개월을 기다려야 할 정도였다. 곤도는 더 많은 사람에게 자신의 정리법을 전파하고 싶어 책을 쓰기 시작했다. 그렇게 탄생한 책이 《인생이 빛나는 정리의 마법》이다.

《인생이 빛나는 정리의 마법》은 곤도 마리에 태풍의 시발점이었다. 일본과 한국, 유럽에서 베스트셀러 1위에 올랐다. 그녀로 인해 정리라는 평범한 일이 황금알을 낳는 고부가가치 산업이 됐다. 아시아와 유럽에서 성공을 거둔 뒤에도 정리의 여왕은 도전을 멈추지 않았다. 자신의 정리법이 진짜로 필요한 최종 목적지를 향해 떠났다. 풍요의 나라 미국이었다. 2014년, 그녀의 나이 서른이 되던 해였다.

미국에서 일어난 정리 열풍

2014년 영어로 번역된 《인생이 빛나는 정리의 마법》이 미국에서 출판됐다. 등장하자마자 베스트셀러가 됐다는 식의 '동화 같은' 스토리는 없었다. 미국은 만만치 않은 시장이었다. 아시아와 유럽에서의 성공이 미국에서도 이어지리라는 보장은 없었다. 글로벌 스타 곤도 마리에도 미국에서는 '생짜 신인'에 불과했다. 더군다나 그녀는 영어도 잘하지 못했다. 언어의 장벽 탓에 방송에 출연하여 책을 홍보할 기회를 얻지 못했다.

이때 운이 따랐다. 책이 나온 지 한 달여가 지났을 무렵, 곤도의 정리법을 주목한 사람이 나타났다. 그리고 그 사람이 '하필' 〈뉴욕타임스〉 기자였다는 사실은 곤도에게 천운이었다. 페넬로페 그린이라는 기자가 우연히 곤도의 책을 읽고 곤마리 정리법에 따라 옷장 정리를 시도했고, 그 경험을 기사로 쓴 것이다.

"주말을 통째로 곤도 마리에 정리법에 쏟았다. 3일 후 나는 4개의 옷 가방, 2개의 신발 가방, 그리고 2개의 고장 난 컴퓨터를 구세군에 기부할 수 있었다."

자고 일어나 보니 미국에서도 스타가 되어 있었다. 〈허핑턴포스트〉, 〈코스모폴리탄〉 등 주요 언론이 그녀를 소개했다. 인기 토크쇼 〈엘런 쇼〉에 출연해서는 엘런 드제너러스에게 설레는 물건을 알아채는 시범을 보여주었다. 곤도 마리에의 책이 드디어 팔리기 시작했다. 그리고 곤도 마리에는 세계 최고 콘텐츠 제작 회사의 호출을 받았다. 넷플릭스였다.

넷플릭스는 곤도 마리에의 스타성을 간파했다. 곤도 마리에의 '정리 파워'가 풍요에 지친 미국인들의 마음을 흔들어놓을 것으로 예상했다. 촬영하는 동안 통역사를 붙여주면 언어의 장벽도 큰 문제가 없을 거라 보았다. 넷플릭스의 프로그램 〈설레지 않으면 버려라〉가 그렇게 세상에 나왔다. 곤도의, 곤도에 의한, 곤도를 위한 프로그램이었다.

곤도는 갖가지 이유로 정리가 필요한 가정의 집을 찾았다. 육아를 시작한 뒤 집이 엉망이 되어 다툼이 잦아진 부부, 남편이 세상을 떠난 뒤에 새 출발을 준비하는 여성, 집 전체가 창고나 다름없는 노부부, 곧 태어날 아기를 위해 집 정리에 나선 커플 등. 이들이 곤도의 가르침에 따라서 무질서한 집을 정리했다. 지나온 삶을 되돌아보았다.

위 <엘런 쇼>에 출연해서 설레는 옷과 그렇지 않은 옷을 구분하는 시범을 보이는 곤도 마리에. 출처 l <엘런 쇼>
아래 토크쇼 진행자 스티븐 콜베어에게 촬영 스튜디오에 감사하는 법을 알려주는 곤도 마리에. 출처 l <the late show with Stephen Colbert>

결과는 극적이었다. 한 달 남짓한 기간, 너저분한 잡동사니들로 넘쳐나던 집은 미니멀 하우스가 됐다. 다툼이 끊이지 않던 가정에 평화가 임했다. 가족들은 웃음기를 되찾았다. 단지 집 정리를 했을 뿐인데 삶이 변화됐다. 곤도 마리에가 선사한 마법을 경험했다.

곤도 마리에의 정리법으로 완전히 달라진 삶을 살게 된 부부. 아내는 곤도에게 감사하다며 울음을 터뜨렸다. **출처 I 넷플릭스 <설레지 않으면 버려라>**

방송을 접한 미국인들의 가슴에도 불이 붙었다. 자신의 옷을 만져가며 설레는지 어떤지를 체크했다. 곤마리 정리법은 문화 현상이 됐다. 곤도 마리에는 대중문화의 아이콘으로 떠올랐다. 넷플릭스의 사람보는 눈은 정확했다.

곤마리 정리법의 세 가지 핵심

곤마리 정리법으로 효과를 본 사람들은 '생활이 개선됐다'고 말하지 않는다. '삶이 통째로 바뀌었다'고 간증한다. 부부 관계가 회복됐다며 눈물을 흘리고, 예전과 비교해 놀라울 정도로 의욕과 힘이 넘친다고 고백한다. 심지어 집 정리를 하고 났더니 체중감량에 성공했다는 사람들도 부지기수다. 단지 정리 하나를 했을 뿐인데 그렇단다. 무엇이 이들을 이토록 변화시킨 걸까.

물건을 정리하는 일은 곧 그 사람의 과거를 정리하는 일이기 때문이다. 곤도 마리에의 정리법을 실천하다 보면 반드시 과거의 기억과 마주하게 된다. 그동안 시간이 없다고, 피곤하다고, 귀찮다고 방치해오던 기억이다. '설레지 않는' 과거는 떠나보내고, '설레는' 기억은 남기면서 새로운 삶을 맞이한다. 곤도의 정리법이 단순히 물건을 정리하는 테크닉을 넘어서는 건 그 때문이다.

결국 곤도 마리에가 파는 것은 '과거를 정리하는 법'이다. 정리법을 통해서 삶이 통째로 바뀌는 기적을 세일즈하는 것이다. 이것이 곤도 마리에가 정리를 팔리는 콘텐츠로 만들어낸 비법이다.

곤도에게서 배울 수 있는 세 가지 정리 원칙을 소개한다. 이 정리법의 효용은 방 정리를 깔끔하게 하는 데 국한되지 않는다. 삶의 문제들을 해결해나갈 때도, 시들어가는 브랜드를 살릴 때도 도움이 된다. 심지어 이별을 앞둔 연인들도 참고할 만한 지점이 있다. 꼭 한번 실천해보시길. 그리고 인생의 새로운 전환점을 맞이하시길. 곤도의 말처럼 진짜 인생은 정리 후에 시작되니까.

문제를 본다

곤마리 정리법은 자신의 문제를 '보는 것'에서 출발한다. 곤도는 의뢰인의 집 안에 있는 모든 옷을 한자리에 쌓아 올리도록 한다. 어마어마한 양의 옷이 천장에 닿을 정도로 쌓이는 순간, 의뢰인은 자신의 문제

곤도 마리에는 하늘 높이 쌓인 옷더미를 통해 의뢰인이 문제를 '보게' 한다. **출처 | 넷플릭스 <설레지 않으면 버려라>**

를 본다. 무절제한 소비를 일삼고, 물건을 잘 간수하지 못한 자신의 어리석은 행적과 마주하는 것이다. 이때의 충격으로 의뢰인은 다시는 무분별하게 물건을 들여놓지 않겠다고 다짐한다. 그리고 그 다짐대로 산다.

이렇듯, 문제 해결을 위해 가장 먼저 해야 하는 일은 문제를 '보는 것'이다. 다이어트를 시작했다면 체중계에 찍힌 자신의 몸무게를 보아야 한다. 운동선수는 자신의 정직한 기록을 보아야 한다. 마케터는 소비자들이 자신의 제품을 어떻게 생각하는지 현장에서 보아야 한다. 문제를 피하거나 덮으려 하면 해결은 요원하다. 문제를 제대로 '보아야' 앞으로 나아갈 수 있다.

제대로 버린다

곤도 마리에의 컨설팅은 길어야 6개월이다. 컨설팅을 마치고 나면 고객들이 정리 때문에 곤도를 다시 찾는 일은 없다. 백이면 백 모두 그렇단다. 곤도의 표현에 따르면 고객들은 '정리 리바운드' 상태로도 돌아가지 않는다. 한 번의 컨설팅으로 평생 써먹을 정리 습관이 몸에 뱄기 때문이다. 핵심은 제대로 버리는 데 있다. 스스로 버리고, 한 번에 완벽하게 버리는 것이 중요하다.

첫째, 스스로 버린다.

곤도 마리에의 컨설팅은 집안일 대행 서비스가 아니다. 즉, 곤도 마리에는 의뢰인의 방을 자신이 직접 정리해주지 않는다. 시시콜콜 이것을 버려라 저것을 버려라 하지도 않는다. 분명한 가이드만 제시해줄 뿐이다. 의뢰인이 직접 자신의 물건과 마주하고, 버릴 물건을 선정해야 한다. 버릴 때의 기준은 하나다. '설레지 않으면 버린다.' 설레는 물건은 온몸의 세포가 위로 올라오는 느낌을 준다. 설레지 않는 물건을 만지면 몸이 무거워진다.

버릴 물건을 스스로 결정하는 경험은 의뢰인의 몸에 그대로 남는다. 곤도의 정리법이 일회성에 그치지 않고 평생 유지되는 비결이 여기에 있다. 남이 대신 버려주는 정리는 일회성이다. 본인이 직접 만지고 버려야 평생 가는 습관이 만들어진다.

둘째, 한 번에 버린다.

다수의 정리 전문가는 시간이 걸리더라도 조금씩, 천천히 버리라고 권한다. 곤도 마리에는 이런 의견에 반대한다. 그녀의 말을 들어보자.

"정리를 완벽하게 하면 눈앞의 광경이 180도 달라진다. 자신이 사는 세계가 순식간에 바뀌어버린 것처럼 압도적이고 극적인 변화를 경험하게 된다. 게다가 그 변화에 감동하면서 결심을 새로이 하게 된다. '두 번 다시 어지럽혀진 방에서 지내고 싶지 않다'라고 말이다. 이처럼 의식이 바뀔 정도의 충격을 실감하기 위해서는 짧은 기간에 변화가 일어나야 한다. 조금씩 오랜 기간에 걸쳐 이루어지면 효과가 없다."

한 번이라도 '완벽한 정리 상태'를 경험하는 것이 중요하다. 이를 위해서는 한 번에, 짧은 기간에, 완벽하게 버려야 한다. 장기간에 걸쳐 버리면 절대로 '완벽한' 상태가 찾아오지 않는다. 당연히, 정리 습관도 몸에 배지 않는다.

질질 끌지 않고 단칼에 끝내는 것이 중요하다. 어차피 헤어져야 하는 물건들과는 한 번에, 짧은 기간에, 완벽하게 이별해야 한다. 그래야 제대로 정리가 된다. 정리 상태가 유지된다.

남기기 위해 버린다

영화 〈올드보이〉에서 오대수는 자신을 15년이나 가둔 이우진에게 이유를 따져 묻는다. 이 대목에서 이우진이 하는 말이 압권이다.

"당신의 실수는 대답을 못 찾은 게 아냐. 자꾸 틀린 질문만 하니까 맞는 대답이 나올 리가 없잖아. '왜 이우진은 오대수를 가뒀을까?'가 아니라 '왜 풀어줬을까?'란 말이야."

이우진의 말처럼 틀린 질문을 하면 틀린 대답이 나온다. 제대로 된 질문이 중요하다. 곤도 마리에도 이우진과 비슷한 말을 한다.

"무엇을 버릴까가 아니라, 무엇을 남길까가 더 중요한 거예요."

곤도 마리에 정리법의 핵심 질문은 '무엇을 남길까'다. '무엇을 버릴까'가 아니다. 얼핏 보기에는 그녀가 '버리기'를 더 강조하는 것 같다. 심지어 그녀가 쓴 책의 제목조차 《설레지 않으면 버려라》다. 그러나 곤도는 버리는 것이 정리의 목적이 아님을 분명히 한다. 모든 버리기는 제대로 '남기기' 위해서 한다는 것이다. 수단과 목적을 혼동하면 헤맨다. 〈올드보이〉의 오대수처럼.

한때 곤도 마리에도 '어떻게 버릴까'에만 집중하던 시절이 있었다고 한다. 정리에 관한 책은 전부 섭렵하면서 그 안에 쓰여 있는 온갖 버리기 기준을 익혔다. 그런데 아무리 버려도 집이 도무지 깨끗해지지 않았다고 한다. 어느 날 깨달음이 왔다. 정리를 통해 가려내야 할 것은 '버릴 물건'이 아니라 '남길 물건'이라는 것을. 그전까지는 버릴 물건에만 주목해서 진짜 소중히 해야 할 남길 물건을 의식하지 못했다는 것을. '설레지 않으면 버린다'는 기준도 그때 나왔다. 남길 물건을 가리는 명쾌한 기준으로 '설렘'을 발견한 것이다.

과거를 정리할 때의 질문도 '무엇을 남길까'가 되어야 한다. 정리를 통해서 남게 되는 그것이 내 삶의 본질이기 때문이다. 즉, 나에게 설렘을 느끼게 하는 '그것'을 보면 앞으로 자신이 어떤 인생을 살고 싶은지 알 수 있다. 결국 남겨진 물건을 통해서 알 수 있는 건 '나 자신'이다. 곤도 마리에의 정리법을 경험한 수많은 사람이 정리를 통해 자기 자신이 누구인지를 깨닫게 됐다고 말하는 건 이 때문이다. 정리의 핵심은 '남기기'다.

2. 문화 Culture

초일류 브랜드는
제품이 아닌 문화를 만든다

광고 만드는 일을 하면서 누리는 특권 중 하나는 매우 다양한 클라이언트를 경험할 수 있다는 것이다. 음료회사, 화장품회사, 통신회사, 스포츠용품회사, 패션회사 등 수많은 회사를 방문했고 그 회사의 구성원들과 일했다. 그동안의 경험에서 깨달은 것이 있다. 한 기업의 문화가 브랜드가 되어 나온다는 것.

기업 문화는 공기다. 어떤 직원들이 모여서, 어떻게 일하고 있는지를 보면 그 회사의 공기가 보였다. 그 공기 속에서 탄생한 브랜드의 수준을 짐작할 수 있었다. 경직된 공기가 흐르는 회사에서 만든 브랜드는 그 회사만큼 딱딱하고 고루했다. 세련되고 트렌디한 공기로 가득 차 있는 회사는 브랜드도 쿨했다. 예외는 없었다. 꼰대스러운 공기가 흐르는데 브랜드는 의외로 멋스럽거나 하는 경우는 보지 못했다. 어찌 보면 당연하다고도 할 수 있다. 브랜드도 결국에는 사람이 만드는 거니까.

"브랜드는 놀이공원이다. 상품은 놀다가 사 가는 기념품이다."

- 제프 굿비, 실버스타인&파트너스 CEO

요즘 브랜드들은 놀이공원을 만든다. 예전에는 달랐다. 브랜드마다 제품을 먼저 들이밀었다. 자기 브랜드의 제품이 얼마나 뛰어난지 알리는 데 열을 올렸다. '업계 1등'을 내세우는 건 단골 레퍼토리였다. 그때는 그런 방식이 먹혔다. 하지만 시대가 변했다. 소비자들은 묻기 시작했다. 당신들 제품과 비슷한 건 여기저기 널려 있는데요? 당신네 브랜드가 나한테 무슨 의미가 있지요?

이에, 영민한 브랜드들은 소비자들이 무엇을 원하는지 간파했다. 전략을 바꿨다. 각 브랜드의 '문화'를 담은 놀이공원을 만들었다. 고객들이 신나게 놀 수 있도록 판을 깔아주었다.

> 배달의민족은 B급 문화의 진수를 경험할 수 있는 놀이공원을 만들었다.
>
> 빔즈는 빔즈 옷을 멋스럽게 차려입은 직원들이 안내하는 놀이공원을 만들었다.
>
> 자포스는 직원, 협력업체, 그리고 고객 모두가 행복을 만끽할 수 있는 놀이공원을 만들었다.
>
> 에이스호텔은 취향이 분명한 사람들이 모여서 놀 수 있는 힙한 놀이공원을 만들었다.

이들 브랜드는 놀이공원에서 고객들이 충분히 시간을 보내도록 배려했다. 고객들이 정신없이 놀고 있을 때쯤 조용히 말을 걸었다. 저기, 우리 놀이공원에 기념품도 있는데 한번 보시겠어요? 고객들은 웃으면서 지갑을 열었다.

아무 브랜드나 놀이공원을 만들 수 있는 건 아니었다. 독창적인 기업 문화를 가진 회사만이 색다른 놀이공원을 창조할 수 있었다. 결국 놀이공원은 기업의 문화가 그대로 구현된 것이었다. 배민의 놀이공원은 배민 직원들을 닮았다. 자포스가 만든 놀이공원에는 자포스 직원들이 뿜어낸 공기로 가득 차 있었다.

초일류 브랜드가 되는 방법은 간단하다. 브랜드만의 고유한 문화를 만든다. 브랜드의 문화를 담은 놀이공원을 만들고 그 안에서 고객들이 뛰어놀게 한다. 그리고 기념품을 슬쩍 제안하면 된다. 끝. 이 장에서 소개하는 초일류 브랜드들은 그렇게 했다. 기념품이 엄청나게 팔려나갔다.

배달의 민족

버려야 얻는다

우리가
어떤민족
입니까

배달의민족 첫 번째 TV 광고. 배우 류승룡이 철가방을 들고 말을 탔다. 느닷
없이 우리가 어떤 민족이냐고 물었다. 기능과 혜택에 대한 이야기는 없었다.
모두가 이 희한한 광고를 기억했다. **출처 | 배달의민족 광고**

"최근에 본 광고 중에 기억나는 거 있어?"

직업병이다. 친구들을 만나면 묻는다. 갑작스러운 질문에 벗들은 희미한 기억을 더듬는다. 반응에는 일관성이 있다. 철 지난 광고 몇 편이 등장한다.

"전지현 나오는 그 광고가 뭐였지?"

모델은 생각나는데 정작 제품은 모르겠단다. 솔직히 생각나는 광고가 없단다. '최근에 나온 이 광고가 굉장히 인상적이더라'라는 식의 답변은 없다. 그러려니 한다. 나의 여섯 살짜리 딸도 광고 나오면 채널 돌리라고 하는데 뭐.

1:3,000. 가수 오디션 프로그램의 경쟁률이 아니다. 광고 한 편이 소비자에게 닿기까지의 경쟁률이다. 오늘날 한 개인은 일평균 3,000개의 광고에 노출된다. 시선이 닿는 모든 곳이 광고판이다. TV, 라디오, 잡지, 신문, 유튜브, 지하철, 옥외광고판, 드라마 PPL….

이쯤 되면 특정 광고를 기억하는 게 기적에 가까운 일이다. 친구들이 눈만 끔벅거리는 것도 절로 이해가 된다. 전설적인 광고인 데이비드 오길비는 이런 상황을 두고 '밤중에 지나간 배'라고 표현했다. 밤에 배가 지나갔다. 그런데 봤다는 사람이 없다. 광고주나 광고 만드는 사람 입장에서는 땅을 칠 일이다.

기억되는 광고

"우리가 어떤 민족입니까!"

희한한 광고였다. 고구려 벽화 속에서 배우 류승룡이 철가방을 들고 말을 탔다. 밑도 끝도 없이 우리가 '배달의민족'이라고 외쳤다. 이게 전부였다. 제품이나 서비스에 대한 설명 따위는 없었다. 그런데 반응이 이상했다. 사람들이 무려 '광고'에 관심을 가지기 시작했다. 1:3,000의 경쟁률을 뚫은 광고가 됐다. 다른 광고는 하나도 기억을 못하면서 이 광고는 또렷이 기억했다. 2014년 한 해 광고계의 모든 상을 휩쓸었다.

이후 행보 또한 만만치 않았다. 입 달린 사람마다 이 브랜드가 벌이는 희한한 이벤트들을 소문내기에 바빴다. 광고가 나온 지 4년 후에 배달의민족은 유니콘으로 등극했다. 2018년 12월에는 총 3억 2,000만 달러의 대규모 투자를 받으며 기업가치를 3조 원으로 평가받았다. 스타트 업계의 전설이 됐다.

장난 같은 시작이었다. 음식점 전단이 문제였다. 이놈의 종이 쪼가리로는 다른 사람의 '리뷰'와 '평가'를 접할 수 없었다. 스마트폰 시대에 어울리지 않는 매체였다. 음식점 사장님들 입장에서도 찜찜했다. 수천 장의 전단을 뿌려도 효과를 측정할 방법이 없었다. 비효율의 극치였다.

네이버 디자이너 출신의 김봉진 대표가 이 문제를 파고들었다. 배달 앱을 만들었다. 거창한 비전이나 사명감 따위는 없었다. 아니면 말고 식의 '토이 프로젝트'였다. 과정도 험블^{humble}했다. 김 대표와 직원들이 거리를 쏘다니며 전단을 주웠다. 업계의 포식자 네이버가 이런 '노가다'까지 따라 하지는 못할 터였다(아니, 안 할 터였다). 불확실한 '감'에 의존하던 영역에 '데이터'가 들어왔다.

우주에 인공위성을 쏘아 보내는 일은 아니었다. 그럼에도 수많은 이들이 이 앱에 열광했다. 배달의민족이 등장한 후 가정과 회사에서 전단이 사라졌다.

버리다

이미 포화 시장이었다. 두 사람만 모여도 앱을 만들자는 말이 오갈 때였다. 배달의민족이 등장했을 때도 비슷한 앱이 40개나 있었다. 이후에는 100개까지 늘어났다. 완벽한 레드오션이었다. 조금 더 나은^{better} 것으로는 눈에 띨 수조차 없었다. 완벽히 다른^{different} 무엇을 보여주어야 했다. 배민의 답은 '버리기'였다.

핵심 타깃 외에는 다 버렸다. 회사의 '막내들'을 공략하는 데 올인했다. 이들이 배달음식을 시키는 '실세'니까. 주로 20대에서 30대 초반이었다. 재미있는 건, 버린 카드였던 다른 연령대들도 열렬한 반응을 보여주었다는 것이다. '이런 십육기가' 같은 USB에 부장님들도 빵

터졌다. 1980년대 '펩시 제너레이션Pepsi Generation' 캠페인에 비견될 만한 현상이었다. 당시 펩시는 마이클 잭슨 같은 젊은 세대만이 펩시를 마신다고 광고함으로써 '늙은' 코카콜라의 아킬레스건을 저격했다. 젊은 세대만이 아니라 '젊은 세대가 되고자 하는 모든 이'가 펩시를 마시게 됐다. 배민도 마찬가지였다. 타깃을 특정 연령층으로 좁혔더니 전 국민이 쓰는 앱이 됐다. 김봉진 대표가 《배민다움》에서 말한 그대로였다.

> "모두를 만족시키려 하면 아무도 만족할 수 없고, 단 한 사람을 제대로 만족시키면 모두를 만족시킬 수 있다."
>
> -《배민다움》, 홍성태

욕심을 버렸다. 김봉진 대표는 디자이너 출신의 경영자다. 멋스럽고 폼 나는 브랜드들을 접할 기회가 많았다. 그도 애플이나 나이키처럼 때깔 나는 A급 브랜드를 만들고 싶었다. 하지만 욕심이라 판단해 내려놓았다. 업의 특성상 배달의민족에 맞는 옷은 따로 있었다. 'B급

홍성태 교수가 묻고 김봉진 대표가 답한 책 《배민다움》. 이 한 권만 읽어도 브랜드 마스터가 될 수 있다. 출처 l 북스톤 페이스북

채용공고까지도 B급이다. 저 유머 코드, 저 폰
트, 저 때수건. 이 모든 것이 모여 배민의 문화
를 이룬다. 출처 | 우아한형제들

문화'였다. 〈무한도전〉의 박명수 같은 '만만한 동네 형'이 배민의 옷이
었다. 배민 특유의 병맛 코드를 녹인 콘텐츠들로 고객들에게 다가섰
다. 유재석급의 인기를 얻었다.

수익마저 버렸다. 2015년 8월, 가맹점주에게 받는 결제 수수료
를 포기했다. 당시 배달의민족 수익의 30%를 차지하는 수입원이었다.
'머리'로 생각하면 문제 될 것이 없었다. 배달 주문을 많이 받는 점주
는 많이 내고, 적게 받는 점주는 적게 내면 되는 지극히 합리적인 수익
구조였다. 그럼에도 고객 입장에 서 보면 '정서적으로' 찜찜한 문제였
다. 음식점 사장님을 착취하는 것처럼 비쳤다. 과감히 없앴다. 이제 막
성장가도를 달리기 시작한 회사로서 쉽지 않은 결단이었다. 투자자들
에게 반발을 사면서까지 감행했다. 회사가 휘청거렸다. 다행히 6개월
을 버티자 다시 수익이 나기 시작했다. 명분과 실리를 모두 잡았다.

2019년 3월, 배달의민족은 또 한 번 수익을 버렸다. 배달 앱의 입
찰식 광고가 음식점 간 과도한 경쟁을 부추기고 지속적인 광고비 상승

2015년 8월, 음식점 사장님에게 부과
하는 결제 수수료를 없앴다. 고객들의
'정서적인 부분'을 배려하기 위함이었
다. 수익의 30%를 희생하는 결단이었
다. 출처 | 우아한형제들

을 부추긴다는 일부 자영업자의 불만을 받아들인 것이다. 매출의 3분의 1을 차지하던 입찰식 광고 상품 '슈퍼리스트'를 폐지했다. 슈퍼리스트의 자리는 무작위로 광고가 노출되는 롤링 방식의 '오픈 리스트' 상품으로 대체했다. 광고를 통해 매출이 발생할 때만 총 음식 주문 금액의 6.8%를 광고비로 내는 시스템이다.

이렇듯, 배달의민족은 음식점 사장님들과 상생하려는 노력을 멈추지 않는다. 수익을 버린다. 새로운 수익을 얻는다.

'내 속엔 내가 너무도 많아 당신의 쉴 곳 없네.'

시인과 촌장의 명곡 '가시나무'의 가사는 이 시대 브랜드들의 처지가 아닐까. 소비자들에게 자랑하고 싶은 것들이 내 속에 너무 많아. 모든 고객이 나를 좋아해 주면 좋겠어. 정작 그들이 머물 자리는 없다. 버리지 않아서다.

따지고 보면, 배달의민족이 무어 그리 대단한 일을 한 것은 아니다. 타깃을 버리고, 욕심을 버리고, 수익을 버렸을 뿐이다. 그렇게 배달의민족은 내려놓았다. 고객들에게 쉴 자리를 만들어주었다. 그때부터 배달의민족이 팔리기 시작했다. 2019년 4월까지 4,200만 명이 다운받은 앱이 됐다. 월간 순 이용자 수는 930만 명, 월 주문 수는 2,800만 건에 달한다(2019년 4월 기준). 배민은 버렸기에 얻었다. 어찌어찌하다 보니 노자의 《도덕경》이다.

'욕심이 없으면 비밀스러움을 본다無欲以觀其妙.'

배민의 공기

배달의민족 모회사 우아한형제들은 직원들을 '우아하게' 배려해주는 문화로 이름이 높다. 이 회사가 선도적으로 시행한 직원 복지도 여럿이다.

- 주 35시간 근무제 시행
- 매주 월요일에는 전 임직원이 오후 1시까지 출근
- 본인, 배우자, 자녀, 양가 부모님 생일과 결혼기념일에는 오후 4시에 조기 퇴근
- 임산부는 여신처럼 대접받으면서 여신근무(임산부 배려 제도)
- 남성도 유급 육아휴직 사용 가능
- 캐릭터를 합성해주는 배민 사원증
- 책 구매 비용 무제한 지원

그중에서도 백미는 임직원들이 직접 만드는 '우아한 버킷리스트'

우아한형제들 직원들의 사원증. 앞면에는 직원의 사진에 캐릭터를 합성해준다. 뒷면에는 가족들의 사진이 담긴다.
출처 | 김봉진 대표 세바시 강연 영상, 2014년 6월 14일

다. 창업자와 구성원 개개인의 비전이 다를 수 있겠다는 김봉진 대표
의 생각에서 출발한 프로젝트다.

어느 날 직원들에게 질문을 던졌다.

"우아한형제들이 어떤 회사가 됐으면 좋겠습니까?"

답변은 예상 밖이었다. '서울 강남에 40평짜리 아파트를 사주는
회사', '연봉 1억 원을 주는 회사' 같은 거대한 바람은 없었다.

'먹는 걱정 안 하는 회사(음료수, 과자 무한 제공!)'

'자율출근제도를 시행하는 회사. 야근이 없는 회사'

'대표님, 임원들과 언제나 편하게 지내는 회사'

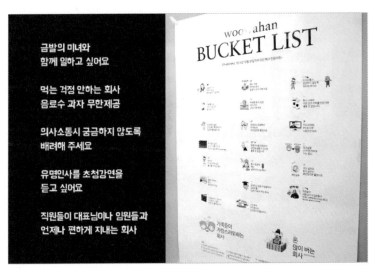

직원들이 회사에 바라는 점을 모았다. 의외로 거창한 내용이 없었다. **출처 | 김봉진 대표 세바시 강연 영상, 2014년 6월 14일**

직원들은 이렇게나 소박한 희망사항들을 적어냈다. '우아한 버킷리스트'가 만들어진 배경이다. 포스터로 만들어 회사 벽에 붙여놓고, 하나하나 지워나갔다. 2014년 버전에 이어 지금은 2045년까지 이루고 싶은 버킷리스트를 하나씩 지워나가는 중이다. 그중 끝판왕은 직원들 다수가 원한 '우아한형제들 사옥 짓기'다. 현재 우아한형제들의 신사옥이 판교에 지어지고 있다. 2022년 완공 예정이다.

우아한형제들의 '우아한' 기업 문화는 회사 밖에도 소문이 났다. 다른 기업들이 이 회사의 직원 복지를 벤치마킹하기 시작했다. 취업준비생 사이에서는 '꿈의 직장'으로 불리게 됐다. 정치권도 우아한형제들을 배우는 중이다. 2019년에는 이재갑 고용노동부 장관이 우아한형제들 본사를 찾아 이 회사의 독특한 공기에 흠뻑 취해서 돌아갔다.

여기까지만 들어보면 우아한형제들은 마냥 천국 같은 회사다. 아무런 스트레스 없이 편하게 다닐 수 있는 회사 같다. 지금부터가 중요하다. 우아한형제들은 그렇게 만만한(?) 직장이 아니다. 모든 복지는 직원들이 일을 잘할 수 있도록 도움을 준다는 '목적'하에 마련된 것들이다. 그 중심에 '송파구에서 일을 더 잘하는 11가지 방법'이라는 내부 규정이 있다.

우아한형제들 직원이라면 누구나 이 규칙을 준수하기를 요구받는다. 출근 시간과 회의 시간을 철저히 지켜야 한다. 솔선수범해서 쓰레기를 주워야 한다. 보고는 사실을 기반으로 정확하게 해야 한다. 얼

우아한형제들
**송파구에서
일을 더 잘하는
11가지 방법** 류중로섬영 편

1 ~~9시 1분은 9시가 아니다.~~ 12시 1분은 12시가 아니다.
2 실행은 수직적! 문화는 수평적~
3 잡담을 많이 나누는 것이 경쟁력이다.
4 쓰레기는 먼저 본 사람이 줍는다.
5 휴가나 퇴근시 눈치 주는 농담을 하지 않는다.
6 보고는 팩트에 기반한다.
7 일의 목적, 기간, 결과, 공유자를 고민하며 일한다.
8 책임은 실행한 사람이 아닌 결정한 사람이 진다.
9 가족에게 부끄러운 일은 하지 않는다.
10 모든 일의 궁극적인 목적은 '고객창출'과 '고객만족'이다.
11 이끌거나, 따르거나, 떠나거나!

고민과 토론 속에 탄생하는 내부 규율.
출처 | 우아한형제들 홈페이지

핏 보면 굉장히 쪼잔해(?) 보일 정도로 상세한 규칙들이다. 김봉진 대표는 말한다.

"작고 사소한 규율을 지렛대 삼아 자신의 원칙과 규칙을 세워 일할 수 있는 자율적인 문화를 지향한다."

구성원들이 지켜야 할 규율은 함께 치열하게 고민하고 토론한 뒤에 도입한다. 시행해보다가 아니다 싶으면 바꾼다. 규칙을 위한 규칙 따위는 없다. 모든 규율은 직원들의 퍼포먼스를 향상시키기 위해 존재한다. 직원들도 이 점을 잘 이해하고 따른다.

이렇듯, 우아한형제들 내부에는 자유롭고 유연한 공기와 엄격한 공기가 공존한다. 이 두 공기가 적절하게 균형을 이룬다. 송파구를 넘어 대한민국에서 가장 일 잘하는 문화가 만들어진다. 극강의 창의성으로 유명한 배달의민족 브랜드가 이런 문화 속에서 탄생했다.

배민 놀이공원

"브랜드는 놀이공원이다. 상품은 놀다가 사 가는 기념품이다."

광고대행사 실버스타인&파트너스를 이끄는 제프 굿비의 말이다. 요즘 가장 핫한 놀이공원은 배달의민족이다. 이 놀이공원에는 B급 감성으로 가득 찬 놀이기구들이 즐비하다.

- 치믈리에(치킨+소믈리에) 자격시험
- '치킨은 살 안 쪄요, 살은 내가 쪄요', '아빠 힘내세요, 우리고 있잖아요(사골국물)'

ㅋㅋ 페스티벌 기념
배민문방구
ㅋㅋ에디션 출시

치믈리에 [명사] Chimmelier

1 치킨 감별사
2 국내에 유통되는 모든 치킨의 맛과 향, 식감을 전부 파악하고 있는 치킨 전문가
3 치킨계에서 성취할 수 있는 최고의 경지

왼쪽 고객들은 배민 놀이공원에서 이런 제품도 살 수 있다. **출처 | 배달의민족 페이스북**
오른쪽 와인에는 소믈리에, 커피에는 바리스타가 있다. 정작 온 국민이 사랑하는 치킨 분야에는 '전문가'가 없었다. '배민
치믈리에 자격시험'이 탄생했다. **출처 | 배달의민족 페이스북**

같은 히트작을 낸 배민신춘문예

• 못생겼지만 정감 있는 배민의 무료 폰트 '한나체', '주아체', '도현체' 등

• 배민문방구에서 판매하는 '다 때가 있다' 때수건, 'ㅋㅋ 에디션' 등

배달의민족은 소비자들에게 절대로 앱 사용부터 권하지 않는다. 배민은 제프 굿비의 말처럼 한다. 고객들이 배민 놀이공원에서 낄낄거리며 놀 수 있게 한다. 배민신춘문예도 참여하게 하고, 치믈리에 시험도 보게 한다. 그런 후에야 배민 앱으로 치킨을 주문하도록 유도한다. 이 순서를 바꾸지 않는다. 이것이 배민이 고객들의 지갑을 여는 방식이다. 배민의 시장 점유율은 55.7%에 이른다('온라인 배달 업체 이용 실태조사 보고서', 소상공인연합회와 리서치랩, 2018년 12월).

문화를 이야기하다

"1등은 문화를 이야기하고, 2등은 기능을 이야기한다."

김봉진 대표의 말이다. 업계 2등 요기요는 배민보다 2배 이상의 광고비를 지출한다. 광고에는 할인되는 요일과 쿠폰 정보를 담는다. 엄청난 예산을 들여서 '치킨 반값 할인' 같은 대형 이벤트를 열기도 한다.

업계 1등 배민의 방식은 다르다. 광고에서는 '배민이 제일 싸다', '음식을 빨리 배달해준다', '입점한 맛집이 가장 많다'는 식의 기능이나 혜택에 대한 이야기를 던지지 않는다. 단순 정보를 전달할 때도 철저히 '배민다운' 방식으로 소화한다. 배민에 입점한 음식점을 소개할 때는 해당 브랜드와 협업을 진행하듯 "버거킹도 우리 민족이었어"라고 한다. 신규 주문 시 1만 원 쿠폰을 제공하는 이벤트를 진행할 때는

왼쪽 배달의민족은 입점 브랜드를 자랑하는 방식도 이렇게나 다르다. **출처 | 배달의민족 광고**
오른쪽 잡지의 특성에 맞게 광고 카피를 달리한다. 배민 내부적으로 '잡지 테러'라 부르는 작업이다. 브랜드의 콘셉트가 분명하니 이런 '미친' 카피들이 쏟아진다. **출처 | 배달의민족 페이스북**

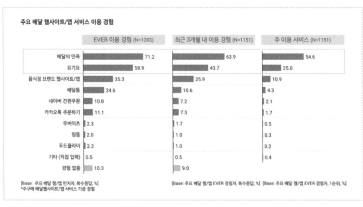

주요 배달 웹사이트/앱 서비스 이용 경험

	EVER 이용 경험 (N=1283)	최근 3개월 내 이용 경험 (N=1151)	주 이용 서비스 (N=1151)
배달의민족	71.2	63.9	54.6
요기요	58.9	43.7	25.0
음식점 브랜드 웹사이트/앱	35.3	25.9	10.9
배달통	24.6	10.6	4.3
네이버 간편주문	10.8	7.2	2.1
카카오톡 주문하기	11.1	7.3	1.7
우버이츠	2.3	1.7	0.5
띵동	2.0	1.0	0.3
푸드플라이	2.3	1.0	0.2
기타 (직접 입력)	0.5	0.5	0.4
경험 없음	10.3	9.0	

[Base: 주요 배달 웹/앱 인지자, 복수응답, %]
*주구매 배달웹사이트/앱 서비스 기준 정렬
[Base: 주요 배달 웹/앱 EVER 경험자, 복수응답, %] [Base: 주요 배달 웹/앱 EVER 경험자, 1순위, %]

배달의민족은 시장 내 압도적인 1등이다. 그럼에도 자신이 1등임을 굳이 말하지 않는다. 문화를 이야기하는 데 집중할 뿐이다. 오픈서베이 '음식 배달 서비스 이용 행태 파악', 2019년 4월, 전국 20~59세 남녀 1,500명 조사. **자료 출처 | 오픈서베이 블로그**

"배달의민족 안 써본 사람을 찾습니다"라고 메시지를 던지는 식이다. 마치 잃어버린 아이를 찾는 것처럼, 굉장히 의아한 눈빛으로….

압도적인 1등임에도 1등이라는 말을 꺼내지 않는다. 문화를 이야기할 뿐이다. 문화를 커뮤니케이션하는 것이 기능에 대해 직접적으로 소구하는 것보다 훨씬 있어 보인다. 1등이라는 말을 한마디도 하지 않았음에도, 배달의민족은 2018년 한 해 동안 요기요 · 배달통 · 푸드플라이의 매출을 합친 금액의 2배를 훌쩍 넘는 매출을 올렸다(2,722억 원). 이것이 1등의 방식이다.

빔즈

진정성이 경쟁력이다

빔즈의 진정성은 빔즈의 직원들에게서 나온다. **출처 | 빔즈 홈페이지**

2007년에 겪은 문화 충격의 순간을 기억한다. 도쿄에 있는 남성 셀렉트숍을 처음으로 방문했을 때였다. 업계를 리딩하는 빔즈를 위시하여 유나이티드 애로우즈, 쉽스, 투모로우랜드까지 일본 셀렉트숍의 4대 천왕이라고 불리는 브랜드들을 경험했다. 그곳에는 클래식의 룰을 지키면서 유연함마저 갖춘 '탐스러운' 남성복들이 진열되어 있었다.

'유연한 클래식Classic with little twist'이었다. '박제된 클래식'과는 다른 노선이었다. 영국과 미국에서 유래한 남성 복식의 기본 법칙을 존중하면서도 유연하게 변화를 준 옷들이었다. 팬츠의 밑단을 한껏 들어 올리는가 하면, 어깨 패드와 라펠을 새롭게 해석하기도 했다. 슈트를 입는 방식마저 새롭게 제안하고 있었다. 슈트에 야구 모자를 매치하거나 트레이닝 팬츠에 재킷을 매치하는 것과 같은 의외의 조합을 권하는 식이었다.

무엇보다, 이들 브랜드의 매장에는 얄미우리만치 자기 몸에 꼭 맞는 옷을 입고 제품을 판매하는 직원들이 있었다. 당시 서울에서는 쉽게 볼 수 없는 유형의 멋쟁이들이었다. 취향의 분기점이 된 현장이었다. 이후 이 브랜드들의 매장은 도쿄에 갈 때마다 반드시 둘러보는 성지순례 코스가 됐다. 그때 구입한 옷들로 집 안의 옷장을 채웠다. 일본

빔즈의 멋쟁이 직원들. 지금 봐도 여전히 멋있다. 2007년에 처음 봤을 때는 문화 충격을 받았다. **출처 | 빔즈 홈페이지**

셀렉트숍 업계의 맏형 빔즈의 옷이 가장 많았다.

미국을 동경한 소년

빔즈를 설립한 시타라 요우 회장은 1951년에 태어났다. 그가 청소년 기를 보낸 1960년대 일본은 제2차 세계대전의 흔적이 곳곳에 남아 있는 나라였다. 승전국 미국의 점령 정책의 일환으로 TV에서는 미국 드라마와 디즈니 만화가 방영됐다. 미국의 패션, 음악, 스포츠가 일본 청

빔즈는 미국 문화를 동경했던 시타라 요우 회장
이 1976년 설립했다. 당시 시타라 회장은 광고
대행사 덴쓰의 직원이었다. **출처 | 빔즈 홈페이지**

소년들의 마음을 사로잡았다. 이들 마음에 미국에 대한 동경심이 싹
텄다. 시타라 요우도 그중 하나였다.

그의 인생에서 결정적인 사건은 대학생 때 일어났다. 아르바이트
를 하다가 우연히 알게 된 미군의 초대로 미군 부대 내 바자회에 가보
게 된 것. 난생처음으로 방문한 미군 캠프는 초현실적인 세계였다. 그
동안 미국 드라마를 통해서 접했던 풍경이 펼쳐져 있었다. 푸른 잔디
가 깔린 정원 위에 하얀 집이 있었다. 그 안에는 부의 상징인 제너럴
일렉트릭의 대형 냉장고가 놓여 있었다. 장교의 아이들은 화이트 팬
츠에 흰색 농구화를 신고 있었다.

평범한 일본 대학생 시타라 요우의 눈이 뒤집혔다. 아메리칸 라이
프의 풍요로움에 압도당했다. 특히 그곳에서 접한 '미제 물건들'에 꽂

했다. 당시 일본에서는 구할 길이 없는 물건들이었다. 언젠가 저 물건들을 일본으로 수입해서 팔아보고 싶다. 청년 시타라 요우의 마음에 불이 붙었다.

빔즈의 탄생

대학 졸업 후, 일본 최대의 광고대행사 덴쓰에 입사했다. 사원 2년 차 때 아버지의 호출을 받았다. 아버지는 가업인 골판지 포장재 회사가 석유파동의 영향을 받아 전망이 밝지 않다고 하셨다. 사업 다각화가 필요해 보이는데 좋은 아이디어가 없느냐고 물으셨다. 아버지에게 몇 년 동안 구상해온 아이디어를 말씀드렸다. 미제 물건을 들여와서 팔아보면 어떨까요. 골판지 포장재 회사에 어패럴사업부가 생겨났다. 미국을 동경하던 청년은 미제 물건을 파는 가게 '아메리칸 라이프 숍 빔즈'의 사장님이 됐다.

빔즈 1호점은 하라주쿠에 냈다. 야채 가게 건물의 한 모퉁이를 빌린 6.5평의 작은 가게였다(창고를 빼면 3.5평 정도였다). 코딱지만한 가게였다. 요우 대표는 매장을 운영할 직원도 뽑았다. 시게마쓰 오사무라는 이름의 사내가 빔즈의 1호 직원이자 점장이 됐다. 둘이서 오손도손 일했다.

최대한 미국 느낌이 날 수 있도록 매장을 꾸몄다. UCLA 대학의 기숙사 방 사진을 구해다가 그대로 구현했다. 요우 대표가 직접 페인트를 칠했다. 판매할 물건을 공수하는 것도 그의 몫이었다. 미국으로

아이비리그 룩을 입고 있는 빔즈의 직원. 빔
즈 초창기에 가장 인기 있는 스타일이었다.
출처 | 빔즈 홈페이지

날아가 일본에서 팔릴 만한 물건을 찾았다. 티셔츠, 운동화, 치노팬츠
같은 의류는 물론 촛대, 향, 스케이트보드까지 들여다 놓았다. 심지어
쥐덫도 판매했다(이건 전혀 팔리지 않았다). 상품이 팔려나가면 다시 미
국으로 건너가 물건을 조달하는 일을 반복했다. 그가 미국에 나가 있
을 때는 시게마쓰 오사무 점장이 매장을 책임졌다.

아메리칸 라이프 숍 빔즈는 일본의 1세대 셀렉트숍이었다. 지금
이야 쓰타야 같은 기업들의 등장으로 라이프스타일을 판다는 개념이
대중화됐지만, 1970년대에는 빔즈가 거의 유일했다. '큐레이션'이라
는 말도 50여 년 전에 빔즈가 처음 쓰기 시작했다. 요우 대표가 큐레
이션해 온 물건들 중에서는 의류가 제일 잘 팔렸다. 이후 빔즈는 점차
의류 매장의 형태로 변모해갔다.

일본에 미국을 팔다

시대가 빔즈의 편이었다. 빔즈가 설립된 때는 일본의 젊은이들 사이에서 미국 문화에 대한 동경이 절정에 이르던 시절이었다. 미국 아이비리그 학생들의 모습을 담은 사진집《테이크 아이비》가 출간됐고, 빔즈가 오픈한 해에는 미국의 라이프스타일을 소개하는 잡지 〈뽀빠이〉가 창간됐다.

빔즈는 일본 내에서 아메리칸 스타일의 메카가 됐다. 요우 대표의 큐레이션도 갈수록 정교해졌다. 미국에서 아이비리그 룩 열풍이 불었을 때는 보스턴, 뉴욕의 대학가로 날아갔다. 그곳에 있는 상점들을 찾아다니며 미국 대학생들이 즐겨 입는 아이템을 공수해 오는 식이었다. 라코스테의 폴로셔츠, 브룩스브라더스의 와이셔츠, 엘엘빈의 부츠 같은 아이템은 들여오기가 무섭게 팔려나갔다. 소매가로 사다가 되파는 수준이라 가격이 굉장히 비쌌는데도 기다리는 고객이 많았다.

나이키, 알든, 파타고니아 같은 브랜드를 일본에 가장 먼저 소개한 것도 빔즈였다(당시 나이키는 잘 팔리지 않았다. 시타라 요우 회장 자신이 사비로 구매해야 했을 정도다). 빔즈는 미국 문화에 대한 일본 젊은이들의 동경심을 먹으며 성장했다. 창업 2년째가 되던 해 시부야에 빔즈 2호점을 냈다.

이후 빔즈는 다양한 버전의 레이블을 론칭하면서 사업을 확장했다. 아메리칸 스타일만 고집하다가는 빔즈 브랜드가 진부해질 우려가 있었기 때문이다. 조르지오 아르마니, 폴스미스 같은 브랜드를 수입하는 인터내셔널갤러리빔즈를 시작으로, 빔즈플러스(1940~1960년대 미국 스타일), 빔즈레코드(음반), 빔즈보이(여성 라인), 빔즈티(티셔츠) 등의 레이블을 차례로 론칭했다.

빔즈의 강점은 시시각각 변화하는 트렌드를 빠르게 붙잡아, 빔즈만의 방식으로 제안하는 데에 있었다. 빔즈 매장에 들르는 자마다 유행을 선도하는 멋쟁이가 되어서 나왔다.

위기에서 발견한 기회

빔즈의 성장에 날개를 단 사건은 1989년에 일어났다. 겉으로 보기에는 위기였다. 창업 때부터 함께 회사를 키워온 빔즈 직원 30여 명이 퇴사했다. 그러고는 경쟁 소매점 유나이티드 애로우즈를 설립했다. 빔즈 1호 직원 시게마쓰 오사무가 주도한 일이었다(그는 현재 유나이티드 애로우즈의 명예회장이다). 핵심 인재들이 한꺼번에 떠나자, 성장가도를 달리던 14년 차 브랜드가 대혼란에 빠졌다. 한순간에 나락으로 떨어질 판이었다. 빔즈는 이제 끝났다는 말이 여기저기서 들렸다.

시타라 요우 대표도 낙담했다. 믿었던 창업 동지들의 배신이어서 더 뼈아팠다. 하지만 이대로 무너질 수는 없었다. 위기를 기회로 삼기로 했다. 남아 있는 젊은 사원들을 대상으로 '실험'에 돌입했다. 능력 있는 베테랑을 외부에서 스카우트하는 대신, 사내의 말단 사원들을 집중적으로 훈련하기로 한 것이다.

'빔즈의 미래들'에게 양질의 교육을 제공했다. 파격적인 권한을 부여했다. 실수를 용납했다. 건의사항을 즉각적으로 반영했다. 그리고 끊임없이 격려했다.

결과는 기대 이상이었다. 빔즈의 신세대 사원들은 빔즈 매장의 분위기를 일신했다. 선배 사원들이 들여오지 않던 파격적인 옷들도 과감하게 가져다 놓고 판매했다. '카리스마 바이어'라고 불리는 사원들도 속속 탄생했다.

가장 큰 성과는 자연스럽게 세대교체가 이루어졌다는 데 있었다. 독보적인 개성을 지닌 젊은 직원들이 빔즈를 이끌기 시작했다(요우 대표는 개성 강한 직원들이 모여 있는 빔즈를 두고 "동물원 같은 회사"라고 말했다). 빔즈 매장에서 일하는 '젊고 스타일리시한' 직원들에 관한 소문이 퍼져나갔다. 빔즈 직원이 되기를 희망하는 사람들이 늘어가기 시작했다. 선순환이었다.

세대교체가 실적으로 이어지기까지는 시간이 걸렸다. 옛 직원들이 대거 퇴사한 이후 몇 년 동안은 이전과 비슷한 수준의 매출을 유지했다. 3년여의 시간이 지나고 나서 젊은 직원들이 슬슬 실력 발휘를 하더니 그때부터 빔즈가 폭발적으로 팔리기 시작했다. 바야흐로 빔즈 전성시대였다. 이후 빔즈는 1996년부터 2016년까지 연평균 22% 성장률을 구가했다. 버블경제가 끝나고 모든 의류 브랜드가 맥을 못 추던 시기였는데도 그랬다. 그렇게 빔즈의 젊은 직원들이 빔즈를 살려냈다.

이제 빔즈는 일본 전역에 160여 개, 홍콩·대만 등 해외에 10개의 매장을 둔 중견 기업으로 성장했다(2019년 5월 기준). 빔즈의 성공으로 일본 내에서 작은 소매업 형태에 불과하던 셀렉트숍이 번듯한 산업으로 자리 잡았다.

직원들이 광팬인 브랜드

빔즈의 경쟁력은 직원에게서 나온다. 직원을 뽑는 기준부터 범상치 않다. 외모나 학벌은 보지 않는다. 빔즈에 대한 애정이 있는지, 패션을 향한 열정을 갖추고 있는지를 중점적으로 체크한다. 그런 사람만이 고객에게 물건을 제대로 설명하고 안내할 수 있다고 보기 때문이다.

면접장은 자신이 얼마나 빔즈 브랜드를 사랑하는지 웅변하는 자리가 된다. 면접자 중에는 자기 가슴을 손으로 치며 마음을 표현하는 사람도 있고, 벅차오르는 감정에 울음을 터뜨리는 이도 있다. 이런 과정을 통해 직원으로 뽑힌 '빔즈 덕후'가 매장에 배치된다. 이들은 어지간해서는 빔즈를 떠나지 않는다. 빔즈의 이직률은 3.7%에 불과하다(업계 평균은 20%).

전해 듣기로는 빔즈 직원들 대부분이 빔즈 옷을 구입하는 데 급여를 쏟아붓는 부류라고 한다. 이쯤 되면 '환자'라 해도 좋을 정도다. 빔즈 제품에 푹 빠진 이들이 넘치는 애정을 가지고 설명하니 이보다 더한 전문성이 있을 리 없다(빔즈 직원들만을 취재하여 스타일링 팁을 알려주는 잡지가 있을 정도다). 고객을 응대하는 시간은 뜨거운 간증으로 채워진다.

빔즈의 직원들부터가 빔즈의 광팬이라는 점은 이 브랜드의 엄청난 무기로 작용한다. 빔즈의 직원들은 고객을 응대할 때 없는 말을 지어낼 필요가 없다. 빔즈 옷에 대해 가지고 있는 자신의 솔직한 생각을 그대로 전하면 된다. 그렇게 빔즈의 진정성이 만들어진다.

'진정성'은 무수히 많은 브랜드가 남발하는 키워드다. 하지만 실제로 진정성이 느껴지는 브랜드는 극소수에 불과하다. 소비자 입장에서 브랜드의 진정성을 확인하는 기준은 간단하다. 매장을 가보라. 직원들의 옷을 보라. 말투를 보고, 전문성을 살펴보라. 브랜드에 대해 한 시간 정도 교육을 받은 것 같은 알바들이 서 있지 않은가? 판매를 위한 기계적인 응대에 그치고 있지 않은가? 이들 브랜드에 진정성은 사치다.

진정성은 오직 초일류 브랜드에서만 경험할 수 있다. 빔즈와 마찬가지로 '직원'들을 통해서다. 애플, 슈프림 같은 브랜드들이 대표적이다. 이들 브랜드의 매장에 가보면 알 수 있는바, 애플의 직원은 애플의 팬이고 슈프림의 직원들은 슈프림의 광신도들이다. 그들로 인해 매장 안은 진정성으로 가득 찬다.

빔즈다움의 전도사들

《빔즈 앳 홈BEAMS AT HOME》은 빔즈 직원들의 집을 취재한 책이다. 일본의 집이 대개 그러하듯 직원들이 사는 집도 대부분 작다. 그러나 그 안에 놓여 있는 가구에서, 스탠드에서, 책들에서, 액자에서 확고한 취향이 묻어난다. 이들의 삶을 구성하고 있는 라이프스타일이 온전히 드러난다. 매장에서 경험하는 것과는 또 다른 '빔즈다움'이 고객들에게 전달

위 직원들이 거주하는 집을 취재한 책 《빔즈 앳 홈》의 어떤 페이지. 빔즈 직원들은 '빔즈다움'을 알리는 전도사 역할을 한다. 아래 이 직원은 스트리트 컬처에 관심이 많아 보인다.

된다. 책에 등장하는 것을 직원들도 무척 기뻐하니 일석이조다. 2014
년에 발간된 이 책은 일본에서 32만 부가 팔렸다.

브랜드를 대표하는 얼굴로 회사의 직원보다 더 나은 콘텐츠는 없
다. 영민한 브랜드 빔즈는 이 점을 잘 알고 있다. 그리고 직원들을 적
극적으로 활용하고 있다.

빔즈의 직원들은 빔즈의 얼굴이다. 빔즈다움의 전도사다. 오늘도
그들은 빔즈다움이라는 복음을 전파한다. 매장에서, 온라인에서,《빔
즈 앳 홈》콘텐츠를 통해서. 그렇게 빔즈의 진정성이 퍼져나간다.

자포스

아마존이 배우는 행복 문화

라스베이거스에 있는 자포스 본사 사무실. 이 회사의 분위기가 대충 감이 온다. 출처 | 자포스 홈페이지

Zappos.com

브랜드 컨설턴트로 일할 때였다. '브랜드 데이Brand day'라는 행사를 맡아 진행했다. 브랜드 정체성Brand Identity을 정립하는 컨설팅의 일환이었다. 클라이언트 회사의 직원들을 초대했다. 직원들만큼 자신의 브랜드에 대해 잘 알고, 애정을 가지고 있는 이들은 없다는 가정에서였다. 마케팅 부서는 물론이고 제품개발팀, 인사팀까지 올 수 있는 사람들은 모두 참석해달라고 요청했다. 보통 30명에 가까운 사람들이 모였다.

먼저 질문을 던졌다.

"여러분이 만들어가는 브랜드는 고객에게 어떤 가치value를 주나요?"

조를 짜서 토론했다. 한자리에 모여 발표했다. 직원들의 생각이 무척 달랐다. 모두 놀라워했다. 클라이언트사의 대표님은 거의 충격에 빠졌다. 이럴 수가, 직원들 모두 동일한 시선으로 브랜드를 바라보는 줄 알았는데! 완벽한 착각이었다. 이런 의견 불일치는 한두 회사에 국한된 문제가 아니었다. 컨설팅을 진행한 모든 브랜드가 마찬가지였다. 브랜드 데이는 영점 조준의 시간이 됐다.

당시 이상적인 모델로 생각한 브랜드가 자포스였다. 자포스 직원들이라면 분명 저 질문에 통일된 의견을 낼 텐데. 자포스 직원들을 만

나쁜 적은 없었지만, 그건 거의 확신이었다.

자포스는 온라인으로 신발을 파는 회사다. 1999년에 설립되어 지금은 2조 원 가치의 기업이 됐다. 그 가치를 '세상의 모든 것을 파는' 아마존이 먼저 알아봤다. 2009년 12억 달러를 주고 인수해버렸다. 경영권을 보장한 주식교환 형태였다. 아마존은 약속했다. 앞으로도 너희는 건드리지 않을게. 지금까지 하던 대로만 해. 그 대신 너희를 곁에 두고 우리가 좀 배울게.

아마존은 자포스에 푹 빠졌다. 고객을 감동시키는 일을 자포스만큼 잘하는 회사는 없었다. 고객 경험에 관해서라면 아마존도 끝을 보는 회사였다. 그런 천하의 아마존도 자포스의 '문화'를 배우고자 했다.

자포스의 탄생

토니 셰이는 사업 수완을 타고난 남자였다. 첫 번째 사업은 링크익스체인지라는 인터넷 광고 회사였다. 마이크로소프트에 2억 6,500만 달러에 매각했다. 스물넷의 나이에 백만장자가 됐다. 평생 쓰고도 남을 돈을 벌게 됐지만, 그는 돈보다 재미와 도전이 더 중요한 남자였다. 투자자로 변신했다. 벤처프로그라는 투자회사를 차려서 27개의 유망 기업에 투자했다. 그중 하나가 온라인 신발 판매 회사 자포스였다. 닉 스윈먼이라는 청년이 자포스 웹사이트를 만들고 투자를 받기 위해 토니를 찾아온 것이 계기였다. 스윈먼이 토니를 설득해서 투자금을 받는

토니 셰이는 젊은 나이에 백만장자가 됐다. 자포스라는 새로운 회사에 합류했다. **출처 | 자포스 유튜브 사이트**

데는 세 문장이면 충분했다.

"미국 신발 업계는 400억 달러 규모의 산업이고 통신판매가 그중 20억 달러를 차지하고 있어요. 전자상거래는 계속해서 성장할 가능성이 크고요. 그리고 미래에도 사람들이 계속 신발을 신을 가능성 또한 크겠지요."

토니는 자포스의 고문 겸 투자자로 합류했다. 자포스에서 엄청난 성장 잠재력을 보았다. 앞으로 더 많은 미국인이 인터넷으로 신발을 구입할 거라는 데에는 의심의 여지가 없었다. 자포스는 '제2의 아마존'이 될 운명이었다. 아마존의 시작이 책이었다면, 자포스는 신발이라는 점만 다를 뿐이었다.

토니가 미처 예상하지 못한 사실이 있었다. 자포스는 '돈 먹는 하마'였다. 투자해야 할 액수가 점점 불어났다. 어느덧 토니가 투자한 27개의 회사에서 나오는 수익이 전부 자포스로 흘러가고 있었다. 결국 토니는 투자한 회사들을 모두 정리하고 자포스에만 올인하기로 결정했다. 직접 CEO가 되어 자포스의 성장을 이끌기로 했다.

설상가상으로 그즈음에 닷컴 버블이 터졌다. 9·11 사태까지 일어났다. 미국은 불경기에 진입했다. 자포스에 투자하겠다는 이가 없었다. 현금은 말라갔다. 토니 CEO는 개인 자금을 자포스에 쏟아부었다. 돈 먹는 하마는 토니가 첫 사업을 매각하고 번 돈을 모두 집어삼켰다. 토니는 마지막 남은 카드마저 써야 했다. 정리해고였다. 자포스와 토니 모두에게 시련의 나날이었다.

드디어 팔리기 시작했다

자포스의 문제는 분명했다. 자포스 사이트에서는 인기 없는 브랜드들만 판매되고 있었다. 자포스의 비즈니스 모델이 재고를 보유하지 않는 생산자 직송 방식이었기 때문이다. 온라인 유통 업체로서 당연한 선택이었다. 당시만 하더라도 온라인 비즈니스의 장점은 재고를 보유하지 않는 데서 나온다는 것이 업계 내 정설이었다. 자포스 입장에서는 고객들에게서 신발 주문을 받으면, 해당 브랜드에 이 사실을 알려서 그 브랜드가 직접 배송해주게 하면 끝이었다. 문제는 자포스가 팔고 싶어 하는 인기 브랜드들이 자포스의 생산자 직송 방식을 거부한다는 데 있었다.

토니는 결단을 내렸다.

"이제부터 자포스는 브랜드의 재고를 구입하겠습니다."

오프라인 신발 가게에서나 통용되던 방식을 업계 최초로 온라인 유통 업체가 받아들였다.

이를 위해서 토니는 다시 한번 주머니를 털었다. 원하는 브랜드 제품의 재고를 구매하는 데에만 200만 달러가 필요했다. 재고를 보관할 창고 구입비, 창고를 운영할 직원을 고용하는 비용은 별도였다. 토니는 자신의 명의로 되어 있는 모든 소유물을 팔아야 했다. 살고 있던 아파트도 포함해서다. 몇 년 전까지만 해도 젊은 백만장자였던 그가 알거지가 될 상황에 놓였다.

다행히 재고를 구입하기로 한 건 옳은 결정이었다. 옳아도 완전히 옳았다. 순식간에 매출이 세 배로 훌쩍 뛰어넘었다. 인기 브랜드들이 자포스에 입점하기 시작했다. 자포스 사이트에서 신발이 엄청나게 팔리기 시작했다. 매출이 폭발적으로 증가했다. 2000년 160만 달러, 2001년 860만 달러, 2002년 3,200만 달러, 2003년 7,000만 달러, 2004년 1억 8,400만 달러…. 2008년에는 10억 달러를 넘겼다. 토니는 다시 새 아파트를 살 수 있었다.

다 죽어가던 자포스가 살아났다. 이제는 회사의 미래를 고민할 차례였다. 본질적인 질문을 던졌다. 자포스는 어떤 회사가 되어야 하는가. 자포스는 누구를 위해서 존재해야 하는가. 답은 쉽게 나왔다.

'자포스는 최고의 고객 서비스를 제공하는 브랜드가 된다.'

이 세상에 존재하는 모든 브랜드가 한목소리로 외치는 말이었다. 동시에 아무도 제대로 시행하지 않는 말이었다. 토니는 다행히 말보다 행동이 앞선 남자였다. 자포스의 변화를 진두지휘했다.

자포스 매출의 25%를 차지하던 생산자 직송 방식을 과감히 포기했다. 재고를 보유하지 않아 쉽게 돈을 벌 수 있는 방법이었지만, 고객 서비스 차원에서는 문제가 많았다. 늘 5% 정도의 확률로 배송 사고가 발생했다. 배송을 하는 주체가 자포스가 아닌 다른 브랜드였기 때문에 개선의 여지도 제한적이었다. 생산자 직송 방식을 중단하는 건 이제까지 내린 결정 중 가장 쉬우면서도 가장 어려운 결정이었다. 예상했던 대로 수익이 하락했다. 현금흐름도 나빠졌다. 그다음부터는 버티기였다. 수익이 점차 회복됐다.

고객과 10시간 통화를

고객 서비스를 혁신했다. 고객이 제품을 받을 때와 반품할 때 모두 무료배송 서비스를 제공했다. 4~5일 걸리던 배송 기간도 점차 줄여나갔다. 이 모든 조치가 단기적인 차원에서 자포스의 이윤을 증대시키는 일은 아니었지만 '최고의 고객 서비스'라는 원칙에 부합하는 것들이었다. 효과는 확실했다. 자포스의 서비스에 감동한 소비자들은 자발적으로 주변 사람들에게 퍼뜨리고 다녔다. 입소문은 세상에서 가장 효과적인 광고다. 자포스에서 신발을 구매하는 고객 숫자가 급속도로 늘어갔다.

자포스식 고객 서비스의 끝판왕은 고객 콜센터였다.

온라인으로 신발을 파는 회사는 고객과 만날 수 있는 접점이 제한적이다. 한 군데 있기는 했다. 고객 콜센터. 대부분의 기업이 신경

자포스는 콜센터를 혁신했다. 고객을 팬으로 만들어버렸다. 홈페이지 왼쪽 상단에 콜센터 전화번호를 고정해놓았다. 페이지가 바뀌어도 저 자리에 그대로 있다. **출처 | 자포스 홈페이지**

쓰지 않는 부서, 심지어 인도에 있는 업체에 아웃소싱하는 부서다. 무려 21세기에 자포스는 '전화 창구'를 혁신했다. 다른 기업들은 콜센터를 최소화해야 할 '비용'으로 여겼지만, 자포스는 언젠가 열릴 커다란 기회의 '보물 창고'로 믿었다.

다른 회사의 웹사이트에서 고객 문의에 대한 정보는 링크를 다섯 번은 타고 들어가야 나올 정도로 찾기가 힘들었다. 자포스는 모든 페이지의 맨 위에 고객 문의 전화번호가 뜨게 했다. 콜센터를 24시간 운영했다. 상담원의 통화 시간에도 제한을 두지 않았다. 자포스 상담원 중에는 고객과 10시간 43분 동안 통화한 직원이 있을 정도다(다른 기업들은 '평균 처리 시간'에 따라 상담원의 고과를 평가하는 것이 일반적이었다. 더 짧게 통화하고, 더 많은 고객 처리를 한 상담원이 높은 고과를 받았다).

고객을 응대하는 방식도 파격적이었다. 일단 스크립트가 없었다. 직원들은 개성을 담아 고객에게 말을 걸었다. 유머러스하고, 친절했다. 그리고 유연했다. 고객이 원하는 제품의 재고가 없을 때는 경쟁 업

고객과 가장 오랜 시간 통화하는 신기록을 세운 주인공. 자포스의 이 직원은 무려 10시간 43분 동안 통화했다. 그럼에도 누구도 이 직원을 비난하지 않았다. 오히려 홍보 영상에 등장시켜서 띄워주었다. **출처 | 자포스 유튜브 사이트**

체의 웹사이트를 검색해주었다. 새벽에 전화를 건 고객이 피자 가게 전화번호를 물어보자, 그 시간에 문을 연 피자집을 알려주었다(이 전화를 한 사람은 토니였다). 농담을 던지는 고객에게는 더 웃긴 농담으로 응대했다.

　자포스 콜센터는 사람들 사이에서 '희한한 콜센터'로 통하기 시작했다. 자포스 콜센터를 경험한 고객들은 이 브랜드의 전도사가 됐다. 브랜드의 팬들을 대거 양산하는 데는 콜센터 하나로도 충분했다.

자포스의 DNA

자포스 직원들은 즐겁게 일한다. 동료들 간에 사이가 무척 좋다. 직원을 뽑는 기준이 독특해서다.

'회사 밖에서도 같이 놀고 싶은 사람인가.'

똑똑한 사람은 많다. 회사에 돈을 벌어다 줄 능력자들도 많다. 그런데 사적으로도 교제하고 싶은 사람은 드물다(일테면…. 당신의 회사 동료들을 생각해보라). 저 기준에 통과한 사람들끼리 모여서 일을 한다. 모두가 자신을 행운아라 여긴다. 이렇게나 마음이 맞는 사람들과 신나게 일할 수 있다니. 일은 놀이가 된다. 유쾌한 문화가 만들어진다.

자포스가 5년째 되던 해에는 전 직원에게 질문지를 돌렸다.

"자포스 문화가 당신에게 어떤 의미인가요?"

답변을 받아 오타만 수정한 채 그대로 책으로 발간했다. 이름하여 〈자포스 컬처북〉. 매년 업데이트했다. 이 과정에서 자포스가 추구하는 열 가지 핵심 가치를 뽑아냈다. '서비스를 통해 와우 경험을 선사한다', '재미와 약간의 희한함을 창조한다', '겸손한 자세를 가진다' 등.

그다음부터는 실천이었다. 자포스의 모든 직원이 외웠다. 몸에 새겼고, 의사결정의 기준으로 삼았다(좋은 의견이긴 한데…, 우리의 핵심 가치에 맞는 거야?). 핵심 가치는 공기가 됐다. DNA가 됐다. 고객들을 대하는 태도가 됐다. 아마존을 포함한 모든 기업이 배우고 싶어 하는 자포스의 문화가 됐다.

〈자포스 문화의 근간을 이루는 '자포스 핵심 가치 문서'〉

자포스의 미션: '와우'를 체현하며 '와우' 서비스를 제공한다.

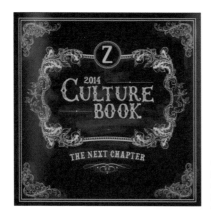

<자포스 컬처북>. 직원들에게 "자포스 문화가 당신에게 어떤 의미인가요?"라고 묻고 답을 취합한다. 오타 수정 외에는 내용을 검열하거나 편집하지 않는다. 매년 발행한다. 출처 | 자포스 홈페이지

1. 서비스를 통해 '와우' 경험을 선사한다.

2. 변화를 적극 수용하고 추진한다.

3. 재미와 약간의 희한함을 창조한다.

4. 모험정신과 독창적이며 열린 마음을 유지한다.

5. 성장과 배움을 추구한다.

6. 적극적으로 의사소통하며 솔직하고 열린 관계를 구축한다.

7. 긍정적인 팀정신과 가족정신을 조성한다.

8. 좀더 적은 자원으로 좀더 많은 성과를 낸다.

9. 열정적이며 결연한 태도로 임한다.

10. 겸손한 자세를 가진다.

자포스가 브랜드를 만드는 법

예전에는 브랜드를 만드는 작업이 간단했다. 소수의 사람이 모여 이 브랜드가 사람들에게 어떻게 비칠지를 결정했다. 광고로 물량 공세를 하면 그럴듯한 브랜드 하나가 탄생했다. 일방적이었다. 사람들이 광고에 반응하던 시대였다. 하지만 세상이 변했다. 지금은 기업의 일거수일투족을 고객들이 속속들이 지켜본다. 속일 수가 없다. 아무리 광고를 잘 만들어도 마카다미아 땅콩 하나로 추락하는 것이 요즘 시대의 브랜딩이다.

사람들은 더는 광고에 속지 않는다. 소비자 입장에서 생각해보면 쉽다. 조금 전에 TV에서 멋진 광고 한 편을 봤다. 바로 이어서 수갑을 찬 그 기업의 경영진이 뉴스에 등장한다. 페이스북 뉴스피드에는 그 기업의 직원이 행한 갑질 행태가 올라온다. 소비자들은 정나미가 떨어진다. 앞뒤가 다른 행동을 하는 위선자들의 제품을 더 이상 구입하지 않는다.

새로운 시대의 브랜딩은 이전과 달라야 한다. 광고에 그쳐서는 안 된다. 좋은 기업 문화를 만드는 것이 최우선이다. 좋은 문화는 반드시 드러나게 되어 있다. 그 반대의 경우도 마찬가지다.

기업 문화의 토대는 창업자가 세운다. 사우스웨스트항공은 허브 켈러허다. 애플은 스티브 잡스다. 월마트는 샘 월튼이다. 넷플릭스는 리드 헤이스팅스다. 배달의민족은 김봉진이다. 자포스는 토니 셰이다. 직원들에겐 참고할 롤 모델이 생긴다. 아 저 사람처럼 하면 되는구나.

닮는다. 행동의 기준으로 삼는다. 모두 한 방향을 본다. 기업 문화의 시작이다.

이 문화를 지속적으로 유지하는 건 별개의 문제다. 위대한 창업자가 회사를 떠난 후에 브랜드의 영혼이 사라지는 건 그 때문이다. 회사 입구에 동상 하나 세워놓으면 끝날 문제가 아니다. 명문화해야 한다. 지속적으로 되새겨야 한다. 그분이라면 어떻게 하셨을까. 모두가 창업자의 생각을 입어야 한다. 직원들이 창업자가 되어야 한다.

자포스에는 토니 셰이가 있다. 20년 이상 자포스를 이끌어온 이 아저씨부터가 '자포스다움'을 온몸으로 발산한다. 언제나 빡빡머리에 티셔츠, 청바지 차림이다. 말투는 친근하고, 유머러스하다. 그러면서도 진지하다. 직원들은 토니를 껴안는다. 볼에 뽀뽀하고 "I love him" 이라고 스스럼없이 이야기한다. 직원들 자리 사이에 널브러져 있는(?)

ABC뉴스에서 자포스를 취재하러 갔다. 이 직원은 토니 셰이의 볼에 뽀뽀를 하며 "I love him"이라고 말했다. 살짝 당황한 표정의 토니 셰이. 출처 I 유튜브 내 ABC뉴스 영상

그의 책상을 보고 정리정돈을 해야 한다고 다그치기도 한다(나름 백만 장자 회장님인데…). 모두가 그를 사랑한다. 그대로 자포스의 문화가 된다. 고객들은 자포스의 문화를 계속 지켜본다. 그들도 이 브랜드를 사랑하게 된다.

행복한 브랜드

자포스는 2009년 회사의 비전과 사명을 한 문장으로 압축했다.

"세상에 행복을 배달하는 회사."

토니 셰이가 지은 책 제목도 《딜리버링 해피니스》다. 〈월스트리트 저널〉은 이 책을 '당신은 읽지 않더라도 상사에게는 선물해야 하는 책'이라고 평했다.

왜 우리가 이 일을 하는지 이유를 파고 팠더니 결국 '행복'이었다. 따지고 보면 행복이 별거던가. 마음 맞는 사람들과 웃고 떠들며 놀듯이 일하는 것. 이 즐거움을 고객들에게도, 협력사에도 나누어주는 것. 이 정도면 충분히 행복하다 할 수 있지 않을까? 이것이 지금까지 자포스가 추구해온 행복이다. 자포스의 문화다. 자포스의 직원들은 행복을 배달한다. 개개인의 개성을 살려서, 재미있게, 놀면서, 희한하게. 자포스는 행복한 사람이다. 행복한 문화다. 행복한 브랜드다.

행복 배달부 토니 셰이의 도전은 계속된다. 2012년부터 시행한 다운타운 프로젝트와 홀라크라시Holacracy 제도가 대표적이다.

다운타운 프로젝트는 라스베이거스의 낙후된 구도심에 새롭고 혁신적인 기업 공동체를 건설하는 프로젝트다. 토니 셰이는 라스베이거스 외곽의 부지와 건물을 매입한 후 IT 스타트업 경영자, 음악가, 작가, 디자이너 등 다양한 분야의 사람들을 불러모았다. 이들이 교류할 수 있도록 카페와 식당, 술집도 만들었다. 서로 다른 배경을 가진 사람들이 더 자주 마주치고 부대끼면 혁신은 절로 일어난다는 토니 셰이식 믿음의 발현이었다. 실리콘밸리가 아닌 라스베이거스에 뿌리를 내린 IT 기업으로서 라스베이거스라는 도시 전체에 행복을 전할 방법을 모색한 것이다. 이 프로젝트를 위해 3억 5,000만 달러를 쏟아부었다.

2013년부터는 자포스 내부의 위계질서를 파괴하는 실험에 도입했다. '보스도 매니저도 없는 완전히 수평적인 조직'이자 '모든 직원이 동등한 위치에서 책임을 지는' 홀라크라시 제도를 시행했다. 직원들에게 어떤 일이든 벌일 수 있는 무한에 가까운 자유를 주고, 이에 대해 책임지도록 하는 방식이다. 이 제도 도입 이후, 1,500명이나 되는 자포스 직원들의 직위가 사라졌다. 언론은 "기업이라는 제도가 생긴 이래 가장 혁명적인 실험"이라고 소개했다.

다운타운 프로젝트와 홀라크라시가 시행된 지 꽤 오랜 시간이 흘렀다. 아직까지 눈에 띄는 성과는 나타나지 않았다. 애초 5년 계획이었던 다운타운 프로젝트는 현재 15년으로 연장됐다. 초기 100개에 달했던 스타트업은 30~40개로 줄어든 상태다.

홀라크라시도 좌충우돌의 연속이었다. 도입과 함께 이 제도에 적응하지 못한 200명 이상의 직원이 자포스를 떠났다. 홀라크라시가 현실성이 없는 이상적인 제도에 불과하다는 비판도 끊임없이 제기된다.

"완벽히 수평적이라고는 하지만 기업에는 위계질서가 존재할 수밖에 없다."

"모두가 책임지는 조직에서는 아무도 책임지지 않는다."

토니 셰이의 실험이 이미 실패했다고 보는 이도 상당수다.

토니 셰이의 생각은 다르다. 그는 지금까지 두 프로젝트가 지나온 과정을 과도기로 본다. 이쯤에서 포기할 생각이 전혀 없다. 아무리 생각해봐도 방향이 맞기 때문이다. 다양한 분야의 사람들이 한 도시에 모여 기적을 일으키는 것만큼 세상에 행복을 주는 일이 없다고 생각한다. 직급 없이 직원 스스로 일을 만들어서 하고 그에 따른 책임을 지는 수평적 문화가 그 반대보다 더 큰 행복을 가져다주는 것도 확실하다고 믿는다. 토니 셰이가 행복을 전달하는 여정은 현재진행형이다.

에이스
호텔

놀러 와

<뉴욕타임스>는 에이스호텔을 가리켜 "미국에서 가장 독창적이고 신선한 호텔"이라고 했다. **출처 | 에이스호텔 홈페이지**

청년 사업가 김정주는 말했다.

"놀러 와."

탐나는 인재를 볼 때마다 그랬다. 거창한 비전을 제시하지 않았다. 인센티브로 유인한 것도 아니었다. '놀러 와' 한마디를 툭 던졌을 뿐이다. 듣는 이 입장에서도 부담 없는 한마디였다. 치킨 사준다기에, 맥주 마시러 오라기에 놀러 갔다.

그곳에는 최신 컴퓨터가 있었다. 맛있는 간식이 풍성하게 차려져 있었다. 초대를 받은 '당대의 천재'들은 신나게 놀았다. 놀다 보니 어느덧 직원이 되어 있었다. 게임을 만들고 있었다.

세계 최초의 온라인 그래픽 게임 〈바람의 나라〉가 그렇게 나왔다. 캐주얼 게임의 시초 〈퀴즈퀴즈〉, 국민게임 〈카트라이더〉가 탄생했다. 넥슨은 김정주의 '놀러 와'라는 말과 함께 성장했다. 대한민국을 대표하는 놀이터가 됐다.

앤디 워홀도 혼자서 일하지 않았다. '팩토리'에서 일했다. 앤디가 모자공장을 개조해서 만든 작업 스튜디오였다. 당대의 핫플레이스였다. 앤디 워홀은 온갖 부류의 아티스트를 팩토리로 초대했다. 시인, 화가, 언더그라운드 뮤지션이 놀러 왔다. 마약중독자와 성전환자도 있었다. 이들은 놀면서 일하고, 일하면서 놀았다. 매일 밤 파티를 열었다. 실크스크린을 찍고 〈잠〉, 〈엠파이어〉 같은 독립영화를 제작했다. 다양한 이들이 모인 만큼 어디서도 보지 못한 창의적인 작품들이 탄생했다.

팩토리는 만남의 광장이었다. 놀이터였다. 팩토리는 쉴 새 없이 돌아갔다. 팩토리는 '공장장' 앤디 워홀을 시대의 아이콘으로 만들었다.

에이스호텔도 놀이터였다. 놀 줄 아는 이가 설립했다. 놀 줄 아는 친구들이 모였다. 새로움에 관심이 많고, 감각적인 이들이었다. 에이스호텔은 판을 깔았다. 우리랑 놀고 싶은 사람들은 여기 여기 붙어라. 딱 '에이스스러운' 친구들이 집결했다. 그들은 에이스스러운 또 다른 친구들을 데리고 왔다. 유유상종이었다. 에이스호텔은 멋스러운 건물 이상이었다. 아지트이자 구심점이었다. 시간이 지날수록 에이스의 친구들이 늘어갔다. 에이스호텔은 호텔을 넘어 문화가 됐다.

노는 형

알렉스 콜더우드는 노는 형이었다. 매일 밤 시애틀의 물 좋은 클럽을 휘젓고 다녔다. 그곳에서 다양한 '선수'들을 만났다. 클럽의 사장부터 DJ, 뮤지션까지 친구로 사귀었다. 훗날 사업 파트너가 된 웨이드 웨이글도 클럽에서 만났다. 노는 것도 열심히 하고 볼 일이었다. 황금 인맥이 쌓였다.

알렉스에게는 일도 놀이였다. 고등학교를 졸업한 후 남성 의류 매장 인터내셔널 뉴스의 직원이 됐다. 적성에 맞았다. 신나게 놀면서 일

알렉스 콜더우드는 잘 노는 형이었다. 출처 | 루디스 바버숍 유튜브 영상

하는데 월급을 받았다. 책상에 앉아 공부하는 것보다 백 배쯤 재미있었다. 현장이야말로 '진짜 학교'였다. 노는 형은 대학에 진학하지 않았다.

알렉스는 트렌드의 최전선에 거했다. 유행에 밝았다. 취향이 굳건했다. 멋있는 것과 그렇지 않은 것을 나누는 기준이 모호하지 않았다.

알렉스의 친구들도 죄다 힙스터들이었다. 이벤트와 파티가 일상이었다. 그냥 흘려보내는 시간은 아니었다. 서로가 지닌 정보를 공유하고, 영감을 주고받는 '생산적인' 시간이었다.

알렉스는 하고 싶은 일이 많았다. 그 맨 꼭대기에 '공간 사업'이 있었다. 맘 맞는 친구들끼리 모여 '놀면서' 일할 수 있는 장소를 만들고 싶었다. 우리가 들러서 머물고 싶은 곳이라면 다른 사람에게도 마찬가지일 거야. 흔쾌히 돈을 지불할 거야. 어렴풋하게 구상을 하던 즈음, 거리의 이발소가 눈에 들어왔다.

핫가이들의 바버숍

주변에 갈 만한 이발소가 없었다. 커트는 예술의 영역이었다. 그러나 예술가가 보이지 않았다. 서비스도 만족스럽지 않았다. 흡족한 마음으로 이발소를 나선 적이 없었다. '쥑이는 이발소'를 선보이고 싶었다. 처진 기분으로 들르더라도 유쾌한 마음으로 나가는 곳이어야 했다. 루디스 바버숍의 탄생이다.

알렉스와 친구들은 아메리칸 클래식으로 바버숍 공간을 채웠다. 성조기를 내걸고 전후 시대에 유행했던 가구를 배치했다. 그 안에서 온몸에 문신을 한 '핫가이'들이 손님을 맞았다. 모호크, 반삭발 같은 '양아치 헤어 스타일' 전문이었다. 루디스 바버숍은 머리만 자르러 오는 곳이 아니었다. 타투를 새기고, 로컬 밴드의 콘서트 티켓도 살 수

루디스 바버숍의 첫 번째 매장. 26년 차의 관록을 자랑한다. 현재 미국 전역에 30여 개의 지점이 있다. 여전히 클래식하면서도 트렌디하다. **출처 | 루디스 바버숍 유튜브 영상**

있는 곳이었다. 예약을 받는 직원이 담배를 피우며 타로점을 봐주는 곳이었다. 어느 신문이 소개한 그대로였다. "미국에서 가장 섹시한 클래식 바버숍."

루디스 바버숍이 성공할 거라는 확신은 없었다. 한 달을 버틸까 싶었다. 기우였다. 문을 열자마자 손님으로 미어터졌다. 시애틀에서 스타일 좀 안다는 이들이 갈 만한 이발소는 오직 루디스 바버숍뿐이었다. 1시간 30분을 기다려야 입장할 수 있었다. 루디스 바버숍은 날로 번창했다.

루디스 바버숍의 성공은 강력한 메시지였다. 알렉스와 친구들이 대책 없는 '별종'은 아니라는 메시지. 그들이 원하는 서비스가 시장에 분명한 수요로 존재한다는 메시지. 자신감을 장착했다. 그동안 하고 싶었던 일들을 모조리 실행에 옮겼다. 프로모션 에이전시, 마케팅 에이전시, 음반기획사, 디자인회사 등. 알렉스와 친구들을 찾는 곳이 늘어갔다. 몸이 열 개여도 부족한 나날이었다. 그래도 여전히 놀면서 일했다.

제약이 기회가 되다

"우리 여기서 호텔이나 해볼까?"

루디스 바버숍의 새 부지를 물색하던 중이었다. 시애틀 시내의 구세군 건물을 찾았을 때 알렉스가 친구들에게 호텔 이야기를 꺼냈다. 즉흥적으로 던진 말은 아니었다. 호텔은 알렉스의 숙원사업이었다. 먹고 놀고 마시고 쉬는 모든 라이프스타일이 응집된 공간이었다. 알렉스가 사랑하는 모든 것을 담을 수 있는 장소였다. 호텔에서 실력 발휘를 해보고 싶었다. 매물로 나온 구세군 건물을 보자 몸이 근질거렸다.

알렉스와 친구들 중에는 호텔업에 몸담았던 이가 없었다. 그럼에도 단순하게 생각했다. 바버숍과 호텔의 본질은 같은 거다. 둘 다 '사람들이 어울려 놀고 싶은 곳'을 만들면 되는 거다. 알렉스 생각에 호텔은 조금 더 스케일이 큰 바버숍이었다. 1999년에 에이스호텔을 세웠다. 무식해서 용감했다.

"누구나 그럴싸한 계획을 가지고 있다. 한 대 처맞기 전까지는."

'핵주먹' 마이크 타이슨의 명언이다. 알렉스와 친구들도 그럴싸한 계획을 가지고 있었다. 호텔을 만만하게 봤다. 제대로 처맞았다. 실수를 연발했다. 구세군 건물을 인수하면서 세입자들까지 떠안은 건 그 중에서도 최악이었다. 변기를 창문 밖으로 던지는 상식 이하의 인간들과 싸웠다. 악몽 같은 시간이었다.

자금도 금방 바닥났다. 개인 돈, 대출금, 투자금을 모두 긁어모았는데 겨우 200만 달러였다. 구세군 건물을 헐고 그럴듯한 호텔을 짓기에는 턱없이 부족했다.

호텔업에 대해 무지하다, 돈이 없다는 사실은 분명한 단점이었다. 리스크였다. 망할 요인이었다. 그런데 희한했다. 에이스호텔에는 이런 제약이 기회로 작용했다. 두 가지 이유에서였다.

첫째, 호텔업을 잘 모르는 아마추어여서 신선한 질문을 던질 수 있었다.

첫 번째 에이스호텔. 낡은 구세군 건물이 당대의 가장 핫한 호텔로 변신했다. 기적이었다. **출처 | 위-구글맵, 아래-에이스호텔 홈페이지**

"왜 모든 방이 다 똑같아야 하지?"

"왜 호텔에 배치된 어메니티는 다 비슷하지?"

"왜 숙박비가 비싸야 하지?"

"왜 로비는 저렇게 엄숙해야 하지?"

"왜 직원들은 저렇게 뻣뻣하게 응대해야 하지?"

'아무것도' 모르니 '제멋대로' 생각할 수 있었다. 고정관념에서 자유로웠다. 에이스호텔만의 답을 찾았다. 업계의 관행을 무너뜨렸다.

둘째, 새 호텔을 지을 돈이 없어 구세군 건물을 리모델링했더니 완전히 '다른' 호텔이 탄생했다. 옛 건물과 트렌디한 인테리어가 묘하게 충돌했다. 2000년대에 들어서야 유행이 된 건물 재활용을 1990년대 중반에 시도했다. 구세군 건물을 개조한 희한한 호텔을 구경하려고 사람들이 몰려들었다.

화려한 데뷔전이었다. 에이스호텔은 처음부터 팔리기 시작했다. 28개의 객실은 연일 매진이었다. 에이스호텔은 곧 시애틀 최고의 핫스폿으로 떠올랐다. 시애틀에 이어 포틀랜드, 뉴욕, LA 같은 도시에도 에이스호텔을 세웠다. 런던, 파나마에도 진출했다.

현재 에이스호텔은 전 세계에서 9개의 지점을 운영 중이다(2019년 기준). 속도를 조절해가며 성장하는 중인데도, 연간 1,100만 달러쯤

에이스호텔의 첫 번째 아시아 지점이 일본 교토에 생긴다. 일본 건축계의 거장 구마 켄고가 설계를 맡았다. 2019년 하반기 오픈 예정. **출처: 에이스 호텔 홈페이지**

되는 수익을 올리고 있다(2018년도 추정치). 에이스호텔의 파급력은 단순 수치에 머무르지 않는다. 에이스호텔이 들어서는 일대는 세련된 공간으로 탈바꿈한다. 지역 경제가 살아난다. 전 세계 크리에이터들이 순례하는 성지가 된다.

에이스호텔이 팔리는 브랜드가 된 요인은 하나로 모인다. 노는 형 알렉스 콜더우드를 구심점으로 잘 놀았다. 어떻게? 첫째는 지역과 함께 잘 놀았다. 둘째는 힙하게 잘 놀았다.

지역과 잘 놀았다

보통의 호텔은 유동인구가 많은 곳에 호텔을 세운다. 사람들이 들고 나는 곳이라야 모객이 쉽다고 보기 때문이다. 에이스호텔은 조금 독특하다. 자신의 '취향'이 기준이 된다. 데이터보다는 직관을 믿는다. 자신들이 둘러보고 싶은 숍, 카페, 레스토랑이 많은 동네를 찾는다. 만나고 싶은 사람들이 몰려 있는 곳에 호텔을 세운다. 즉, 스스로 놀고 싶은 곳에 들어가는 것이다. 다른 호텔들은 고려조차 하지 않을, 상권이 죽은 지역에도 들어간다. 들어가서 우리가 바꾸면 되니까. 우리가 놀다 보면 상권이 살아날 거니까. 에이스식 믿음이다. 믿음은 항상 열매를 맺는다. 에이스호텔이 들어서는 지역 일대는 '무조건' 뜬다.

호텔을 세울 때는 그 지역의 친구를 사귀는 데서 출발한다. 호텔 디자인에 참여할 아티스트, 오프닝 파티를 맡길 DJ와 교류한다. 흥미로운 바텐더를 봐둔다. 그러고선 각자에게 꼭 맞는 역할을 맡긴다. 에

에이스호텔 뉴욕 1층에 자리한 스텀프타운. 에이스호텔이 포틀랜드에서 발굴한 커피 로스터리다. 스텀프타운은 에이스라는 좋은 친구를 둔 덕에 전국구 스타로 발돋움했다.

이스호텔을 현지화할 첨병으로 삼는다.

지역 내 장인들과도 긴밀하게 협업한다. '자전거 수도' 포틀랜드에서는 지역 장인이 만든 자전거를 게스트용으로 제공하는 식이다. 지역 내 아티스트들의 작품을 로비와 방에 전시하기도 한다.

지역의 '자원'을 호텔 안에 들이는 것도 에이스호텔의 특징이다. 포틀랜드에서는 스텀프타운이라는 걸출한 커피 로스터리를, 뉴욕에서는 패션 편집매장 오프닝 세리머니를 발굴해서 에이스호텔에 입점시켰다. 지역 내에서 한가락 하는 클럽, 갤러리, 카페, 레스토랑들이 이런 식으로 에이스호텔 품에 안긴다.

여타 호텔 체인에서 '호텔'은 '건물'이다. 새로운 곳에 지점을 낼 때는 건물과 서비스가 그대로 이식된다. 이것이 시카고의 힐튼이나 도쿄의 힐튼이 죄다 거기서 거기인 이유다. 에이스호텔은 다르다. 지역마다 다른 답을 내놓는다. 각 지역이 품은 '이야기'들로 호텔을 채운다. 다른 곳에서는 만날 수 없는, 그 지역에서만 경험할 수 있는 콘텐츠가 만들어진다. 전 세계에 있는 모든 에이스호텔은 단 하나의 에이스호텔로 존재한다.

힙하게 잘 놀았다

"굉장히 힙한 친구의 집에 놀러 가는 것 같아."

에이스호텔을 수시로 드나드는 지인이 말했다. 에이스호텔은 힙한 호텔이다. 에이스호텔에 들어서면 처음으로 마주하는 것이 저 유명한 로비다. 이 호텔의 '힙함'을 가장 잘 보여주는 공간이다. 그곳에는 넓은 테이블과 편안한 의자가 있다. 무선 인터넷 서비스를 무료로 제공한다. 호텔 내 스텀프타운에서 커피를 가져와서 마실 수도 있다.

로비는 투숙객이 아니더라도 머무를 수 있는 열린 공간이다. 노트북을 펼쳐두고 몇 시간을 있어도 눈치를 주는 직원이 없다. 투숙객, 외부 방문객, 지역 주민들이 로비에서 만난다. 기존의 '근엄한' 호텔 로비에서는 전혀 경험해보지 못한 '캐주얼'함이 만들어진다. 없던 창조성도 샘솟을 것 같은 자유로운 분위기다. 스타트업 관계자, 영화계 인사, 베스트셀러 작가 등이 작업실 겸 만남의 장소로 이 로비를 애용하

로비는 에이스호텔의 상징이다. 투숙객뿐 아니라 누구든 와서 몇 시간이고 시간을 보낼 수 있다. 뉴욕의 수많은 크리에이터가 영감을 얻으러 이곳을 찾는다. 출처 | 에이스호텔 홈페이지

는 이유다. 이제는 상당수의 호텔이 에이스호텔을 벤치마킹하여 로비를 개방하고 있다.

유니폼을 입은 직원들의 응대도 힙한 분위기를 내는 데 일조한다. 직원들은 과한 친절을 베풀지 않는다. 대신 동네 친구 대하듯 고객을 편안하게 대한다. 방문객들과 하이파이브를 주고받기도 한다.

호텔 이곳저곳에 부착되어 있는 위트 있는 문구도 에이스호텔의 힙한 공기를 만들어낸다. '방 안에서는 금연'이라고 표현하는 대신 '담배를 피워도 되는데, 낯선 사람한테 250달러 줄 생각은 하고'라는 식이다. 엘리베이터 옆에는 '계단으로 내려갔으면 벌써 도착했을 텐데'라는 표지판이 붙어 있다. 이런 건 누가 시켜서 할 수 있는 게 아니다. 몸에 밴 센스다.

에이스호텔에 놓인 물건들도 매우 에이스스럽다. 객실에서는 에이스가 엄선해서 골라놓은 LP들을 감상할 수 있다. 욕실에는 아크네

1ㅣ에이스호텔은 불필요한 격식을 멀리한다. 고객들에게 건네는 말에도 위트를 담는다. 언제나 힙한 친구처럼 이야기한다. 에이스다운 공기가 만들어진다.

2ㅣ무심하게 놓여 있는 소품들에서도 '힙함'이 묻어난다. 옷걸이에는 '너 그 옷 입으니까 멋져'라고 새겨 넣었다. 뭘 좀 아는 친구의 집에 방문한 듯한 느낌을 받는다.

3, 4ㅣ방마다 놓여 있는 턴테이블과 기타. 뉴욕 29번가의 호텔 방에서 듣는 캐서린 윌리엄스는 더 감미롭다. 기타 옆의 저 검은 박스는 냉장고다. 반전이었다.

의 목욕가운, 루디스 바버숍의 샴푸가 놓여 있다. 1층 로비 옆에서는 에이스호텔과 협업한 브랜드, 예를 들어 핸더스킴의 신발, 윙즈앤혼즈의 티셔츠 등이 판매된다. 호텔 안에 있는 물건 하나하나가 에이스호텔의 감도 높은 취향을 엿볼 수 있는 아이템들이다. 어느 것 하나 허투루 준비하는 법이 없다. 절로 감탄이 나온다.

사실 에이스호텔의 시설 자체는 그리 특별할 것이 없다. 특급 호텔 수준의 고급스러움과 안락함을 기대했다가는 실망할 공산이 크다. 에이스호텔이 추구하는 클래식함조차도 좋게 이야기하면 '레트로', 그 반대로 말하면 '낡음'이다. 충분히 호불호가 갈릴 수 있다. 에이스호텔의 로비를 두고 투숙객을 고려하지 않는, 정신없는 장소라고 말하는 이들도 있다. 대부분의 에이스호텔이 교통의 요지에 있지 않다는 것도 종종 불평거리가 된다.

그러나 에이스호텔은 이런 비판에 크게 개의치 않는다. 결점을 보완하기보다는 자신의 강점을 강화하는 편을 택한다. 로비를 오픈한다. 직원들은 격의 없는 서비스와 위트로 무장한다. 레트로 풍으로 호텔을 꾸민다. 이 모든 요소가 모여 에이스만의 힙한 공기가 만들어진다. 에이스호텔을 찾는 이들은 대부분 그 공기에 취한다. 에이스호텔의 팬이 되어 떠난다.

딱 봐도 가장 고급스러운 호텔은 아니
다. 그러나 뭘 좀 안다 하는 사람들은
모두 이곳에서의 하룻밤을 고대한다.
에이스의 힙한 기운을 느끼고자 한다.
출처 | 에이스 호텔 홈페이지

영원한 에이스

"알렉스 콜더우드. 우리의 선생님, 멘토, 구루, 그리고 가장 중요하게
는 우리의 소중한 친구. 우리는 그가 그리울 겁니다."

- 알렉스 콜더우드가 사망한 날, 에이스호텔의 홈페이지에 게시된 문구

노는 형이 떠났다. 2013년 11월, 알렉스 콜더우드가 런던 쇼어디치 에
이스호텔의 한 객실에서 숨진 채로 발견됐다. 그의 나이 이제 겨우 마
흔일곱 살이었다. 과도한 약물복용이 원인이었다. 일과 노는 것의 경
계가 없던 형이었다. 제대로 쉬는 법을 몰랐던 형은 그렇게 허무하게
떠났다.

　수장을 잃은 에이스호텔은 깊은 슬픔에 잠겼다. 알렉스는 단순한
창업자가 아니었다. 에이스호텔이라는 창의적인 발명품이 그의 머릿
속에서 나왔다. 그의 발명품은 기존 호텔 업계에 충격파를 주었고, 멋

진 호텔의 기준을 바꾸었다.

무엇보다, 에이스호텔은 알렉스가 정성 들여 만든 놀이터었다. 여느 호텔들처럼 에이스호텔은 잠만 자는 기능적 공간이 아니었다. 알렉스가 편애하는 재미나고 힙한 콘텐츠들을 한데 모아놓은 놀이터이자 문화 공간이었다. 알렉스는 이곳에서 함께 어울릴 만한 친구들을 끊임없이 불러모았다. 같이 신나게 놀았다. 세상에서 가장 힙한 놀이터를 만들어놓고 떠났다.

'에이스호텔'이라는 이름은 알렉스가 지었다. 카드 게임에서 에이스는 가장 높은 숫자인 동시에 가장 낮은 숫자도 될 수 있는 변화무쌍한 카드다. 알렉스는 자신이 짓는 호텔이 되도록 많은 이들이 어울려 노는 '놀이터'가 됐으면 했다. '에이스호텔'만 한 이름이 없었다. 어릴 적 알렉스의 별명도 '에이스'였다.

알렉스는 떠났지만 그의 유산은 남았다. 그는 여전히 에이스호텔의 기준점이다. 알렉스라면 어떻게 생각했을까. 알렉스라면 이렇게 했겠지. 그렇게 직원들의 대화에 등장하고, 호텔의 전략을 수립하는 데에도 소환된다. 에이스호텔에 알렉스는 여전히 살아 있다. 남아 있는 알렉스의 친구들이 그를 떠올리면서 그가 세운 놀이터를 더 재미있고 풍성하게 만드는 중이다. 알렉스 콜더우드는 끝까지 에이스로 남아 있다.

3. 다름 Difference

초일류 브랜드는
차별화에 목숨 건다

"차별화하지 못하면 죽는다.Differentiate or die."

《마케팅 불변의 법칙》을 쓴 잭 트라우트의 섬뜩한 조언이다. 그의 말에 동의하지 않을 도리는 없다. 포화의 시대니까. 한 사람이 매일 접하는 광고가 3,000개에 이르니까. 그중에서 사람들이 기억하는 광고는 몇 개 되지 않으니까. 나머지 광고는 죽은 광고니까. 어디 광고뿐이랴. 아이돌 가수도, 정치인도, 영화도, 드라마도 대부분 죽는다. 포화의 시대에 '더 나은' 결과물은 의미가 없다. 완벽하게 달라야 한다. 그렇지 않으면 죽는다.

한 가지 문제가 남는다. 차별화가 중요하다는 것은 알겠는데 구체적으로 어떻게 해야 하지? '차별화해야 한다'는 원론적인 이야기로만 끝날 소지가 다분하다. 이렇게나 많은 경쟁자들 사이에서 차별화할 여지가 있기는 한 것인지부터 의문이 든다. 지금부터 소개하는 브랜드들이 그 방법을 알려준다. 자신만의 방식으로 '다름'을 만들어낸 브랜드들이다.

돈키호테는 모두가 당연하다고 믿고 있는 상식을 무너뜨렸다.

버질 아블로는 무에서 유를 창조하는 대신 이미 존재하는 무엇을 가져다가 편집했다.

호시노야 도쿄는 시골에 있던 료칸을 도시로 옮겨왔다.

톰포드는 클래식한 슈트를 섹시하게 만들었다.

<모노클>은 모든 잡지가 하는 것과 거꾸로 했다.

박진영은 최초의 시도를 멈추지 않았다.

경영 저널리스트 데릭 톰슨은 《히트 메이커스》에서 히트하는 콘텐츠는 마야^{MAYA: Most Advanced, Yet Acceptable} 법칙을 따른다고 썼다. 히트하는 콘텐츠는 급진적이면서도 소비자들이 수용할 수 있다. 다른 말로 하면 '다름'과 '공감'이다. 무조건 튄다고 해서 사람들의 마음을 얻을 수 있는 것이 아니라는 의미다. 다름에 공감의 요소가 바탕이 되어야 한다. 즉, 발이 땅에 붙어야 한다. 사람들이 그럴듯하다고 생각할 만한 아이디어여야 한다. 어떤 브랜드는 매우 독특하고 새롭기는 하지만 아무런 공감을 얻지 못하기도 한다. 그야말로 차별화를 위한 차별화가 되는 것이다. 사람들이 가지고 있는 보편적인 정서에 부합하지 않으면 차별화를 시도하는 의미가 없다. 다름과 공감의 요소 중 어느 하나라도 충족시키지 못하면 히트할 수 없다.

이 장에서는 '다름'과 '공감' 테스트를 통과한 6개의 브랜드를 소개한다. 이들 브랜드 모두 고객의 공감을 자아내는 범위 내에서 차별화를 만들어냈다. 그렇게 팔리는 브랜드가 됐다. 이 차별화의 천재들에게서 팔리는 비결을 배워보자.

돈키호테

상식은 없다

도쿄에 갈 때마다 돈키호테에 들른다. 머리에 바르는 포마드나 헤인즈 티셔츠 등을 산다. 얼마 전에도 메가 돈키호테 시부야점을 방문했다.

그날 딕 포스베리는 전설이 됐다. 1968년, 멕시코 올림픽 높이뛰기 결승전이었다. 모든 이들이 '옆으로' 점프할 때, 혼자서만 바를 등지고 '누워서' 뛰었다. 무명의 신인 선수가 금메달을 목에 걸었다. 그것도 세계 신기록으로. 그때부터 높이뛰기 선수라면 누구나 포스베리를 따라 했다. 포스베리의 도약법은 그의 이름을 딴 '포스베리 플롭(배면뛰기)'으로 명명됐다. 그날 포스베리는 상식을 깼다. 새로운 상식이 됐다.

위 한때 모든 높이뛰기 선수는 옆으로 뛰었다. 출처 | Wikimedia Commons
아래 이 순간 포스베리는 높이뛰기의 역사를 바꿨다. 바를 등지고 뒤로 점프한 첫 번째 선수였다. 상식이 깨졌다. 출처 | 유튜브 올림픽 채널

사람들이 당연하다고 믿는 것이 '상식'이다. 한마디로, 모두가 의심 없이 받드는 '기준'이다. 차별화는 상식을 깨는 데서 출발한다. '애플'이 IT 기업의 이름이 되고, 보드카 병이 예술가들의 캔버스가 된 것처럼.

돈키호테는 상식 파괴의 아이콘이다. 일본의 유명 오프라인 할인점이다. 외국인들에게는 일본 관광 시 필수 코스로 꼽힌다. 이마트가 2018년에 선보인 삐에로 쑈핑이 대놓고 베낀 곳이기도 하다. 그럴 만하다. 돈키호테는 1989년 창업한 이래 한 번도 매출이 줄어든 적이 없는 브랜드니까. 500여 개의 매장에서 나오는 연 매출이 8조 원을 넘으니까. 일본의 장기 불황기에 오히려 3,600배 성장했으니까.

지금의 돈키호테를 만든 비결은 하나다. 업계의 플레이어들과 거꾸로 행동했다는 것. 상식을 깼다. 유통 업계의 포스베리였다. 이제는 모두가 돈키호테의 방식을 따라 한다. 돈키호테는 새로운 상식이 됐다.

이상한 가게

남자는 개천에서 난 용이었다. 시골 촌뜨기가 도쿄의 명문 사립 게이오대학에 입학했다. 부잣집 도련님들로 가득 찬 곳이었다. 촌놈은 외톨이가 됐다. 스포츠카에 여자친구를 태우고 다니는 '게이오 보이'들을 볼 때마다 속에서 불이 났다. 남에게 지기 싫어하는 마음이 터무니없을 정도로 강한 남자였다. 평범한 회사원이 된다면 영원히 저 녀석들을 이길 수 없을 거야. 번지르르한 회사 대신 작은 부동산회사에 입사했다. 굳이 대학을 나오지 않아도 들어갈 수 있는 곳이었다. 빠르게 실력을 키워 독립하겠다는 복안이었다.

그런데 입사 10개월 만에 1차 석유파동이 터졌다. 회사가 망했다. 청년은 패기가 꺾였다. 마작에 빠졌다. 노름판을 전전했다. 세월을 낭비했다. 정신을 차려보니 서른이었다. 앞으로 사람 구실을 하며 살 수 있을까. 할 줄 아는 것이 없었다. 기술도 없었다.

그때 눈에 띈 게 할인점이었다. 당시 유행하던 업태였다. 할인점 계산대에 앉아 있는 저 무뚝뚝한 사장님들보다는 내가 낫겠다. 더 잘 팔 수 있겠다. 딱 그 정도였다. 유통업에 대한 경험도 전무했다. 대신 행동이 민첩했다. 필사적으로 모은 자금 800만 엔을 털었다. 18평의 가게를 임대했다. '도둑시장'이라는 간판을 달았다.

"정말 훔쳐 온 물건을 팔아서 가게 이름이 도둑시장인 거예요?"

고객들은 자주 물었다. 의도한 바였다. 한번 들으면 절대 잊을 수 없는 이름이어야 했다. 영세한 할인점에 고상한 이름은 사치였다. 다이에, 이토요카도 같은 대형 체인점과 경쟁해야 했다. 뭐라도 튀어야 했다. 이름에서부터 시작했다.

'도둑시장'이라는 이름에 딱 들어맞는 가게였다. 어디서 훔쳐 온 듯한 '사연 있는 물건'들로 가득했다. 기업들로부터 흠집 난 상품, 반품된 물건, 샘플 등을 헐값에 넘겨받았다. 기업의 장부상에는 재고 목록에서조차 제외된 아이템들이었다. 볼펜이나 일회용 라이터 따위를 10엔, 20엔에 내놓았다. 손님들 입에서 나지막한 탄성이 흘러나왔다.

도둑시장은 '이상한 할인점'으로 소문이 났다. 지역의 명물로 자

돈키호테의 마스코트 돈펜. 1998년에 태어났다. 남극에서 태어나 도쿄에서 자랐다. 취미는 밤길 산책. 가끔씩 저렇게 술도 마신다.

리 잡았다. 돈이 벌렸다. 두 번째 매장을 준비했다. 새로운 네이밍을 고심했다. 다시 한번 유통 업계의 권위와 상식을 타파하리라. 결의를 담고 싶었다. 눈에 확 띄는 이름이어야 한다는 건 불변의 진리였다. 스페인의 문호 세르반테스의 소설 속 주인공 이름을 떠올렸다. 돈키호테였다.

무식해서 용감한

애초에 유통 업계를 경험한 적이 없었다. 완벽한 아마추어였다. 수많은 시행착오는 통과의례였다.

아마추어가 좋은 점도 있었다. 업에 대한 고정관념에서 자유로웠다. 선발 기업의 규칙으로 싸우지 않았다. 대신 고객을 보았다. 그들이 필요로 하고 원하는 것에만 집중했다. 돈키호테만의 독보적인 서비스를 제공했다. 돈키호테의 팬들이 늘어갔다. 돈키호테의 물건들이 팔리

돈키호테의 창업자 야스다 다카오 회장. 유통업에 대한 지식이 전무한 상태에서 도둑시장을 창업했다. 돈키호테 신화를 이루어냈다. 아마추어였기에 남들과 다르게 행동할 수 있었다. 출처 | 돈키호테

기 시작했다.

돈키호테의 창업자 야스다 다카오는 훗날 이렇게 고백했다.

"만약 내가 기존 유통 업체에서 일하다가 그 경험을 바탕으로 소매업을 시작했더라면 어떻게 됐을까? 생각만 해도 아찔하다."

무식해서 용감했다. 아마추어였기에 상식을 깰 수 있었다. 지금까지 돈키호테가 타파해온 굵직한 상식들을 소개한다.

심야시장

- 상식: 쇼핑은 낮에 한다.
- 돈키호테: 쇼핑은 밤에도 할 수 있다. 오히려 더 신난다.

1980년대, 일본의 상점들은 저녁이 되면 문을 닫았다. 돈키호테는 자정까지 영업을 했다. 이유는 간단했다. 밤에도 쇼핑을 하고 싶어 하는 사람들이 많으니까. 특히 젊은 층이 그랬다. '밤 시장'은 블루오션이었

다. 이때는 손님들의 마음이 한결 여유로워졌다. '혹시 안 나올지도 모르는 볼펜 1개 10엔'처럼 별거 아닌 POP에도 빵 터졌다. 낮 시간에 깐깐하게 쇼핑하는 주부들과는 달랐다.

돈키호테는 이후 20년 동안 일본의 밤 문화(?)를 이끌었다. 지금도 돈키호테는 밤에 더 사람이 몰린다. 매출이 가장 높은 황금 시간대는 저녁 8시부터 밤 12시까지다. 24시간 영업을 하는 돈키호테 지점도 여러 곳이다.

압축진열 & POP

- 상식: 보기 좋게, 집기 편하게, 사기 쉽게.
- 돈키호테: 완벽하게 정돈된 곳에 쇼핑의 즐거움이 있으랴.

돈키호테에는 없는 물건이 없다. 과자, 맥주 같은 먹을 것에서부터 명품 의류까지. 심지어 성인용품도 판다. 그런데 오만 가지 제품을 파는 매장이 생각보다 협소하다. 면적은 종합슈퍼마켓의 10분의 1 수준. 물류창고도 없다. 모든 상품이 점포 안에 진열된다. 돈키호테의 트레이드마크 '압축진열'이다. 1평당 100가지 이상의 품목이 꽉꽉 채워진다. 매장은 정글이 된다. 탐험의 시작이다. 득템을 노리는 고객들의 심장이 두근거린다.

돈키호테 안은 휘황찬란하다. POP가 홍수를 이룬다. 직원들이 쓴 펜글씨와 어설픈 그림이 곳곳에 붙어 있다. 단지 튀려고 하는 행동이 아니다. 필요의 산물이다. 압축진열을 위해서는 물건을 거칠게 쌓아두

돈키호테에는 물류창고가 없다. 모든 물건을 매장에 깔아놓는다. 고객들은 보물찾기의 즐거움을 느낀다.

어야 한다. 고객 입장에서는 이것이 어떤 제품인지 파악하기가 쉽지 않다. 그렇다고 설명표만 프린트해서 붙이는 건 너무 건조하다. 전혀 돈키호테스럽지 않다. 여기서 POP가 실력 발휘를 한다. 제품 정보를 센스 있게 전달한다.

'많이 팔릴수록 돈키호테는 적자'

'원가보다 싸기 때문에 종업원은 구입 불가!'

매장 분위기를 띄워주는 효과는 덤이다. 고객들은 낄낄대며 돈키호테의 매력에 빠진다. 이제 POP가 없는 돈키호테는 상상이 되지 않는다.

경제학 교과서는 말한다. 소매 점포의 철칙은 '보기 좋게, 집기 편

POP의 홍수다. 센스 넘치는 문구와 그림이 고객들을 웃게 한다. 돈키호테의 명물로 자리 잡았다.

하게, 사기 쉽게'라고. 돈키호테는 거꾸로 간다. 뒤죽박죽처럼 보이는 압축진열과 POP를 고수한다. 점포를 운영하는 입장에서는 굉장히 까다롭고 성가신 방법이다. 효율적인 관리가 애초에 불가능하다. 도난 발생으로 인한 로스율도 높다. 그러나 돈키호테는 이 모든 단점을 감수한다. 압축진열과 POP가 '재미없고', '뻔한' 경쟁사들과 구분해주니까. 고객들이 느끼는 쇼핑의 재미를 배가해주는 장치들이니까. 돈키호테에는 이것이 더 중요하다.

프랜차이즈와 거꾸로

- 상식: 본사의 방침을 각 지점에 전달한다.

• 돈키호테: 주권은 현장에 있다.

1950년대 중반, 레이 크록이라는 사나이가 맥도날드 햄버거에 반해 가게 주인에게 처음 제안하면서 시작된 프랜차이즈라는 시스템. 프랜차이즈는 현대 소매업의 왕도라 불린다. 표준화와 효율화가 핵심이다. 모든 정보와 권한이 본사에 집중된다. 본사가 시스템과 방침을 설계하고, 각 점포는 본사의 매뉴얼에 따라 움직인다. 관리가 쉽다. 따르기도 편하다. 대신 단점도 확실하다. 각 매장의 개성을 찾아볼 수 없다. 홍콩의 맥도날드와 서울의 맥도날드는 별 차이가 없다. 뻔하고 재미없다. 쉽게 질린다.

돈키호테는 프랜차이즈 시스템에 반기를 들었다. 모든 권한을 현장에 일임했다. 상품 구매에서부터 가격 설정, 매장 구성까지 주권을 현장에 주었다. 매장의 담당자가 전적인 권한을 갖는다. 스스로 프랜차이즈의 본사가 된다.

처음부터 이러려고 했던 것은 아니다. 직원들을 '교육'하는 데 한계가 있어서 그랬다.

"대형 업체를 흉내 내지 맙시다."

"개성 있는 매장을 만듭시다."

야스다 다카오 회장이 아무리 외쳐도 직원들은 움직이지 않았다. 창업자의 이상을 이해하지 못했다. 회장 혼자 날뛰는 꼴이었다. 생각을 고쳐먹었다. 가르치지 말자. 직원들이 스스로 하게끔 만들자. 전권을 주었다. 구매에서 진열, 가격 책정, 판매까지 하고 싶은 대로 하라고 위임했다. 그때부터 직원들이 변했다. 스스로 생각하고 판단했다.

외국인들에게 일본 여행 필수 코스로 꼽힌다. 가장 가까운 나라 한국인들은 말할 것도 없다. 매장 곳곳에서 한국말이 들린다. 한국 사람들을 위한 특별 서비스도 있다.

일은 게임이 됐다. 자신들의 한계를 시험하기 시작했다.

지금도 돈키호테 점장이 받는 급여의 50%는 성과급이다. 심지어 아르바이트생도 월급의 10%는 성과급으로 가져간다. 모두가 자발적으로 움직인다. 돈키호테 매장에는 유연한 공기가 흐른다. 에너지가 흘러넘친다. 성공의 동력이 된다.

남다른 애티튜드

"투자를 잘하기 위해 로켓 과학자가 될 필요는 없다."

"사람들이 공포감에 빠져 있을 때 욕심을 부려라. 사람들이 탐욕을 부릴 때는 공포를 느껴라."

'오마하의 현인' 워런 버핏의 말이다. 투자의 원리는 간단하다. 좋은 기업의 주식을 발견한다. 쌀 때 산다. 비쌀 때 판다. 끝. 어렵지 않다. 하지만 제대로 따르는 이는 드물다. 대부분 시장이 흔들리면 주식을 처분한다. 상승장에서는 욕심을 낸다. 기업의 내재가치보다 비싼 가격을 주고 주식을 산다. 결국 손해를 본다. 주식으로 재미를 봤다는 이는 언제나 소수다.

거꾸로 행동해야 한다. 차별화가 중요하다. 그것이 주식이든, 사업이든. 말은 쉽지만, 막상 행동하려면 어렵다. 대세를 거스르는 건 누구에게나 힘겨운 일이니까.

결국 필요한 건 애티튜드가 아닐까. 도둑시장, 돈키호테와 같은 터무니없는 이름을 지은 것. 남들이 영업을 마무리하는 저녁에 홀로 가게 문을 연 것. 매장을 정글처럼 만든 것. 프랜차이즈의 룰을 따르지 않은 것. 돈키호테는 이 모든 일을 물 흐르듯이 이루어냈다. 마치 몸에 밴 행동인 양. 무조건 남들과 다르게 행동하겠다는 애티튜드를 가지고 있었기에 그랬다.

사업을 잘하기 위해서 로켓 과학자가 될 필요는 없다. 남다른 애티튜드 하나면 충분하다. 돈키호테가 증명했다. 돈키호테는 이름값을 했다.

버질
아블로

편집의 시대

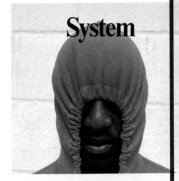

루이비통의 새로운 얼굴. <시스템> 매거진은 그를 표지에 실으며 'Who' 대신 'What'이라는 표현을 썼다. 버질 아블로는 디자이너가 아니다. 거대한 흐름이자 현상이다. 출처 | <시스템>

Virgil Abloh^{TM}

그날 버질 아블로의 이름이 전 세계 주요 언론에 오르내렸다. 패션의 영역을 넘는 뉴스였다. 루이비통의 새로운 크리에이티브 디렉터란다. 흑인이란다. 정식으로 패션을 배운 적도 없단다. 모두가 놀랐다. 아니, 아무도 놀라지 않았다. 최근 몇 년간 '스트리트'에서 불어온 파도가 그만큼 맹렬했다. 이미 여러 하이엔드 브랜드의 문지방을 넘은 터였다.

발렌시아가는 뎀나 바잘리아에게 운전대를 맡겼다. 얼마 전까지 루이비통을 이끈 킴 존스는 슈프림을 파트너로 끌어들였다. 결과는 마크 제이콥스 시절 버금가는 흥행이었다. 루이비통 경영진의 눈이 커졌다. 가능성을 목도했다. 인물을 찾기 시작했다. 지금 스트리트 신^{scene}에서 가장 핫한 이가 누구지? 답은 바로 나왔다. 버질 아블로. 소문이 돌기 시작했다. 루이비통 관계자들이 대거 오프화이트 쇼를 보러 왔대. 조만간 매머드급의 뉴스가 나올 거래.

2018년 3월 26일, 164년 역사의 이 브랜드는 최초의 흑인 크리에이티브 디렉터의 영입 소식을 전했다. 스트리트 컬처가 루이비통마저 점령했다. 사건이었다. 혁명이었다.

건축학도, 디자이너가 되다

인생은 곡선이다. 계획한 대로 흐르지 않는다. 천직을 찾는 과정도 그러하다. 셰익스피어는 한때 배우였다. 레오나르도 다빈치는 무기 설계사였다. 데이비드 오길비는 갤럽의 리서처였다. 조르지오 아르마니는 의학도였다.

버질 아블로는 건축학도였다. 일리노이 공과대학 대학원에서 미스 반 데어 로에를 연구했다. 건축학 석사 학위까지 받았지만 정작 업은 패션을 택했다. 렘 콜하스와 프라다의 협업에서 힌트를 얻었다. 세계 최고의 건축가와 명품 브랜드의 의기투합이었다. 뉴욕 소호의 프라다 플래그십 스토어, 대한민국 경희궁 내의 프라다 트랜스포머 같은 희대의 크리에이티브가 탄생했다. 건축과 패션이 만나는 지점이었다. 그곳에서 아블로는 자신이 하고 싶은 일을 '보았다.'

2002년, 버질 아블로는 명함을 팠다. 직함은 카니에 웨스트의 크리에이티브 컨설턴트. 카니에 웨스트의 앨범 디자인에서부터 스타일링까지 책임지는 역할이었다. 이후 카니에 웨스트는 스타일 아이콘으로 부상했다. 카니에 웨스트라는 로켓에 올라탄 아블로의 주가도 덩달아 치솟았다.

버질 아블로는 혼자서도 잘했다. 자체 브랜드 파이렉스 비전, 오프화이트를 론칭했다. 세계에서 가장 잘 팔리는 디자이너가 됐다. 이제 사람들은 버질 아블로가 똥을 싸도 박수를 친다. 앤디 워홀이 예견

왼쪽 루이비통에서의 첫 번째 패션쇼가 끝난 후 카니에의 품에 안겨 눈물을 흘리는 버질 아블로. 그동안 함께 고생하던 시간이 생각난 듯하다. **출처 | 유튜브 루이비통 채널**
오른쪽 카니에 웨스트는 '귀인'이었다. 건축학도였던 아블로를 패션계로 이끌어주었다. 카니에의 크리에이티브 컨설턴트로 일하는 동안 두 사람의 주가는 폭등했다. 윈윈이었다. **출처 | 버질 아블로 인스타그램**

한 대로다. 애초에 버질 아블로가 걷는 길이 직선인지 곡선인지는 중요치 않았다. 버질 아블로는 언제나 상승 기류를 탔다.

패션계를 향한 조롱

한때 디자이너는 '장인'이었다. 발렌시아가, 이브 생로랑이라는 이름이 그대로 브랜드가 되던 시절이었다. 디자이너는 옷을 '만드는' 사람이었다. '기술자'였다. 직접 패턴을 개발하고, 재단을 했다. 그래야 디자이너라 불릴 수 있었다. 패션계는 아무나 명함을 내밀 수 있는 곳이 아니었다.

시대가 변했다. 요즈음 디자이너는 '개념의 설계자'다. 톰 포드는 자신의 일이 'Yes'와 'No'를 판단하는 것이라고 했다. 실제 옷은 패턴 사와 샘플사 같은 기술자들이 만든다. 물론 눈에 잘 띄지 않는 곳에서다. 버질 아블로는 모순을 간파했다. 재주는 곰이 부리고, 돈은 디자이너가 버는 형국이었다. 패션계 비주류로서 업계의 아킬레스건을 건드리고자 했다.

파이렉스 비전은 노골적이었다. 챔피언의 티셔츠, 랄프로렌의 서브 브랜드 럭비의 플란넬 셔츠를 구했다. 파이렉스의 레터링을 프린트했다. 10배가 넘는 가격에 팔았다. 사기꾼이라는 비난에도 그는 당당했다.

"적어도 난 너희들처럼 위선적이지는 않아."

작금의 하우스 브랜드들을 엿 먹이는 한 방이었다. 예전의 '디자이너'들이 보면 혀를 찰 일이었다. 셔츠는 불티나게 팔렸다.

버질 아블로가 처음으로 론칭한 브랜드 파이렉스 비전. 럭비의 플란넬 셔츠 위에 파이렉스 로고를 대문짝만하게 박았다. 10배의 마진을 붙여 팔았다. 패션계를 향한 조롱이었다. 출처 | grailed.com

편집의 시대

패션 브랜드의 경쟁력이 '제품의 퀄리티'이던 시절이 있었다. 그다음은 '독보적인 디자인'이었다. 지금은 '편집력'이다. 편집 잘하는 브랜드가 승기를 잡는다.

2018년 4월, 유니클로는 〈뽀빠이〉의 편집장 기노시타 다카히로를 영입한다고 발표했다. 앞으로 그가 유니클로의 마케팅을 총괄한다. 기노시타가 남다른 인물임에는 틀림이 없다. 그의 지휘 아래 40년 전통의 잡지 〈뽀빠이〉가 환골탈태했으니까. 기노시타는 단순 패션지에 불과했던 〈뽀빠이〉에 '기획'을 심었다. 이달은 카레 특집, 다음 달은 데이트 특집, 그다음 달은 교토 특집…. 카레집에서 소고기 카레를 먹으며 포즈를 잡는 패션 모델이라니. 기노시타 덕에 〈뽀빠이〉는 다음 호가 기다려지는 잡지가 됐다. 판매 부수가 배 이상 뛰었다.

아무리 그렇다 해도 유니클로의 선택은 전례가 없는 파격이었다. 유능한 잡지 편집자가 글로벌 패션 브랜드를 이끄는 적임자라니. 제대로 본 걸까? 유니클로의 답은 '그렇다'이다. 업종 간의 경계는 이제 무의미하고, 지금은 편집의 시대이기 때문이다.

이제 의류 브랜드의 기능적 측면은 상향 평준화됐다. 무에서 유를 창조하는 디자인이라는 건 그 개념 자체가 허구다. 하늘 아래 새로운 건 없으니까. 설령 가능하다 하더라도 완전히 새로운 디자인으로 대중의 공감을 얻기란 쉽지 않다. 그럼 이제 무엇으로 차별화해야 하나. 답은 편집이다. 여러 재료를 가져다가 버무리는 것이다. 이것이 대중의 공감을 얻으면서도 '새롭게' 보이는 거의 유일한 길이다. 유니클로가 볼 때 기노시타는 일본에서 가장 유능한 편집자였다. 브랜드에 새로운 옷을 입힐 적임자였다. 그래서 모셔 왔다.

가공의 달인, 편집자

버질 아블로 또한 탁월한 '편집자'다. 널리 알려진 재료를 색다르게 가공하는 데 그의 탁월함이 발휘된다. 2017년 나이키와 협업한 '더 텐' 프로젝트도 편집이다. 나이키의 클래식한 슈즈 10개를 가져다 해체하고, 재구성했다. 여기에 그의 트레이드 마크를 가미했다. AIR, SHOE STRING 같은 단어를 헬베티카 서체로 새겼다. 선명한 주홍색 컬러의 케이블 타이를 매달았다. 사실상 그는 아무것도 창조하지 않았다. 이미 존재하는 것을 가져다가 버질 아블로를 한 스푼 더했을 뿐이다. 이것이 버질 아블로라는 이 시대의 편집자가 일하는 방식이다. 더 텐 프로젝트는 2017년 최고의 흥행작이 됐다.

버질 아블로가 과대평가됐다는 의견도 상당수다. 그만의 디자인이 무엇이냐는 비판이 핵심이다. 남들이 다 만들어놓은 작품에 숟가

나이키와 협업한 더 텐 프로젝트. 나이키의 클래식한 슈즈를 가져와 아블로의 색을 입혔다. 온라인에서는 저 주황색 케이블 타이를 떼어내야 하는 건지 갑론을박이 일었다. **출처 | 나이키**

락만 없을 뿐, 아블로식 디자인 웨어는 보이지 않는다는 것이다. 얼핏 그럴듯하다. 그러나 그건 '아블로 현상'의 본질을 놓치는 것이다.

아블로의 주 활동 무대는 인스타그램이다. 틈만 나면 포스트를 올리고 영감을 얻는다. 셀럽답지 않게 팔로잉 수가 4,500명 정도다. 출처 | 버질 아블로 인스타그램

정작 버질 아블로는 작품성, 예술성 따위를 들먹인 적이 없다. 이 명민한 남자는 자기 분수를 안다. 본인이 정통파 디자이너라기보다는 에디터에 가깝다는 사실을, 대중을 열광시키는 데는 이쪽 편이 훨씬 유리하다는 사실을 잘 알고 있다. 남의 것을 빌려와 침만 바를지언정 버질 아블로가 할 말이 있는 이유다.

"너희가 진짜로 원하는 게 이거 아니었어?"

분명한 건 이전의 낡은 패러다임으로는 버질 아블로를 이해할 수 없다는 것. 루이비통의 최고경영자 마이클 버크는 "아블로는 클래식과 모던을 잇는 다리와 같은 존재"라고 했다. 지금 이 순간 그 다리는 상당히 굳건해 보인다. 버질 아블로라는 다리를 건너야 지금의 패션 업계가 보인다.

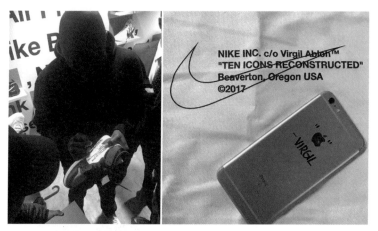

아블로가 한국을 찾았다. 나이키에서 근무하는 브랜드보이의 지인이 아이폰에 사인을 받았다. 따옴표를 곁들인 사인 하나로 특별한 아이폰이 됐다. **출처 | 서동민**

호시노야 도쿄

압도적인 비일상

안으로 들어서면 절로 탄성이 나온다. 현대식 건물의 외관과는 확연히 대비되는 전통 료칸의 등장. 현관에서 신발을 벗고 입장한다.

星野リゾート

호시노야 도쿄는 쉽사리 얼굴을 보여주지 않았다. 의지할 데라고는 구글맵뿐이었다. 구글은 도쿄의 금융상업지구 오테마치의 한복판으로 안내했다. 마주친 행인에게 위치를 물었다. '바로 저 건물'이라고 했다. 조금 전 돌아왔던 건물이다. 외관만 보고는 료칸임을 짐작하기 어려웠다. 잠시 후 '호시노야 도쿄'라는 이름이 정갈하게 쓰인 작은 표지판 하나를 겨우 발견했다. 이 정도면 거의 숨겨둔 거네. 볼멘소리가 나왔다. 찾을 테면 찾아보라는 식이었다.

입구의 문을 열고 나서야 이해가 됐다. 현대식 건물 안에 고즈넉한 전통 료칸이 숨겨져 있었다. 문 하나를 사이에 두고 도시와 료칸이 포개졌다. 희한한 광경이었다. 공간이 말을 거는 듯했다. 여기서부터는 바깥세상과 단절됩니다. 현관에서 신발을 벗고 신세계로 입장했다. 모든 것이 의도된 장치였다. 호시노야의 치밀함에 감탄이 나왔다.

진한 갈색 건물이 호시노야 도쿄. 도쿄의 금융상업 중심지 오테마치 한복판에 자리 잡고 있다. 건물의 외양이 전혀 료칸스럽지 않다.

세계 최초의 도심형 료칸

2016년 7월, 일본의 고급 리조트 브랜드 호시노야는 료칸의 정의를 다시 썼다. '세계 최초의 도심형 료칸' 호시노야 도쿄의 탄생이었다.

금융회사 건물들이 길게 늘어서 있는 마천루 사이로 17층짜리 타워형 료칸이 기세 좋게 등장했다. 한적한 시골에서나 누릴 수 있었던 료칸을 도쿄 한복판으로 옮겨놓은 것이다. 주변의 5성급 호텔들과 대비되는 독창적인 리조트였다. 호시노야 도쿄에 관한 뉴스는 전 세계로 퍼져나갔다. 예약을 하려는 인파가 몰려들었다. 외국인들은 물론이거니와 도쿄 시민들까지도 메트로폴리탄에 있는 료칸에 머무르고 싶어 했다.

호시노야 도쿄가 주목을 받은 이유 가운데 하나는 온천이었다. 호시노야 도쿄 직원의 말에 따르면, 이 장소에서 온천을 발견한 건 기적과도 같은 일이었다. 도쿄 시내 한복판에서 온천을 찾겠다는 발상부터가 기이했다. 실패를 담보로 했다. 부지는 사들였으나 온천을 찾을 수 있으리라고는 누구도 장담하지 못하는 상황, 4대째 가업을 잇고 있는 호시노 요시하루 사장이 결단을 내렸다. 팔 수 있는 데까지 파보자. 못 찾으면 그 또한 어쩔 수 없는 일이라고 직원들을 안심시켰다. 지하 1,500미터까지 내려갔을 때 온천이 발견됐다. 도쿄 도심에서 최상급의 노천탕을 즐길 수 있게 됐다. 그렇게 호시노야 도쿄는 진짜 료칸이 됐다.

왼쪽 지하 1,500미터에서 지상 17층까지 끌어올린 온천수에 몸을 담근다. 어렵게 발견한 온천은 호시노야 도쿄를 '진짜 료칸'으로 만들어주었다.
오른쪽 노천탕에서 본 하늘. 흘러가는 구름을 보고 있으니 신선이 된 듯하다.

도쿄에서 가장 평화로운 공간

호시노야의 모토는 '압도적인 비일상非日常'이다. 호시노야 도쿄에서 제공하는 모든 서비스도 일상과의 단절을 가능케 하는 체험에 맞춰져 있다. 신발을 벗고 들어가는 현관에서부터 도심 속 료칸 여행이 시작된다. 로비나 레스토랑 같은 부대시설을 이용하려는 단순 방문객은 입장이 제한된다. 투숙객의 프라이버시를 지켜주기 위함이다. 철저하게 훈련받은 호시노야 직원 1~2명이 각 층에 배정된다. 이들이 6개 객실의 게스트들을 전담한다. 호시노야 도쿄가 진정한 의미의 맞춤형 서비스를 제공하는 비결이다.

객실은 모던한 형태의 다다미방이다. 창틀은 마의 잎을 형상화한 에도코몬 문양이고, 옷장과 의자는 대나무로 짜여 있다. 은은한 조명이 정적인 분위기를 자아낸다. 디테일 하나하나에 세심함이 깃들어

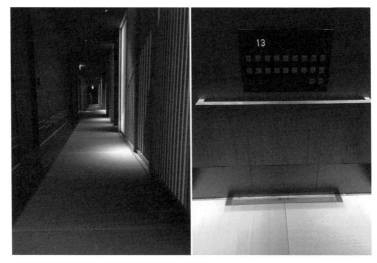

왼쪽 호시노야 도쿄의 복도. 투숙객이 아니면 이곳을 지날 수 없다.
오른쪽 복도와 마찬가지로 엘리베이터 바닥도 다다미다. 저 디테일!

있다. 이곳에 있으면 내가 있는 이 장소가 대도시 도쿄의 중심부임을 잊게 된다. 미닫이문을 열어서 바깥에 있는 빌딩 숲을 확인해야만 실감이 난다. 호시노야 도쿄에 찬란한 숲과 영롱한 연못은 없다. 그러나 블룸버그가 전한 대로 "도쿄 한복판에 있는 가장 평화로운 공간"이다.

호시노야 도쿄는 전 세계 언론으로부터 연일 극찬을 받고 있다. 27년째 호시노 리조트를 이끌어온 호시노 요시하루 사장의 이름도 자주 거론된다. 호시노야 도쿄의 성공을 이해하기 위해서는 요시하루 사장이 주도한 호시노 리조트의 개혁을 먼저 살펴보아야 한다. 호텔 경영학 교과서에도 단골로 실리는 사례다.

객실 내 미닫이문을 열면 도쿄의 빌딩 숲이
보인다. 창틀은 일본 전통의 에도코몬 문양.

료칸 업계의 위기

"료칸 사업에는 미래가 없다."

전문가들은 한목소리를 냈다. 1990년대 일본의 버블경제가 터졌을 때였다. 료칸은 직격탄을 맞았다. 료칸회사 대부분이 파산할 거라는 예측이 쏟아졌다.

불과 몇 년 전까지만 해도 료칸 업계의 분위기는 나쁘지 않았다. 버블경제의 끝물이었다. 여기저기서 돈 잔치를 하던 때였다. 정부는 리조트 개발 사업에 민간인의 참여를 장려하는 법안을 시행했다. 일본 전역에 리조트가 세워졌다. 료칸도 우후죽순으로 생겨났다. 그리고 버블이 꺼졌다. 잔치도 끝났다. 료칸에 오던 손님들이 끊겼다. 료칸회사들은 일제히 심각한 경영난을 겪기 시작했다. 사업의 내실을 갖추지 않은 곳부터 도미노처럼 무너졌다.

전문가들은 '료칸 사업은 이제 회생 불가'라고 떠들어댔다. 일본 국내 여행 수요가 줄고 있으며, 그나마 여행을 다니는 일본인들은 대부분 해외로 눈을 돌리고 있다는 진단도 함께 내놓았다.

'90년 전통의 호시노 온천 료칸의 4대손, 대표이사로 취임.'

흉흉한 분위기 속에서 뉴스가 전해졌다. 신임 대표이사의 이름은 호시노 요시하루. 나이는 서른하나였다. 미국 코넬대 호텔경영대학원에서 석사 학위를 받았고 일본항공개발에 취직해 호텔 경영 노하우를 익혀왔다고 했다. 당시에 이 뉴스를 주목하는 이는 거의 없었다.

"료칸은 충분히 가능성이 있다."

요시하루 신임 대표는 미래를 낙관했다. 근거 없는 자신감이 아니었다. 그가 조사해본바, 일본 국내 관광 시장은 20조 엔 규모로 꾸준히 유지되고 있었다. 즉, 일본 국내 여행에 대한 수요는 있었다. 국내 여행을 떠난 사람들이 료칸을 찾지 않는 것이 문제였다. 료칸이 제공하는 서비스에 경쟁력이 없어서였다. 그 말을 뒤집어보면, 료칸이 달라진다면 사람들이 료칸을 찾아줄 수 있다는 결론이 나온다.

또 하나는 료칸이 가진 국제적 경쟁력이었다. 요시하루 대표가 해외에서 근무하던 시절을 돌이켜보면, 일본 기업이 해외에 서구식 호텔을 짓는 건 망하는 지름길이나 다름없었다. 이미 그 영역에는 하얏트나 힐튼처럼 훌륭한 회사가 넘치도록 많았다. 일본 기업은 일본의 콘텐츠로 승부해야 했다. 료칸만 한 것이 없었다. 료칸은 일본이 보유한 유니크한 자산이었다. 료칸은 일본의 리조트 기업이 제일 잘할 수 있는 사업이자, 해외의 호텔 기업들과 경쟁할 수 있는 최고의 차별화 포인트였다.

이후 요시하루 사장은 해외의 투자자를 만날 때 이런 질문을 던졌다.

"어떻게든 생겨날 럭셔리 호텔이라면 그것을 파크 하얏트로 하겠습니까, 일본 료칸으로 하겠습니까? 어느 쪽이 수익 면에서 더 경쟁력이 있다고 생각하십니까?"

돌아오는 대답은 늘 후자였다. 그는 료칸을 재창조하여 '일본형 호텔'이라는 새로운 장르를 개척하고자 마음먹었다.

업을 들여다보다

요시하루 대표는 료칸 업계를 면밀히 들여다보았다. 두 가지 문제점을 발견했다. 하나는 전통에 대한 과도한 집착이었다. 전통을 보존하는 것과 예전부터 해오던 방식을 무조건 고수하는 건 다른 문제였다. 아무리 전통이라 하더라도 손님이 불편해하고, 시대에 맞지 않는 부분이라면 바꿀 수 있어야 했다. 가령 에어컨도 설치되어 있지 않은 낡고 허름한 건물은 전통이 아니었다. 게으름이자 책임 회피였다. 가야금 연주자 고 황병기 선생의 말마따나 "옛것만 굳어졌다면 그것은 전통이 아닌 골동품"이었다. 일본의 료칸은 골동품이었다.

또 다른 문제는 료칸의 자기중심적인 서비스였다. 당시 료칸의 서비스는 일방적인 부분이 많았다. 자신들이 그동안 해온 방식이 있으니 그대로 따르라는 식이었다. 예를 들어, 손님들은 료칸이 정한 시간에 료칸이 정한 메뉴로 식사를 해야 했다. 이런 룰은 하늘이 무너져도 바꿀 수 없는 것처럼 여겨졌다. 그 밖에도 무리하게 단체 손님을 받아서 개인 손님들의 휴식을 방해한다든지, 손님이 방에 있는데도 직원이 들어와 청소를 한다든지 하는 일도 잦았다. 특히 젊은 세대일수록 배려가 부족한 이러한 행동에 불만을 가졌다. 다시는 료칸을 찾지 않았다.

그럼에도, 요시하루 대표는 료칸의 잠재력을 믿었다. 료칸이 환골탈태한다면 분명 손님들이 다시 찾아올 거라 믿었다. 개혁을 시작했다. 세 가지를 바꾸었다. 업을 바꾸고, 직원들이 일하는 방식을 바꾸고, 료칸을 바꾸었다.

업을 바꾸다

'료칸을 운영하기 위해 꼭 부동산을 소유해야 할까?'

가업을 물려받은 지 얼마 지나지 않아 희한한 생각이 들었다. 당시 호시노 리조트를 위시한 대부분의 료칸은 부동산을 직접 소유해서 운영하고 있었다. 부동산의 가치가 운영을 하면서 얻는 이윤보다 훨씬 컸다. 땅을 사서 그 위에 료칸을 지어야 한다는 건 업계에서 상식으로 통했다. 이 상식에 요시하루 대표는 의문을 던졌다.

'리조트 시설은 이미 공급 과잉 상태인데 부동산을 사서 또 료칸을 짓는 건 바보짓이 아닐까?'

'머지않아 료칸을 운영할 실력이 없는 곳부터 경영난을 겪을 텐데, 그때는 료칸을 리뉴얼하고 운영해줄 수 있는 회사가 주목받지 않

을까?'

의문은 확신이 됐다. 1992년, 요시하루 대표는 호시노 리조트가 보유한 부동산을 전부 처분한다는 결정을 내렸다. 그리고 료칸과 리조트를 맡아서 운영하는 서비스를 특화하는 방향으로 사업을 전환한다고 발표했다. 즉, 앞으로 호시노 리조트는 리조트 경영과 매니지먼트 부분에만 집중하겠다는 선언이었다. 90년간 이어져 온 호시노 리조트의 업을 통째로 바꿔버린 결단이었다.

그리고 얼마 지나지 않아 요시하루 대표의 예측은 현실이 됐다. 경영난에 부딪힌 전국의 리조트에서 운영 의뢰가 들어오기 시작했다. 호시노 리조트는 일본 전역의 호텔과 료칸을 리뉴얼하는 것만으로도 이전보다 더 큰 수익을 낼 수 있었다. 2005년에는 글로벌 투자은행인 골드만삭스와 합작 법인을 세워 '일본 료칸 재생 사업'을 시작했다. 투자는 골드만삭스가 하고, 료칸 운영은 호시노 리조트가 위탁받는 형태였다. 한 수 앞을 내다본 요시하루 대표의 선견지명이 호시노 리조트를 구했다.

일하는 방식을 바꾸다

리조트업의 핵심은 '직원'이다. 사장 혼자서 아무리 열심히 뛰어도 직원들이 제대로 된 서비스를 제공하지 못하면 아무런 소용이 없다. 요시하루 대표는 부임하자마자 좋은 인재를 뽑는 데 전력을 기울였다. 또 한편으로 남아 있는 직원들이 그만두지 않을 방법을 고민했다. 결국 질문은 하나로 모였다.

'회사가 직원들에게 줄 수 있는 가장 큰 혜택은 무엇일까?'

경영서적을 뒤져가면서 고심을 거듭했다. 그때 찾아낸 답이 직원들이 신나게 일하면서 스스로 성장하고 있음을 느낄 수 있는 회사였다. 즉, 일을 하면서 느끼는 즐거움과 성장한다는 느낌이 직원들의 이직률을 낮추고, 좋은 인재를 불러오는 동인임을 깨달았다. 높은 연봉과 복지 혜택 등은 부차적인 요소였다. 요시하루 대표는 두 가지 방식을 고안했다. '수평적 조직 문화'와 '멀티태스킹 제도'였다.

수평적 조직 문화

과거에 호시노 리조트는 피라미드 조직이었다. 사장이 회사의 주인이었다. 모든 의사결정은 상층부에서 이루어졌다. 명을 받은 부하 직원들은 일사불란하게 움직였다. 요시하루 대표는 이런 시스템이 명령을 따르기에 급급한 수동적인 직원들만 양산한다고 보았다. 직원 개개인에게 잠재된 능력을 전혀 끌어내지 못한다는 면에서 시대착오적이라고 판단했다. 새 술은 새 부대에 담아야 했다. 수평적 조직 문화를 도입했다.

연공서열을 폐지했다. 인사권도 직원들에게 넘겼다. 팀원이 팀장을 뽑도록 했다. 의지와 역량만 있다면 누구나 자원해서 팀장이 될 수 있게 했다. 동기 부여를 하는 데 직원들에게 결정권을 주는 것만큼 효과적인 것이 없다는 믿음에서였다. 사장부터 솔선수범했다. 사장실을 없앴다. 그날 휴가인 직원 자리에 앉아서 일을 하기 시작했다. 회사 내

공기가 한결 가벼워졌다.

회사의 정보를 직원들에게 모두 공개했다. 경영진과 직원이 같은 수준의 정보를 갖고 있어야 한다는 원칙을 세웠다. 서비스에 대한 고객들의 설문조사 데이터도 인터넷을 통해 직원들이 여과 없이 볼 수 있게 했다. 직원들은 사장이나 상사가 하는 말은 잘 듣지 않았지만, 고객들의 솔직한 의견에는 귀를 기울였다. 직원들은 수시로 시스템에 접속해 고객의 생각을 살폈다. 고객이 내놓은 불만을 뼈저리게 받아들이고 개선점을 고민했다. 직원들끼리 회의를 하면서 의견을 나누었다. 사장과 경영진이 이래라저래라 간섭할 필요가 없었다.

이제 호시노 리조트 직원들은 수동적으로 지시를 따르지 않는다. 스스로 생각하고 판단하면서 주도적으로 일한다. 자신이 생각하는 가장 좋은 것을 손님에게 권유하고 제안할 줄 안다. 회사가 믿고 맡긴 만큼 직원들이 성장했다. 그만큼 회사도 성장했다.

멀티태스킹

호시노 리조트의 직원들은 축구로 따지자면 올라운드 플레이어다. 각각의 직원은 고객 응대에서부터 요리, 서빙, 청소, 설거지까지 리조트 안의 모든 서비스를 숙지한 전문가로 존재한다. 호시노야의 트레이드마크로 자리 잡은 '멀티태스킹 제도' 덕분이다.

원래 호시노 리조트 직원들이 일하는 방식도 여느 호텔과 차이가 없었다. 객실 담당, 프런트 담당 식으로 각자 맡은 구역이 전문화되어 있었다. 문제는 각자 맡은 부서의 일만 처리하다 보니 업무의 공백이 생긴다는 점이었다. 리조트업의 특성상 특정 시간에는 특정 부서에 일이 몰렸다. 체크인, 체크아웃 시간에는 로비 데스크에 불이 났다. 그 다음에는 객실 청소 담당자들이 바빠졌고, 식사 시간에는 식당이 정신없었다. 이는 한 직원이 바쁘면 다른 직원은 놀고 있다는 것을 의미했다. 직원들이 업무의 연속성을 유지할 수 없다는 측면에서 회사로서는 큰 손실이었다.

멀티태스킹 제도가 그래서 도입됐다. 직원들은 리조트 내의 어떤 일도 맡아서 처리할 수 있는 '만능 해결사'가 되도록 훈련받았다. 자신이 전담할 손님을 배정받은 뒤, 식사에서부터 방 청소까지 모든 서비스를 제공했다. 그 덕에 업무의 공백이 사라졌다. 자신이 맡은 손님을 특별히 관리하다 보니 서비스의 질이 월등히 향상됐다. 손님들의 만족도가 확연히 높아졌음은 물론이다.

멀티태스킹 제도의 가장 큰 수확은 직원들 스스로 엄청난 성장을 경험한다는 데 있었다. 직원 입장에서는 어느 호텔에서도 이처럼 다양한 업무를 습득할 기회를 얻을 수 없었다. 직원들은 리조트가 운영되는 원리를 넓은 시야에서 볼 수 있는 안목을 갖게 됐다. 자신이 하는 일에 더 자부심을 가지게 됐고, 그만큼 일을 하는 데에도 동기 부여가 됐다. 이전보다 더 날카롭고 현실적인 개선 아이디어를 낼 수 있게 된 점도 이 제도가 가져다준 수확이었다.

수평적 조직 문화, 멀티태스킹 모두 호시노 리조트 내부에 뿌리를 내리기까지 한참의 시간이 걸렸다. 요시하루 대표의 말에 따르면 직원들을 설득하고 제도를 정착시키는 데만 10년이 걸렸다고 한다. 도입 초기에는 오해도 많이 받았다. 호텔업 경험이 없는 젊은 사장이 뭘 몰라서 저런다, 직원들을 자기 맘대로 부려먹으려는 수작이다…. 많은 직원이 떠나갔다.

그럼에도 호시노 리조트의 일하는 문화는 마침내 결실을 보았다. 좋은 근로 환경에서 직원들이 일할 맛 나는 분위기가 만들어졌다. 일하기 좋은 직장으로 소문이 났다. 숫자가 이를 증명한다. 호시노 리조트의 정규직 사원 수는 2014년 1,910명에서 2018년 2,509명까지 늘었다. 150명을 뽑는 정기 채용에 매년 2,000여 명의 대학 졸업 예정자들이 지원서를 낸다.

회사가 직원들에게 줄 수 있는 가장 큰 혜택을 주었더니 가장 일하고 싶어 하는 직장이 됐다. 고진감래였다.

료칸을 바꾸다

호시노야는 료칸을 재창조하기로 했다. 핵심은 기존 료칸의 장점은 취하고 단점은 버리는 유연함이었다. 료칸이라면 응당 갖추어야 할 기본적인 틀은 그대로 유지하기로 했다. 이를테면 다다미, 미닫이문 같은 외형은 최대한 유지했다. TV, 시계, 블루투스, 오디오 같은 '현대적인' 물건을 방 안에 비치하지 않은 것도 료칸 고유의 분위기를 살리고자 함이었다. 꽃꽂이, 다도 같은 전통 체험 프로그램을 진행하여 손님들에게 료칸이 지닌 전통을 알리고자 했다.

바꾸지 않아야 할 것 빼고는 다 바꿨다. 숙박과 식사를 분리한 요

호시노야 도쿄에서는 신청자에 한해서 다도 클래스를 운영한다. 방문했을 때 중국인 가족이 수업을 듣고 있었다.

금 체계Room only plan를 도입해 숙박 고객이 꼭 리조트 내에서 식사하지 않아도 되게끔 배려했다. 심지어 숙박하지 않는 고객도 식사만을 위해 리조트 시설을 이용할 수 있도록 했다.

인테리어나 서비스 측면에서 서양식 호텔의 매력을 차용하기도 했다. 료칸에서 제공하는 전통 기모노 대신에 유명 패션 디자이너가 만든 가볍고 활동성을 높인 기모노를 제작하여 배치했다.

호시노 리조트의 료칸은 료칸이면서도 료칸이 아니었다. 현대적이고 모던한 료칸이었다. 호시노야의 한 직원은 호시노야가 호텔이나 료칸 또는 리조트 어느 것에도 완전하게 속하지 않는 '제3의 장르'라고 말했다. 그 결정체가 도심형 료칸 호시노야 도쿄다.

드디어 팔리기 시작했다

호시노야 도쿄는 호시노 리조트가 그동안 쌓은 노하우가 총집결된 결과물이다. 호시노 요시하루 사장 체제하에서 이 기업은 업을 바꾸고, 일하는 방식을 바꾸고, 료칸을 바꾸었다. 호시노야 도쿄라는 멋진 작품이 되어 나왔다. 전 세계 매스컴의 찬사를 받으며 '팔리는' 중이다. 2020년 도쿄 올림픽 때 세계에서 몰려들 손님들을 맞을 준비를 하고 있다.

호시노 요시하루 대표는 호시노야 도쿄에 대해 이야기하면서 '진화하는 일본 료칸'을 도쿄에 구현하고자 했다고 말했다. 진화는 '앞으로 나아감'을 뜻한다. 저절로 이루어지는 진화는 없다. 진화의 재료는 상상력과 위험 감수다. 부동산을 소유하지 않고 료칸을 '운영만' 하면 어떨까? 직원들에게 권한을 위임하면 어떨까? 멀티태스킹을 하게 하면 어떨까? 료칸을 현대식으로 변화시켜보면 어떨까? 최고급 료칸을 도쿄에 만들면 어떨까?

기이한 상상에 엄청난 시간과 돈, 에너지가 투여됐다. 불확실성은 불면의 밤을 야기했다. 그렇게 진화를 완료하자 호시노야 도쿄가 탄생했다. '유일한' 리조트가 됐다. 팔리기 시작했다. 상상은 현실이 됐다.

톰포드

세일즈의 기술

OUT TOM FORD

세계 최고의 세일즈맨. 그의 손이 닿으면 아무리 비싸도 팔려나간다. **출처 l 톰 포드 홈페이지**

TOM FORD

톰포드 매장을 방문하기 전에는 준비가 필요했다. 들려오는바, 이 매장은 지나다가 들르는 곳이 아니었다. 목적지여야 했다. 몸에 꼭 맞는 핀스트라이프 슈트를 차려입었다. 좋은 구두를 신었다. 매디슨 애비뉴로 향했다. 톰포드의 플래그십 스토어에 들어서는 순간 그냥 웃었다. 말이 필요 없어서. 이게 끝이어서. 이 시대 최고의 탐미주의자가 만든 공간이었다. 톰포드가 내놓은 향수의 이름 그대로였다. 'Fucking Fabulous.'

왼쪽 톰포드 플래그십 스토어. 할 말을 잃었다. 필요한 건 감탄사뿐이었다. 톰포드 미학의 모든 것이 이 공간에 있었다. 출처 | 톰포드 홈페이지
오른쪽 톰포드 플래그십 스토어 향수 섹션. 화려함의 끝이다. 눈과 코의 감각이 마비될 정도로 자극적이다. 출처 | 톰포드 홈페이지

구찌를 재건하고 독립하다

1994년부터 2004년까지, 정확히 10년이었다. 죽어가는 구찌에 메스를 댔다. 과거의 영광에만 머물던 브랜드였다. 과감한 커팅의 의상, 간결하면서도 도회적인 액세서리가 구찌의 더블G 로고를 달고 출시됐다. 섹시함과 품격, 레트로와 유행 사이를 절묘하게 넘나들었다. 누군가의 말처럼 일흔세 살의 구찌가 스물세 살로 회춘했다. 변하지 않았다. 그러나 모든 것이 변했다. 이게 구찌라니.

모두가 새로워진 구찌를 이야기했다. 마돈나는 MTV 어워드 무대에 올라 "구찌, 구찌, 구찌"를 외쳤다. 톰 포드의 재임 기간에 구찌의 매출은 13배 상승했다. 구찌에서의 마지막 런웨이, 관객들은 기립하여 손뼉을 쳤다. 눈물을 흘렸다. "Long live the Fashion King!" 톰 포드 챕터 원의 종언이었다.

그의 이름을 내건 브랜드의 탄생은 자연스러운 순서였다. 의도적으로, 거대 자본의 투자를 받지 않았다. 안전하게 성장할 수 있는 사다리를 걷어찼다. 마크 제이콥스의 뒤에는 LVMH가 있었고, 카를 라거

"미란다가 고개를 한 번 끄덕이면 좋다, 두 번 끄덕이면 매우 좋다, 입을 오므리면 망했다는 뜻이야. 너무 좋아서 미소를 지은 건 지금까지 톰 포드가 유일했어." 출처 | <악마는 프라다를 입는다>

펠트는 샤넬의 울타리 안에 있었다. 톰 포드는 홀로 존재했다. 주변의 간섭에 시달리다 구찌와 작별한 그였다. 스스로 완벽하게 통제할 수 있는 세계여야 했다. 톰 포드의, 톰 포드에 의한, 톰 포드를 위한 브랜드. 물론 혼자는 아니었다. 구찌에서 합을 맞춘 도미니코 디솔레가 경영을 맡았다. 마르콜린과 에스티로더 같은 기업은 각각 '톰포드 아이웨어'와 '톰포드 뷰티'의 생산을 도울 터였다. 하지만 거기까지였다. 톰포드의 주인은 톰 포드였다.

톰포드다움

앞서도 말했듯이, 마케팅 구루 잭 트라우트는 지금과 같은 포화의 시대에는 '차별화하지 못하면 죽는다'고 했다. 홀로서기에 나선 톰 포드도 살길을 모색했다. 구찌에 있을 적에 재미를 본 차별화 공식을 그대로 가져왔다. 클래식을 재해석하고 그 위에 섹스를 한 스푼 얹는 방식이었다.

톰 포드는 무에서 유를 창조하는 디자이너가 아니었다. 그는 과거를 비틀었다. 복식의 룰을 쥐고 흔들었다. 슈트의 허리는 조였다. 어깨의 패드는 키웠다. 그리고 저 광대한 라펠. 슈트는 드라마가 됐다. 톰 포드로 인해 키톤, 브리오니 같은 장인들의 옷은 고루해 보였다.

톰 포드의 세일즈 쇼는 여기서부터 시작됐다. '섹스'가 등장했다. 광고는 노골적인 포르노그라피 일색이었다. 그의 말대로 '섹스는 무조건 팔리니까.' 헐벗은 뱀의 유혹에 아담의 후예들은 정신이 혼미해

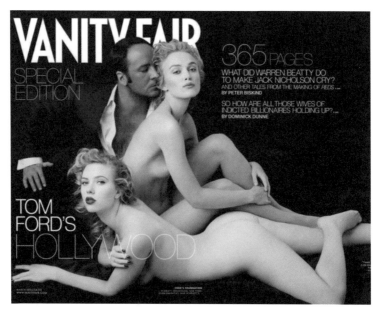

구찌 시절부터 톰 포드의 무기는 섹스였다. 2006년 3월에는 전통 있는 잡지 <베니티페어>의 표지를 '톰포드다움'으로 채웠다. 스칼렛 요한슨, 키이라 나이틀리가 전라로 카메라 앞에 섰다. **출처 | <베니티페어>**

졌다.

　결국 톰 포드가 파는 것은 '옷'이 아니었다. '강력한 환상'이었다. 톰 포드는 남자들의 귀에 대고 속삭였다. 내가 만든 옷을 입으면 '근본 있으면서도 섹시한 바람둥이'가 될 수 있답니다. 브래드 피트, 데이비드 베컴, 지드래곤 같은 스타들이 이 환상에 취했다. 몇 년 전부터는 007 제임스 본드마저 브리오니 대신 톰포드를 입었다. 본드야말로 환상 속에 살아야 하는 인물이니까.

　클래식을 재해석한 '제품'과 화끈한 '환상'이 만나 '톰포드다움'을 이뤘다. 초고가 가격표를 단 그의 슈트들이 미친 듯이 팔려나가기 시

왼쪽 클래식을 재해석한다. 그 위에 섹스를 한 스푼 얹는다. 톰 포드의 세일즈 공식이다. 출처 | 톰포드 광고
오른쪽 2008년 이후, 제임스 본드의 의상은 톰포드가 책임졌다. 클래식하면서도 현대적인 매력의 제임스 본드를 드러내기에 톰포드만 한 슈트는 없었다. 이탈리아에서 맞춤 제작했다. 출처 | <베니티페어>

작했다.

톰 포드는 '톰포드다움'을 지켜나가는데도 열심이었다. 그는 한 인터뷰에서 자신이 하는 일은 대부분 'Yes'냐 'No'냐를 판단하는 것이라고 했다. 톰포드다운지 아닌지를 구분하는 작업이었다. 클래식하면서도 섹스어필 할 수 있는 옷은 'Yes'였다. 그 반대의 경우라면 'No'였다. 톰포드다움을 지켜나갈수록 톰포드 브랜드는 또렷해졌다. 차별화가 절로 이루어졌다.

톰 포드가 구찌를 떠난 지 10여 년의 세월이 흘렀다. 톰포드의 한 해 매출은 20억 달러에 이른다. 한때 그와 함께 크리에이티브 디렉터 시대를 열었던 마크 제이콥스와 크리스토퍼 베일리의 존재감은 희미해졌다. 톰 포드만 명징하게 남았다. 이제 그는 톰포드를 지구에서 다섯 손가락 안에 드는 명품 브랜드로 만들겠다고 말한다. 모두가 그의 말을 믿는다.

톰포드를 입는 사람

그날 톰포드 매장 앞에는 흰색 리무진이 주차되어 있었다. 매장 안에서는 백발의 중년 부부가 수행원들을 대동한 채 슈트를 고르고 있었다. 영화의 한 장면 같았다. 그때 이런 생각이 들었다. '이런 사람들이 톰포드를 입는구나.'

유니클로와 정반대의 포지션이다. 유니클로의 슬로건은 '모든 사람을 위한 옷Made for All'이다. 톰포드의 고객은 '모든 것을 가진 사람들 Somebody who has everything'이다. 그들만의 리그다. 톰포드 매장에서 가격표를 확인하는 건 민망한 일이다. 슈트 한 벌이 5,000달러를 예사로 넘긴다. 그들은 애써 변명하지 않는다. 비쌀 만하니까 비싼 거예요. 그러면서 고객에게 특별한 '경험'을 제공하는 데 집중한다.

매장에서는 톰 포드의 분신 같은 직원이 고객을 맞는다. 저녁 6시 이후에는 예약 손님 외에는 매장의 출입을 통제한다. 단골의 집을 직접 방문하는 프라이빗 서비스에도 정성을 쏟는다.

2011년, 여성복 라인을 론칭할 때는 패션쇼 대신 VVIP 고객 100명을 초대했다. 톰 포드가 직접 나서서 자신이 만든 옷 하나하나를 프레젠테이션했다. 톰포드의 뮤즈인 줄리언 무어, 비욘세가 모델로 등장했다. 늘 이런 식이다. 대접받고자 하는 대로 대접해준다. '돈 있는' 고객님께서 원하시는 것은 그 무엇이라도 하겠습니다. 그 의지는 다이아몬드만큼이나 단단하다.

흥미로운 건, 톰포드의 복음은 보통의 경제력을 가진 사람들에게

톰포드의 여성복 라인 프레젠테이션. 100명의 VVIP만을 초대했다. 톰 포드가 직접 옷을 설명했다. 비욘세, 줄리언 무어 같은 톰포드의 뮤즈들이 모델로 섰다. **출처 | 톰포드 유튜브 채널**

도 전파된다는 것이다. 톰포드 매출의 상당 부분은 상대적으로 저렴한 가격의 향수와 아이웨어에서 나온다(톰포드가 가장 먼저 내놓은 제품도 의류가 아니라 이 두 아이템이었다. 마진이 상상을 초월한다). 명품 회사들이 흔히 쓰는 전략이다. 초고가 제품과 만만한 아이템을 함께 구성한다. 톰포드의 경우 이 갭이 유독 크다.

톰포드 매출의 상당 부분은 향수와 안경 같은 만만한 가격대의 제품군에서 나온다. 보통 사람들도 마음만 먹으면 구입할 수 있는 아이템이다.

한국에서 톰포드 슈트를 입은 사람과 마주친 기억은 거의 없다. 하지만 T자 로고가 박힌 톰포드 안경을 쓴 이는 상당수다. 바지는 자

톰포드 향수. 톰포드는 만만한 가격대의 제품군도 갖추고 있다. **출처 | 톰포드 페이스북**

라를 입으면서 안경은 톰포드를 걸치는 식이다. 가성비 좋은 톰포드를 누린다. 톰포드 왕국은 날로 확장된다.

"톰 포드는 말하는 법까지 훈련받은 사람 같아."

지인의 말에 고개를 끄덕였다. 톰 포드가 출연한 영상을 볼 때면 표정, 시선, 제스처, 입을 오므리는 모양까지 완벽하게 훈련받은 세일즈맨을 만난다. 이 남자가 클래식을 판다. 섹스를 판다. 경험을 판다. 그리고 톰 포드 자신을 판다. 아주 잘 팔린다.

모노클

거꾸로 잡지

<모노클>의 타깃 독자는 '평균 연봉 3억 이상, 1년에 해외 출장을 열 번 이상 가며, MBA를 졸업하고 도시에 거주하는 금융, 정부 기관, 디자인, 관광 산업 의 CEO'다. **출처 | <모노클>**

MONOCLE

고등학생 때부터 남성 패션 월간지 〈GQ〉를 읽었다. '멋 선생님'이었
다. 이 잡지에서 드리스 반 노튼과 톰 포드를 알게 됐다. 클래식 슈트
를 멋스럽게 입는 법을 배웠다. 한국적인 미를, 유르겐 텔러와 테리 리
처드슨의 사진을, 긴자의 오래된 가게를, 장우철이라는 희대의 에디터
를 접했다.

　　나에게 〈GQ〉는 단순한 잡지가 아니었다. '멋'의 보고였다. 군대
에 있을 때도, 미국 유학 중에도 멋에 대해 알아야 했다. 휴가를 가거
나, 한국에 나가는 사람이 있을 때마다 〈GQ〉를 꼭 좀 사다 달라고 부
탁했다.

최상급, 모노클스럽다

"형, 끝내주는 잡지가 나왔어. 〈모노클〉이라고 하는."

　　뉴욕에 머물던 동생의 목소리에서 보물을 발견한 자의 감격이 전
해졌다. 10여 년 전 〈모노클〉이 나왔을 때였다. 당시 동생은 나보다 더
한 잡지 마니아였다. 그리고 이런 부류의 인간이 살기에 뉴욕은 세계

최고의 도시였다. 세상의 모든 잡지가 모여 있는 도시에서 눈 밝은 동생은 〈모노클〉이라는 잡지를 찾아냈다. 따끈따끈한 창간호였다. 편집장이 '무려' 타일러 브륄레였다. 1990년대에 〈월페이퍼〉라는 잡지를 만들어 세상을 놀라게 한 남자. 타임워너에 매각한 뒤 업계를 떠난 남자. 사건이었다. 형에게 수화기를 들었다. 신종 복음을 전파했다.

그때부터 형제는 〈GQ〉를 내려놓았다. 〈모노클〉의 신도가 됐다. 형제에게 〈모노클〉은 '기준'이 되어주었다. 형제 사이에 '모노클스럽다'라는 말 한마디면 긴 말이 필요 없었다(최근에는 일본 잡지 〈뽀빠이〉가 그 대열에 합류했다).

"이 일러스트 되게 모노클스러운데?"

"그 잡지는 폰트가 모노클스럽더라."

"오늘 프레젠테이션 슬라이드는 모노클스럽게 만들어봤어."

'모노클스럽다'라는 말은 '세련되다'라는 말과 동의어였다. 세련미를 부각해야 하는 작업물을 만들 때는 〈모노클〉을 참고했다. 수업에서 발표할 프레젠테이션 슬라이드를 만들 때도, 학교 행사의 포스터를 만들 때도, 입사하고 싶은 회사에 보낼 자기소개서를 만들 때도, 심지어 교회 광고지를 만들 때도 〈모노클〉을 참고했다.

〈모노클〉은 진화된 형태의 〈GQ〉였다. 이 두 잡지를 가르는 가장 큰 차이는 '광고'였다. 〈모노클〉은 광고주마저 고르는 잡지였다. 광고도 〈모노클〉의 스타일로 정제해서 독자들에게 제안하는 잡지였다. 반면, 〈GQ〉는 돈만 내면 광고를 실을 수 있는 잡지였다. 〈GQ〉에서

<모노클> 창간호. 이 잡지 하나로 형제는
<모노클> 신도가 됐다.

광고는 나머지 좋은 기사들의 감동을 반감시키는 요인이었다. 사실
〈GQ〉 입장에서는 억울할 수 있는 부분이었다. 우리만 그런 게 아니
잖아요. 다른 잡지들도 다 그렇게 하고 있잖아요. 맞는 말이다. 〈GQ〉
가 못하는 게 아니었다. 〈모노클〉이 너무 잘하는 거였다.

　　창간호부터 〈모노클〉을 모았다. 구하지 못한 과월호를 런던, 도쿄
에 있는 모노클숍에서 산 적도 여러 번이었다(과월호가 더 비싸다는 점
에 놀라곤 했다). 서재 한쪽이 〈모노클〉로 채워졌다. 집에 놀러 온 친구
들 중에 이 잡지를 알아보는 이들이 더러 있었다. 〈모노클〉의 대단함
에 대해 서로 한참을 떠들었다.

종군기자가 만든 인테리어 잡지

남자는 종군기자였다. 아프가니스탄에서 잠복 취재를 하던 중 두 번이나 총상을 입었다. 기자로서 명예로운 기억이었다. 하지만 기자 커리어는 그것으로 끝이 났다.

영국으로 돌아와 치료를 받던 중 집 안의 인테리어를 바꿔야겠다는 생각을 했다. 참고할 만한 인테리어 잡지를 찾았다. 찾고 또 찾았지만 실패했다. 모든 인테리어 잡지가 하나같이 허접했다. 나의 취향을 저격하는 잡지가 한 권도 없을 수 있다니. 멋을 말하는 잡지들이 이렇게 멋대가리가 없다니. 내가 만들어도 이것보다는 잘 만들겠다.

남자는 스스로 읽고 싶은 인테리어 잡지를 창간했다. 잡지의 이름은 〈월페이퍼〉. 아프가니스탄 종군기자가 만든 인테리어 잡지라고 우습게 볼 일이 아니었다. 남자는 생각보다도 출중한 심미안을 가지고 있었다. 아니, 세계 최고 수준의 안목을 지닌 남자였다! 〈월페이퍼〉는 당대의 가장 앞선 디자인과 건축, 패션을 극도로 세련된 편집 디자인으로 보여주었다. 〈월페이퍼〉 덕에 수많은 장님이 눈을 떴다. 이게 아름다운 거구나. 이게 진짜 멋이구나.

잡지는 태풍을 일으켰다. 쌈박한 힙스터 상품이 됐다. 디자인 업계의 바이블이 됐다. 타임워너 그룹이 이 잡지의 가치를 알아봤다. 창간된 지 2년이 안 된 잡지를 1억 6,300만 달러에 샀다. 단, 아프가니스탄 종군기자 출신의 저 편집장이 앞으로 5년 동안 〈월페이퍼〉를 이끌어야 한다는 조건을 달았다. 계약 기간을 채운 후 남자는 미련 없이

<모노클>의 오너이자 발행인 타일러 브륄레 쇠락해가는 출판 업계의 한 줄기 희망이다.
출처 | Wikimedia Commons

떠났다.

남자의 다음 행보는 예상 밖이었다. 잡지사가 아닌 브랜딩 에이전시를 차렸다. 윙크리에이티브였다. 남자는 또 한 번 커리어를 전환했다. 종군기자에서 잡지 발행인으로, 이번에는 브랜딩 에이전시의 대표로. 남자의 변신은 이번에도 성공적이었다. 그는 타고난 마케터이자 세일즈맨이었다. 아디다스, BMW, 노키아 같은 대형 브랜드들을 클라이언트로 영입했다. 윙크리에이티브는 성장했다.

그렇게 5년을 보냈다. 남자는 잡지 업계로 돌아왔다. 사람들은 제2의 <월페이퍼>를 기대했다. 남자는 모두의 예상을 깼다. 이번에는 전 세계의 뉴스를 담은 시사 잡지를 내놓았다. 글자가 빼곡했으며 상당히 두꺼웠다. 남자는 아시아의 무크mook에서 영감을 받았다고 했다. '책 같은 잡지'였다. <모노클>이었다.

스마트폰 시대에 인쇄 매체라니

300만 달러(약 56억 원, 2007년 2월 기준)를 들여 〈모노클〉을 창간했다. 새로운 잡지를 내놓기에 적합한 시점은 아니었다. 적어도 사람들은 그렇게 말했다. 인터넷의 시대가 도래했다. 사람들이 다 컴퓨터 앞에 만 앉아 있다. 광고주들은 잡지 예산을 디지털로 옮기고 있다. 전 세계적으로 잡지 판매량이 줄고 있다.

수많은 잡지사가 잡지를 접었다. 2007년, 미국에서만 591개의 잡지가 폐간됐다. 같은 해에 아이폰이 출시됐다. 잡지 업계에 핵폭탄이 떨어졌다. 그때부터는 다들 스마트폰만 바라보고 있다. 이런 상황에서 〈모노클〉이 나왔다. 미친 짓이었다.

타일러 브륄레는 상황을 다르게 해석했다. 그는 인쇄 매체가 죽지 않을 거라고 봤다. 잡지도 마찬가지였다. 그가 보기에 인터넷에서 부유하는 콘텐츠들은 정보 가치가 '제로'였다. 홍수가 났을 때 정작 식수가 부족해지는 법. 잡지는 식수의 역할을 할 만한 매체였다. 영양가 있는 정보를 꽉꽉 채운 잡지를 만들면 찾는 이가 있을 거라고 보았다. 브륄레 자신부터 그런 잡지를 읽고 싶었다.

남들이 잡지 사업을 접을 때 〈모노클〉이 등장했다. 시작부터 〈모노클〉은 거꾸로였다. 이후에도 〈모노클〉은 계속 거꾸로 행동했다. '거꾸로 잡지'였다.

스타일 면에서도 거꾸로였다. 다소 무거울 수 있는 시사 이슈를 패셔너블한 그릇에 담았다. 〈모노클〉의 손이 닿으면 각국의 정상이 타고 다니는 전용기도, 부동산회사에서 개최하는 콘퍼런스도, 심지어 전쟁터에서 보초를 서는 병사들마저도 고급스러움을 입었다. 시사 잡지의 틀을 깼다. 파격이었다.

〈모노클〉의 스타일은 오너이자 발행인인 타일러 브륄레가 지닌 양면성에서 비롯됐다. 그는 종군기자이자 인테리어 잡지 발행인이라는 독특한 이력을 가지고 있었다. 종군기자답게 세계 곳곳에서 일어나는 일들을 브리핑해주는 데 능숙했다. 그리고 〈월페이퍼〉의 발행인에게 스타일은 절대적인 가치였다. 이 둘이 만나는 지점이 〈모노클〉이었다.

'유레카!'의 순간은 타일러 브륄레가 공항에 있을 때 찾아왔다. 비행기를 기다리다가 사람들이 〈이코노미스트〉와 〈GQ〉를 함께 보고 있는 것을 목격했다. 유레카! 아르키메데스는 목욕탕을 뛰쳐나갔다. 타일러 브륄레는 〈모노클〉을 창조했다. 〈GQ〉의 옷을 입은 〈이코노미스트〉가 그렇게 세상에 나왔다.

〈모노클〉을 경쟁지들과 구분해주는 것도 스타일이었다. 전통의 강자들로 즐비한 시장이었다. 〈이코노미스트〉가 있었고, 〈베니티페어〉와 〈뉴욕타임스〉가 있었다. 철옹성 같아 보이는 존재들이었지만 약점도 분명했다. 낡고 권위적인 스타일이었다. 그런 식으로 잡지를 만들라고 시킨 것도 아닌데 오랜 세월 '무거운 주제'를 '심오하게' 전달하고 있었다. 아름다운 구석이 조금도 없었다. 자신들이 세운 성곽에서 오랜 세월 유유자적해왔다. 이들 사이에서 〈모노클〉은 나오자마자 도드라졌다.

"당신이 읽는 것이 곧 당신이다You are what you read."

- 타일러 브륄레

⟨모노클⟩의 스타일은 독자를 불러모았다. 타일러 브륄레는 ⟨모노클⟩을 읽는 사람이 특별한 사람으로 비치기를 바랐다. ⟨모노클⟩이 한 개인의 정체성을 표현하는 수단이 됐으면 했다. ⟨모노클⟩을 '세계 최고의 명함'으로 만들고 싶었다. 그가 바란 대로 됐다. 많은 사람이 이 아름다운 명함을 수집했다. 집 안의 선반과 책꽂이에 빼곡히 진열했다. 사람들은 ⟨모노클⟩을 읽는 것도 좋아했지만 들고 다니는 건 더 좋아했다. 명품백처럼 ⟨모노클⟩을 가지고 다녔다. 딱딱한 시사 잡지가 고급 패션 아이템이 되는 순간이었다.

⟨모노클⟩은 아주 그럴듯한 인테리어 소품이 되기도 했다. 옷 가게, 카페에서 ⟨모노클⟩을 펴서 전시해놓는 것이 유행이 됐다. 가게에 흐르는 공기를 모노클스럽게 만드는 효과를 냈다. 1990년대에는 ⟨월페이퍼⟩가 하던 역할이었다.

제대로 만들고 제대로 돈을 받는다

잡지의 퀄리티도 거꾸로였다. 잡지가 우선해야 하는 건 '양질의 정보'다. 하지만 ⟨모노클⟩이 창간되던 때 업계 분위기는 반대였다. 업계의 키워드는 '비용 절감'이었다. 잡지사마다 페이지 수를 줄였다. 직원을 줄였다. 퀄리티를 희생했다. 잡지는 부실해졌다. 그러면서 광고는 늘렸다. 독자는 떠났다. 악순환이었다.

브륄레는 이런 상황을 기회로 보았다. 모두가 허접한 잡지를 만들 때 압도적인 수준의 고급 잡지를 내놓는다면 부각될 거라 생각했다. 〈모노클〉이 나오면 알아봐 줄 타깃부터 분명히 했다.

'평균 연봉 3억 이상, 1년에 해외 출장을 열 번 이상 가며, MBA를 졸업하고 도시에 거주하는 금융, 정부 기관, 디자인, 관광 산업의 CEO.'

타깃을 좁혔다. 선택받은 소수였다. 즉, 〈모노클〉은 모두를 위한 잡지가 아니었다. 지적이고 부유한 사람들만을 위한 잡지였다. 타일러 브륄레는 돈이 있는 곳에 기회가 있다는 점을 잘 알고 있었다. 부자들의 지갑을 노려야 안정적인 수익이 창출될 거라 보았다. 타일러 브륄레식 '한 놈만 패기'였다.

〈모노클〉은 콘텐츠의 기준을 한껏 높여 잡았다. 핵심은 오리지널 콘텐츠였다. 현장 보도가 중심이 됐다. 30~40년 전과 달리 대형 신문사들마저도 더는 해외에 지사나 통신원을 두지 않고 있었다. 〈모노클〉은 거꾸로 갔다. 해외 지사를 설립했다. 각국에서 협업하는 파트너의 수를 늘렸다. 한 땀 한 땀 정성 들여 취재하는 전통 언론사의 모습이었다.

〈모노클〉은 다른 언론사들이 걷는 길로 가지 않았다. 예를 들어, 기업이나 국가의 후원을 받아 기사를 작성하지 않았다. 즉, 뒷돈을 받고 기사를 작성해주지 않았다. 여타 언론사처럼 뉴스 에이전시의 사진을 가져다 쓰는 일도 하지 않았다. 〈모노클〉 관계자가 직접 찍은 사진만 실었다. 타협은 없었다.

〈모노클〉은 콘텐츠 수준에 걸맞은 합당한 대가를 요구하는 데에도 당당했다. 한 번도 무료로 배포하지 않았다. 에누리도 없었다. 〈모노클〉을 읽고 싶은 독자는 정가를 주고 사야 했다. 모노클식 당당함의 절정은 정기 구독 시스템이었다. 〈모노클〉 1년 치 정기 구독을 하려면 할인된 금액이 아니라 1년 치 잡지 정가에 프리미엄을 붙인 금액을 지불하도록 했다. 다른 잡지들은 정기구독 시 50%에 가까운 할인을 해주면서 사은품까지 얹는 판이었다. 〈모노클〉은 거꾸로 갔다. 할인은커녕 돈을 더 받았다. 여기에 그럴듯한 이유를 달았다.

'정기구독자가 장기 발령 등의 이유로 다른 나라로 거처를 옮기더라도 원래의 비용 그대로 〈모노클〉을 보내줍니다.'

근사한 명분이었다. 하나부터 열까지 〈모노클〉은 당당했다. 당당하니까 더 잘 팔렸다. 출간된 지 4년 만에 손익분기점을 달성했다. 최근에는 이슈당 8만 부 이상이 팔리고, 16만 3,000명 정도의 정기 구독자를 보유하고 있다(2017년 기준). 〈모노클〉은 늘 거꾸로 행동했다. 혼자서만 잘 팔렸다. 그것도 정가에.

휩쓸리지 않는다

'이제는 디지털이 대세다.'

한때 모두가 이 말을 믿었다. 잡지 업계도 마찬가지였다. 잡지사마다 발행 중이던 잡지를 아이패드에 욱여넣었다. 페이스북과 인스타그램 계정을 만들었다. 타일러 브륄레는 이 모든 상황을 조용히 관망했다. 그는 이런 흐름에 휩쓸릴 생각이 조금도 없었다. 남들이 다 한다고 해서 달려드는 건 그가 추구하는 방식이 아니었다. 그에게 중요한 건 실속이었다. 디지털로 옮겨가서 수익을 낼 수 있느냐가 관건이었다. 〈모노클〉은 〈뉴욕타임스〉만큼 돈이 많은 회사가 아니었다. 새로운 바람이 불 때마다 무턱대고 도전할 순 없었다. '진정한 혁신가'라는 타이틀은 〈뉴욕타임스〉나 BBC 같은 거물들이 가져가도 상관없었다. 이들이 다 도전한 후에 그 결과를 보면서 따라가도 늦지 않을 터였다.

타일러 브륄레는 페이스북과 인스타그램도 경쟁자로 보았다. 치밀한 전략 없이 이들이 만든 성으로 들어가서 〈모노클〉의 콘텐츠를 제공한다면, 남 좋은 일만 할 가능성이 컸다. 소셜 미디어가 〈모노클〉의 인지도를 올려줄 것이라는 의견도 일축했다. 〈모노클〉은 '알 만한 사람만 알면 되는' 잡지였다. 소셜 미디어를 통해 수많은 대중에게 노출한다고 팔릴 잡지가 아니었다. 그리고 알 만한 사람들은 대부분 〈모노클〉을 알고 있었다.

브륄레의 예상은 맞아떨어졌다. 무수히 많은 잡지가 디지털로 옮겨갔는데도 재미를 봤다는 사례는 거의 나오지 않았다.

2017년 〈모노클〉 미디어 서밋의 타이틀은 '인쇄 매체는 죽지 않았다Print is Not Dead'였다. 〈모노클〉 초창기부터 가지고 있던 브륄레의 생각이 반영됐다. 누가 뭐라 해도 〈모노클〉은 잡지였다. 그것도 종이로 읽어야 하는 잡지였다. 이 점은 디지털 시대에도 변하지 않을 〈모노클〉의 아이덴티티였다. 〈모노클〉은 디지털 트렌드에 발을 담그는 대신, 자신들이 잘할 수 있는 부분을 극대화하는 전략을 펼쳤다.

인쇄 콘텐츠를 확장했다

매년 말에는 이듬해 다양한 분야에서 벌어질 일을 예측해보는 〈The Forecast〉를 출간했다. 여름에는 여행에 관한 정보를 담은 〈The Escapist〉를 출간했다. 2015년부터는 세계 주요 도시를 여행할 때 필요한 팁과 이모저모를 알려주는 〈모노클 트레블 가이드〉를 출간했다. 그 외 비즈니스와 식문화, 홈 인테리어 등에 관한 다양한 조언을 담은 단행본을 출간했다.

세계 곳곳에 모노클숍을 차렸다

도쿄, 런던, 홍콩, 토론토, 싱가포르 등에 모노클숍을 열었다. 작고 아담한 매장에서 〈모노클〉 잡지, 기업과 협업한 제품들을 팔았다.

모노클숍은 일종의 대사관 역할도 했다. 〈모노클〉 독자들에게는 '모노클다움'을 한껏 경험하는 장소였다. 〈모노클〉을 모르는 사람들에게는 〈모노클〉이 만든 세계에 진입하는 장소였다. 타일러 브륄레 이하 직원들에게는 고객들의 반응을 수집하는 장소였다.

모노클숍은 '팔리는 장소'가 됐다. 현재 모노클숍은 〈모노클〉 전체 매출액의 20% 정도를 책임진다.

라디오 방송을 시작했다

온라인에서 〈모노클〉이 가장 잘할 수 있는 영역을 찾아냈다. 라디오였

왼쪽 도쿄의 모노클숍을 찾았다. 오프라인에서 모노클다움을 경험할 수 있는 공간이다. 작지만 부족함이 없다. 아니, 작은 것이 힘이다.
오른쪽 도쿄 모노클숍에서 <모노클>을 구입할 수 있다. 과월호는 최신호보다 가격이 높다.

다. 2011년부터 <모노클 24>라는 라디오 방송국을 운영했다. 국제 뉴스, 외교, 도시, 비즈니스, 문화, 디자인, 음식 등 <모노클>에서 다루는 콘텐츠를 라디오에서 다룬다. 현재 한 달에 약 40만 명이 청취할 만큼 인기를 끌고 있다. 청취자 대부분이 <모노클>의 독자여서 자연스레 광고도 붙일 수 있었다. 전 세계를 상대로 비즈니스를 하는 항공사, 투자은행 등이 광고주가 됐다.

이렇듯 매체를 선택할 때 〈모노클〉은 휩쓸리지 않았다. 거꾸로 갔다. 남들 다 하는 일은 하지 않고 〈모노클〉만 할 수 있는 일을 찾아냈다. 〈모노클〉이 제일 잘할 수 있는 일에만 집중했다. 그 결과 시대에 뒤떨어지기는커녕 아주 근사하게 트렌드를 리드하게 됐다.

을, 갑이 되다

광고주와의 관계도 거꾸로다. 〈모노클〉은 다른 잡지들이 꿈도 꾸지 못하는 일을 한다. 광고주를 고른다. 광고의 수준이 잡지의 완성도를 가늠한다고 보기 때문이다. 예를 들어 독재 국가, 평판이 좋지 않은 브랜드는 돈다발을 가져다주어도 광고를 싣지 않는다. 심지어 만나주지도 않는다. 오직 〈모노클〉이 '찜한' 광고주만이 〈모노클〉에 광고를 할 수 있다. 잡지사와 광고주가 수평적인 파트너 관계가 되는 놀라운 순간이다. 아니, 〈모노클〉이 갑이 된다.

〈모노클〉의 자신감에는 근거가 있다. 독자층이다. 〈모노클〉은 전 세계의 리딩Leading 그룹을 독자로 두고 있다. 〈모노클〉을 읽는 20만 명 이상의 사람들은 단순한 독자들이 아니다. 상위 1%의 부유층이다. 세계를 돌아다니며 돈을 쓰는 자본가들이다. 럭셔리 업계의 실질적인 구매층이다. 〈모노클〉은 럭셔리 업계의 플레이어들, 가령 항공사나 은행, 각국 정부에 이렇게 말할 수 있다.

"당신이 원하는 타깃에 정확히 도달할 수 있는 매체가 〈모노클〉 말고 또 있나요?"

구찌, 프라다, 롤렉스, 바셰론 콘스탄틴 같은 럭셔리 브랜드들이 〈모노클〉에 광고를 집행하려 목을 맨다. 이들에게 〈모노클〉은 물고기가 꽉꽉 들어찬 황금어장이나 다름없으니까.

〈모노클〉 내 광고 업무는 윙크리에이티브가 맡는다. 맞다, 타일러 브륄레가 〈모노클〉을 만들기 전에 운영하던 그 광고회사다. 윙크리에이티브와 〈모노클〉, 광고주 3자가 협력해서 광고를 만든다. 대표적인 광고 상품이 애드버토리얼이다. 〈모노클〉이 협업 형식으로 브랜드를 소개하는 콘텐츠다. '〈모노클〉×레이벤' 타이틀을 내걸고 〈모노클〉이 레이벤 브랜드를 소개해주는 식이다. 즉, 광고는 광고인데 〈모노클〉의 손을 거친 광고다. 디자인부터 글의 톤까지 다른 페이지와 맞춰져 큰 거부감이 들지 않는다. 애드버토리얼의 열독률이 다른 에디토리얼과 비슷한 수준을 기록하는 이유다.

광고주들도 애드버토리얼의 효과를 잘 알고 있다. 큰돈을 투자할 만하다고 생각한다. 일례로 삼성은 애드버토리얼 비용으로 〈모노클〉에 100만 달러를 지불했다. 여전히 많은 브랜드가 대기표를 뽑고 자기 순서가 오기만을 기다린다.

〈모노클〉이 광고주와 협업하는 건 애드버토리얼 말고도 또 있다. 광고주와 협업 제품도 만든다. 리모아, 포터, 델보 같은 광고주와 협업해서 제품을 만들어 세계 각지에 있는 모노클숍에서 판매한다. 원래 인기가 있는 브랜드에 〈모노클〉이라는 이름값까지 더해지니 불티나게 팔리는 건 당연한 결과다. 일본 가방 브랜드 포터와 협업한 토트백은 런던과 LA의 모노클숍에서 8,000여 개가 팔렸다. 매출액만 약 39억 원이었다. 〈모노클〉의 광고주가 되면 이런 부가 서비스(?)도 얻을

도쿄 모노클숍. <모노클>과 브랜드의 협업 제품이 판매되는 현장. 인기 브랜드 제품에 <모노클> 로고까지 붙으니 더 잘 팔린다. 맨 위에 놓인 포터와의 협업 제품이 특히 인기가 좋다.

수 있다. 광고주가 되기 위해 대기표를 받으려는 브랜드의 숫자는 점점 늘어난다.

"당신은 규정을 깬 사람으로 기억되어야 한다."

나이키 창업자 필 나이트는 맥아더 장군의 이 말을 늘 가슴에 품고 살았다. 그는 운동화에 대해 그동안 존재하던 모든 규정을 깼다. 끊임없이 혁신을 시도했다. 아디다스, 푸마 같은 회사와 정반대로 갔다. 나이키 왕국을 이뤘다.

타일러 브륄레도 규정을 깬 남자였다. 그에게 '당연히 지켜야 하는' 규정 따위는 없었다. 잡지는 이제 끝났다는 말을 듣지 않았다. 스타일리시한 시사 잡지 〈모노클〉을 창조해냈다. 잡지는 모두 아이패드 용으로 제작되어야 한다는 말을 가볍게 무시했다. 페이스북 인스타그램 계정을 만들지 않는 대신 라디오 방송국을 시작했다. 잡지사는 늘 '을'이어야 한다는 고정관념을 깨부수었다. 광고주를 고르는 '갑'의 지위에 올랐다. 〈모노클〉은 거꾸로 잡시였다. 타일러 브륄레는 규정을 깬 남자로 기억된다.

박진영

최초가 팔린다

박진영은 늘 최초였다. 26년간 정상에 머물 수 있었던 비결이다. **출처 | JYP엔터테인먼트 홈페이지**

야구 선수 이종범은 신이 내린 재능의 보유자였다. 대한민국 최고의 타자이자 유격수였다. 공을 잘 때렸다. 어깨도 강했다. '바람의 아들'이라 불릴 만큼 발도 빨랐다. 야구 선수가 갖춰야 할 모든 요소를 갖춘 야구 천재였다. 한국 프로야구에서 네 차례나 우승 트로피를 들어 올렸다. 그중 두 번은 한국시리즈 MVP에 올랐다. 기대만큼 큰 성과를 거두지는 못했지만 일본 프로야구에도 진출해서 활약했다. 2011년 은퇴한 이후에도 여전히 한국 야구계의 전설로 기억된다.

"국적을 떠나 같은 야구인으로서 존경스럽다. 나 역시 선수 시절 이치로같이 더 노력한다는 생각을 갖지 못한 게 후회된다."

그날, 이종범 코치는 자신의 야구 인생이 후회된다고 했다. 일본이 낳은 또 다른 야구 천재 스즈키 이치로를 이야기하면서였다. 이치로는 타고난 천재였지만 그 천재성을 지키기 위해 더 준비하고 노력한 선수였다고 했다. 이치로에 비하면 자신은 보통 선수나 다름이 없었는데, 그만큼 노력을 하지 않았다고 고백했다. 그의 아들이자 넥슨 히어로즈 소속인 이정후 선수의 롤 모델도 자신이 아닌 이치로라고 덧붙였다. 이종범 코치를 인터뷰한 날은 스즈키 이치로의 은퇴 경기가 열린 날이었다. 2019년 3월 21일이었다.

이치로가 은퇴하는 날, 그의 기록만큼이나 주목받은 것이 있다. 그의 '루틴'이다. 이치로가 28년 야구 인생 내내 매일 지켜왔다는 그 것이다.

- 경기 시작 5시간 전에는 경기장에 들어간다. 같은 방식으로 스트 레칭을 하고 타격 준비를 한다. 비가 올 때도 똑같다.
- 타격 연습 때는 늘 볼카운트를 '3(볼)-0(스트라이크)'으로 생각한 다. 배팅 훈련 때 투수들이 외야에서 뜬공을 잡으려고 할 때면 "저리 비켜"라고 소리치기도 한다.
- 타격할 때는 쪼그리고 앉았다가 어깨를 들고 플레이트 쪽으로 다 가간다. 그리고 깊은숨을 들이마신 뒤 방망이를 쥔 오른팔을 투 수 쪽으로 뻗고, 왼손으로 오른쪽 어깨를 잡는다.
- 더그아웃에 있을 때는 1인치 나무 막대기로 발바닥을 문지른다. '발이 건강해야 몸도 건강하기 때문'이다.
- 집에서 텔레비전을 볼 때는 '시력을 유지하기 위해' 선글라스를 낀다.
- 시즌 시작 전 마라톤 선수처럼 각 지점(일정)에서 해야 할 것을 세 밀하게 짠다.
- 매일 아침 같은 음식을 먹는다. 한때는 카레였고, 한때는 식빵과 국수였다.

출처 | <한겨레>, 2016년 7월 1일

김성근 전 한화 감독은 이치로를 두고 '철학자'라고 정의했다. 결과보다 과정을 중시하는 선수. 안타를 때렸든 삼진을 당했든 문제 삼지 않고 내 스윙을 했는가를 따지는 선수. 야구에 모든 걸 투자하는 선수. 야구에 대한 신념이 너무 확고해서 옆에서 보면 '미친놈'처럼 보이는 선수.

이치로는 철학자이자 구도자였다. 정작 이치로 본인은 가볍게 이야기한다. 그저 특별한 하루 없이 매일을 똑같이 살아가면서, 연습처럼 경기하고 연습처럼 경기를 끝냈을 뿐이라고. 결과는 가볍지 않았다. 루틴 덕분에 그는 역사상 가장 뛰어난 야구 선수가 됐다. 전 세계 프로야구 선수들의 존경을 받는 '선수의 선수'로 올라섰다. 모든 이들의 박수를 받으며 그라운드를 떠났다. 루틴의 힘이었다.

루틴의 힘

이치로가 은퇴한 지 수개월이 지난 후, 대한민국에서는 가수 박진영의 일상이 방송을 탔다. 박진영도 자신만의 루틴을 지키고 있었다.

- 아침 7시 반에 기상한다. 일본어를 외우면서 잠에서 깬다. 일어나자마자 몸무게를 체크한다.
- 아침 식사로 위스키 잔에 가득 따른 올리브오일을 마신다. 각종 영양제, 견과류, 과일을 먹는다.
- 9시에는 아침 체조와 춤을 출 때 도움이 되는 밸런스 운동을 한다.

- 10시에는 발성 및 노래 연습을 한다.
- 날마다 혹독한 웨이트 트레이닝을 거르지 않는다.
- 체중 관리를 위해 저녁은 일주일에 3일만 먹는다. 공복을 견디기 위해 월요일과 목요일에는 2시간 동안 농구를 한다.
- 정해진 시간에 화장실에 간다.
- 그날 입을 옷을 선택하는 데 드는 시간을 줄이기 위해 계절마다 옷 두 벌을 정해두고 번갈아 가며 입는다.

박진영도 이치로만큼이나 오랜 기간 정상에 머무른 사나이였다. 대한민국 가요계에서 상상할 수 있는 거의 모든 것을 이룬 남자였다. 그런 그가 여전히 분 단위로 루틴을 실천하고 있었다. 박진영도 '철학자'였다.

26년 차 현역

박진영과 이치로는 공통점이 여럿이다. 비슷한 연배다(박진영은 1972년생, 이치로는 1973년생). 비슷한 시기에 데뷔했다(이치로는 1992년에 일본 프로야구계에 데뷔, 박진영은 1994년에 '날 떠나지 마'로 가수 데뷔). 두 사람 모두 데뷔하자마자 최고의 자리에 올랐다. 자신의 분야에서 오랫동안 살아남았고, 수많은 기록을 갈아치웠다. 그러나 2019년 이치로가 은퇴하면서 둘의 공통분모 하나가 사라졌다. '현역' 타이틀이다.

박진영은 아직도 무대 위에서 춤을 추는 현역 댄스 가수다. 더욱

플랜맨 박진영

AM 집사부일체
사부의 시간은 쉼없이 간다

7:30 기상, 일본어 말기

AM 8:00 아기랑 놀기, 강아지랑 놀기
8:30 영양섭취
AM 9:00 체조시작

AM 10:00 발성 및 노래연습

AM 11:00 운동

PM 12:00
12:30 점심식사

하루도 빠짐없이
하루를 1년처럼 빼곡히

SBS

[26년차 국가대표 춤꾼
여전히 매일 기본을 연마한다]

26년 차 가수 박진영은 여전히 빡빡한 루틴대로 생활한다. 1년에 2~3일을 빼고는 이 루틴을 지킨다. **출처 | SBS** <집사부일체>

이 불과 몇 년 전까지도 '어머님이 누구니'라는 곡으로 가요 차트 1위를 휩쓴 경쟁력 있는 댄스 가수다. 지금은 환갑 때까지 완벽한 춤과 노래를 선보이는 것을 목표로 혹독하게 트레이닝 중이다. 여전히 대한민국에서 제일 잘나가는 작곡자이자 프로듀서 중 한 명이다.

지난 몇 년 동안은 사업가 박진영의 면모가 주목받았다. 그가 창업하여 대주주로 있는 JYP엔터테인먼트가 승승장구해서다. 트와이스, GOT7 등 소속 아티스트의 활약으로 JYP의 시가총액은 1조 원을 넘나든다. 오랜 기간 엔터테인먼트 업계에서 만년 3위에 머물렀지만 지금은 SM엔터테인먼트와 1~2위를 다툰다.

50대를 바라보는 현역 댄스 가수, 일류 프로듀서, 수완 좋은 경영인…. 전 세계를 둘러봐도 박진영 같은 커리어를 가진 이는 찾아보기 힘들다. 바람 잘 날 없는 연예계에서 무려 26년을 살아남은 '명징한 브랜드'다. 비결은 하나로 모인다. 박진영은 늘 '최초'였다. 최초여서 뜰 수 있었고, 최초여서 선도자의 자리를 유지할 수 있었다. 박진영의 최초는 잘 팔렸다.

최초의 엄친아 댄스 가수

박진영은 엄친아였다. 공부도 잘하고 놀기도 잘했다. 대기업에 재직 중이던 아버지를 따라 초등학교 때 미국에서 2년 반 동안 살았다. 흑인 친구들과 어울리며 춤과 노래를 배웠다. 그때부터 춤은 박진영에게 평생의 무기가 됐다.

우수한 성적으로 연세대 지질학과에 입학했다. 공부보다 춤이 우선이었다. 춤꾼들의 성지라 불리던 이태원 문라이트에 매일 출근 도장을 찍었다. 이주노, 양현석 같은 당대의 춤꾼들에게 춤을 알려달라고 졸라댔다.

댄스 가수가 되고 싶어 신승훈과 김건모의 소속사 라인음향의 연습생으로 들어갔다. 당대의 스타 김건모의 백댄서로 시작했다. 당시 김건모의 프로듀서였던 김창환은 이런 박진영을 두고 '춤에 미쳐서 인생 조진 놈'이라는 멋진 칭호(?)를 선사해주었다. 딴따라들의 소굴에서 얼쩡거리는 연세대 엄친아가 한심해서 한 소리였다. 박진영은 전혀 개의치 않았다. 그는 딴따라가 되고 싶었다.

어릴 때부터 박진영의 무기는 춤이었다. 고교 시절에는 춤을 잘 춰서 전교 학생회장에도 당선됐다. 출처 | MBC <사람이 좋다>

가수 데뷔의 문은 쉽사리 열리지 않았다. TV에 적합하지 않은(?) 그의 외모가 발목을 잡았다. 라인음향은 결국 박진영의 앨범을 내주지 않았다. 이후 오디션에 참여하는 족족 떨어졌다. 앨범을 내주는 곳만 있다면 서울부터 부산까지 뛰어갈 수도 있겠다는 생각이 들 정도였다.

어렵사리 대영기획이라는 곳에서 박진영의 1집 앨범을 내주었다. '연대 나온 엄친아 댄스 가수'의 탄생이었다. 연대 나온 사람들은 많았다. 댄스 가수도 많았다. 이 둘의 교집합은 박진영이 유일했다. 타이틀곡 '날 떠나지 마'가 메가 히트를 기록하면서 박진영의 시대가 열렸다. 라인음향의 사맹석 대표는 박진영이라는 대어를 놓친 일을 두고두고 후회했다.

최초의 비주얼 쇼크 가수

데뷔하자마자 대한민국에 비주얼 쇼크를 일으켰다. 타고난 외모가 남달랐다. 방송국 PD마다 태어나서 그렇게 생긴 사람을 본 적이 없다고 했다. 사람들은 꽃미남이 아닌 고릴라처럼 생긴 사람도 가수가 될 수 있는 시대가 도래했다고 수군거렸다. 정작 당사자는 자신의 외모에 관대했다. 자신의 외모를 가지고 맘껏 농담하고 즐길 줄 알았다. 그의 괴상한 외모는 경쟁력이 됐다.

춤도 파격적이었다. '날 떠나지 마'에서는 엉덩이를 쓸어 올렸다. '엘리베이터'에서는 란제리를 입은 여성 백댄서와 서로의 몸을 만지며 유혹했다. '그녀는 예뻤다'에서는 무대 위에서 수영춤을 췄다. 유난히 긴 팔과 다리를 흔들어대는 그의 모습을 보고 있노라면 입이 떡 벌

지금까지 대한민국에서 한 번도 보지 못한 유형의 비주얼이었다. 출처 | 유튜브, KBS 〈가요톱텐〉

어졌다. 대한민국에서 한 번도 보지 못한 흑인의 그루브였다. 타고난 댄스 가수였다.

의상도 독보적이었다. 비닐 바지와 배꼽티를 입고 나올 만큼 용감했다. 방송 출연을 못 하게 될 각오를 하고 '지른' 적도 여러 번이었다. 리허설 때까지 정상적인(?) 옷을 입고 준비하다가 생방송 무대에는 기상천외한 옷을 걸치고 등장한 적도 여러 번이었다. 그때마다 객석은 초토화됐다. 대통령의 초대를 받아 청와대를 방문했을 때는 파란색 망사셔츠를 입었다. 특종감이었다.

그때까지 박진영 같은 비주얼 가수는 없었다. 그와 비슷한 가수조차 찾아볼 수 없었다. '유일함'이 그의 무기였다. 박진영을 싫어할 수는 있었지만, 잊을 수는 없었다.

최초의 섹시한 오빠

대한민국 가요계에 춤 잘 추는 오빠, 감미로운 오빠, 잘생긴 오빠, 멋있는 오빠들은 많았다. 섹시한 오빠는 박진영이 최초였다. 박진영의 노래와 춤은 늘 '야했'다. 엘리베이터 안에서 사랑을 나눈다고 할 때도, 난 여자가 있다고 할 때도, 결혼한 니가 사는 그 집을 바라본다고 할 때도 그랬다. 섹스 코드가 정중앙에 자리 잡고 있었다. 엄정화의 '초대', 박지윤의 '성인식', 선미의 '24시간이 모자라'처럼 그가 다른 아티스트들에게 만들어준 노래들도 마찬가지였다. 그가 쓴 많은 곡이 방송불가 판정을 받았다.

박진영은 '섹스'를 말하는 데에도 거침이 없었다. 그는 섹스는 게임이라고 했고, 지금까지 살면서 원나잇 스탠드를 딱 세 번 해봤다고 밝혔으며, 자신이 섹스하는 걸 무척이나 좋아한다고 말했다. 보수적인 한국 사회에서 욕을 먹는 건 당연했다. '간음하다가 붙잡힌' 성경의 여인처럼 박진영에게도 수많은 돌이 날아들었다. 그는 피하지 않았다.

"위선자들이여. 당신들 중 섹스를 싫어하는 자들은 계속 나에게 돌을 던질지어다."

시간이 지나면서 그를 향해 날아드는 돌의 숫자도 줄어들었다. 박진영이 내놓는 '섹스'는 잘 팔렸다.

JYP의 창조주

작곡가 김형석에게서 음악을 배웠다. 훌륭한 스승이었다. 박진영에게 작곡의 A부터 Z까지 아낌없이 전수해주었다. 돈도 받지 않았다. 김형석의 품 안에서 박진영이라는 호랑이가 자라났다. 몇 년 후 국내 저작권료 수입 1위 타이틀이 김형석에서 박진영에게로 넘어갔다. 청출어람이었다.

댄스 가수 박진영은 가요계에 파문을 일으켰다. 프로듀서 박진영은 가요계를 평정했다. 박진영에게 작곡 능력은 도구였다. 도구 다루는 법을 습득하자 작사, 작곡, 편곡은 물론 안무, 의상, 뮤직비디오까지 모두 유기적으로 연결할 수 있었다.

박진영은 JYP의 창조주였다. GOD, 원더걸스, 박지윤, 비, 2AM,

작곡가 김형석은 박진영에게 곡 만드는 법을 가르쳐주었다. 여전히 박진영에게 깊은 애정을 가지고 있다. 출처 | MBC <사람이 좋다>

2PM, 미쓰에이 같은 아티스트들을 창조해냈다. 모두가 박진영에게서 춤과 창법을 전수받았다. 곡, 가사, 안무, 의상 콘셉트까지 모두 박진영의 머릿속에서 나왔다. JYP 아티스트들이 하나같이 박진영스러웠던 건 자연스러운 귀결이다. 이들이 부르는 곡들도 전부 박진영스러웠다. 한 소절만 들어봐도 누가 쓴 곡인지 바로 감이 왔다.

창조주는 자신을 더 드러내고 싶었다. 소속 가수들의 타이틀 곡 도입부에 '제와피'라는 시그니처 사운드를 붙였다. 여태껏 한국에서 이런 과욕(?)을 부린 프로듀서는 없었다. 욕도 많이 먹었다. 그럼에도 창조주는 시대의 트렌드를 읽는 눈을 가지고 있었다. 박진영의 후예들은 그가 만든 곡들로 2000년대 대한민국 음악 차트 순위를 씹어 먹었다. 박진영은 저작권료 수입 1위 자리를 오랫동안 지켰다.

엄한 인성 선생님

요즘 박진영은 자기관리 강사의 모습이다. 방송에 나와 자신의 루틴에 대해서 열정적으로 설파한다. 건강한 식습관의 필요성에 대해 의사처럼 강의한다. 종교관, 가치관에 대해서도 부담스러울 정도로 진지하게 이야기한다. 그가 발신하는 콘텐츠 내용을 요약하면 '잘 사는 법'이다. 한때 '섹스는 게임'이라고 노래하던 그가 이렇게나 변했다. 누군가가 그랬다. 20대의 박진영과 40대의 박진영이 만나면 싸울 것 같다고. 그만큼 박진영이 달라졌다. 이유가 있다.

첫째, 박진영의 가치관이 달라졌다. 예전에 그에게 가장 중요한 우선순위는 '성공'이었다. 인기를 얻고 돈을 많이 버는 것이 목적이자 목표였다. 너무 이른 시기에 '완벽하게' 이루어버렸다. 추구해야 할 목표가 사라지니 허무함만이 남았다. 꿈이 사라졌다. 남은 생 동안 추구할 수 있는 가치를 찾고 싶었다. 새로운 지향점을 정했다. '성공한 사람'보다 '존경받는 사람'이 되자. 이 목표를 달성하려면 결과보다 과정을 중시해야 했다. 편법이나 반칙을 쓰지 않아야 했다. 인성을 훈련해야 했다. 성공이 인생의 전부이던 때와 사는 법이 달라질 수밖에 없었다.

둘째, 박진영의 역할이 변화됐다. JYP는 시가총액 1조 원 수준의 거대 기업으로 성장했다. 임직원 수만 200명이다. 이제는 박진영이 모든 소속 가수의 타이틀 곡을 만들지 않는다. 요즘 JYP엔터는 시스템

박진영은 공중파 쇼 프로그램에 나와서도 이토록 부담스러운 이야기를 한다. 출처 | SBS <힐링캠프>

으로 돌아간다. 타이틀 곡에 대한 결정도 총 15명이 참여하는 음악선정위원회에서 내린다. 박진영은 1표를 행사할 뿐이다.

박진영은 자신의 새로운 역할을 찾았다. 이 회사의 창업자로서 JYP의 철학과 룰을 정립해 JYP의 아티스트들에게 전파하는 일이다. 이들에게 어떻게 하면 연예인으로 '잘 살 수 있을지'를 가르친다. 핵심은 인성 교육이다. '진실, 성실, 겸손'이 그 구체적인 행

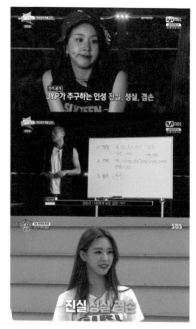

진실, 성실, 겸손은 박진영식 인성 교육의 핵심이다. JYP 아티스트들은 이 가르침을 뼛속까지 새긴다. 방송에 나와서도 이야기한다. 출처 | SBS <힐링캠프>

동지침이다. 이를 사훈으로 정하고, 문서화한다. 그뿐 아니다. JYP 소속 연예인들은 성교육도 받는다. 구성애 같은 특급 강사들이 초빙된다. JYP 전 직원은 여자가 나오는 술집에 출입하는 일이 금지된다. 이쯤 되면, 단순히 소속사 가수들이 사고 치지 않도록 조심시키는 차원이 아니다. 실제로 좋은 사람으로 성장해서 '잘 살 수 있도록' 훈련하는 것이다.

박진영은 JYP의 '인성 선생님'으로 대내외적으로 노출된다. 박진영이 소속사 가수들을 교육하는 모습이 방송을 탄다. 박진영의 가르침을 받은 JYP의 아티스트들은 TV와 SNS에 등장해서 '진실, 성실, 겸

손'을 외친다. JYP는 자연히 인성 교육의 메카로 포지셔닝된다. 업계에서 어느 기획사도 가지지 못한 최초의 포지셔닝이다.

결과는 극적이다. 인성 교육을 제대로 받은 트와이스가 떴다. 과거에 JYP와 경쟁하던 기획사들은 소속사 아티스트들의 인성 문제로 모래성처럼 무너져 내리는 중이다. 한때 JYP 소속 연예인들은 착하기만 할 뿐 끼는 부족하다는 평가를 받았다. 요즘에는 오직 JYP의 아티스트들만이 믿을 만하다는 소리가 나온다. 결국 JYP가 가장 앞서간다. 엔터사 시가총액 1위는 그 결과물이다. 인성 교육에 올인한 최초의 연예기획사 사장 박진영이 맺은 열매다.

최초가 팔린다

> "더 좋은 것보다는 맨 처음이 낫다."
>
> - 《마케팅 불변의 법칙》, 알 리스·잭 트라우트

1993년도에 출간된 《마케팅 불변의 법칙》은 시대를 넘는 스테디셀러다. 이 책이 맨 처음으로 소개하는 것이 '선도자의 법칙'이다. 최초로 등장한 브랜드가 곧 선도적 브랜드가 된다는 말이다. 미국에서 최초로 설립된 대학은 하버드다. 최초의 콜라는 코카콜라다. 앞의 두 문장에서 '최초'를 '선도적'으로 바꿔도 된다. 보통 그렇다. 질레트, 허츠 같은 브랜드가 계속해서 1등일 수 있는 비결도 마찬가지다. 소비자들에게 '최초'라고 인식됐기 때문이다.

그런데 요즘에는 이 법칙의 효용성이 위협받고 있다. 모든 업계에서 변화가 빛의 속도로 일어나고 있기 때문이다. 최초 브랜드들도 따라잡히고 밀려날 수 있다. 야후, 알타비스타, 라이코스 등 선발 검색엔진들은 후발주자였던 구글에 추월당했다. 최초의 필름회사 코닥의 결말은 더 비참했다. 산업 자체가 붕괴했다. 시대의 변화 앞에 코닥의 최초는 힘이 없었다.

그럼 이 시대 브랜드에게 '최초'는 더 이상 유효하지 않은 전략일까? 그럴 리 없다. 박진영이 잘 보여준다. 박진영은 늘 최초였다. 최초의 엄친아 댄스 가수였다. 최초의 비주얼 가수였다. 최초의 남자 섹시 가수였다. 자신이 만든 타이틀 곡에 창작자를 드러낸 최초의 프로듀서였다. 인성 교육에 사활을 건 최초의 연예기획사 대표였다.

박진영은 특정한 최초에 머무르지 않았다. 하나의 최초가 유효 기간이 다 하면 또 다른 최초를 가지고 나왔다. 결과적으로 박진영은 항상 최초였다. 한 번의 최초로 승부를 보려고 했던 수많은 경쟁자는 조용히 무대 밖으로 사라졌다. 박진영 브랜드는 데뷔한 지 26년이 지난 시점에도 명징하게 남았다.

4. 집요 Persistence

초일류 브랜드는
미친 듯한 집요함으로 만들어진다

"세상 사람들이 미쳤다고 말하더라도 신경 쓰지 말자. 멈추지 않고 계속 가는 거다. 그곳에 도달할 때까지는 멈추는 것을 생각하지도 말자. 그리고 그곳이 어디인지에 관해서도 깊이 생각하지 말자. 어떤 일이 닥치더라도 멈추지 말자."

스물넷 먹은 청년은 '미친 결심'을 했다. 1962년이었다. 그는 달리기에 미친 인간이었다. 신발에 미친 사내였다. 미친 남자는 운동화 수입 업체를 창업했다. 미친 동료들을 불러모았다. 회사를 키워보고자 이리 뛰고 저리 뛰었다. 실패와 좌절은 일상이었다. 초창기에 물건을 공급해주던 일본의 운동화 업체와는 계약이 파기됐다. 대출을 받기 위해 은행에 가서 싹싹 비는 생활을 10년 넘게 했다. 회사가 파산 직전까지 간 적도 여러 번이었다.

그 와중에도 청년은 멈추지 않았다. 미친 결심을 실천했다. 집요하게 운동화의 품질을 혁신했다. 집요하게 팔았다. 힘이 들 때면 밖으로 나가서 달렸다. 달리고 또 달리다 보니 어느덧 세계에서 제일가는 브랜드 나이키가 되어 있었다. 나이키는 신발에 미친 사내가 집요함으로 일궈낸 브랜드였다. 나이키 창업자 필 나이트는 자신의 자서전 제목도 《슈독Shoe Dog》으로 지었다. '신발에 미친 인간'이라는 뜻이다.

초일류 브랜드는 하루아침에 만들어지지 않는다. 광고 한 편으로 뚝딱 만들어지는 브랜드도 없다. 그건 가짜다. 위대한 브랜드가 되기 위해서는 나이키가 그랬던 것처럼 절대적인 시간이 필요하다. 그 기간에 창업자와 동료들은 수없이 많은 불면의 밤을 지새운다. 실패하고 일어서기를 반복한다. 마른 수건을 짜듯 제품을 개선한다. 광적인 규율을 세운다. 고집스럽고 끈기 있게 이 일을 반복한다. 서서히 브랜드다운 브랜드가 만들어진다. 결국 초일류 브랜드를 만드는 건 '집요함'이다.

프라이탁은 광적인 규율을 지키는 데 집요했다.

블루보틀은 최고의 커피 맛을 지키는 데 집요했다.

무신사는 허세가 가득한 패션 업계에서 실속을 지키는 데 집요했다.

〈월간 윤종신〉은 한 달에 하나의 신곡을 발표하는 집요한 프로젝트였다.

슈프림은 자신들이 마음대로 할 수 있는 자유를 지키는 데 집요했다.

이 브랜드들은 하나같이 미쳤다는 말을 들었다. 주변 사람들은 혀를 내둘렀다. 꼭 이렇게까지 해야 하느냐는 소리를 들었다. 그래도 묵묵히, 하던 일을 계속했다. 완벽을 향한 충동이었다. 장인의 모습이었다. 결국 초일류 브랜드가 됐다.

"스티브 잡스는 천재가 아니다. 단지 집요할 뿐이다."

TBWA KOREA 박웅현 크리에이티브 대표가 《스티브 잡스》 평전을 읽고 내놓은 평이다. 오래 기억에 남았다. 박웅현 대표의 말을 빌린다. 초일류 브랜드는 천재가 아니었다. 집요했을 뿐이다.

4 집요

프라
이탁

그렇게 프라이탁이 된다

트럭의 방수포를 가지고 가방을 만드는 프라이탁 형제. **출처 | 프라이탁 홈페**
이지

"저 가방은 뭐지?"

2010년 겨울, 스위스 로잔이었다. 오랜 벗이 호텔경영학을 공부하던 곳이었다. 희한한 가방과 마주했다. 낡고 투박했다. 컬러는 맹렬했다. 힙한 청년들이 가방을 어깨에 둘렀다. 그러고서 자전거를 탔다. 패션에 정통한 동생에게 저 생경한 가방의 정체를 물었다.

"트럭 덮개로 만든 가방이야. 프라이탁 형제의 이름을 땄어."

파슨스 디자인 스쿨을 다니던 동생은 저 가방이 뉴욕에서도 핫하다고 했다. 프라이탁이 세상에 나온 지 17년이 되던 해였다. 스위스 출신이었다.

2010년 겨울, 스위스 로잔에는 눈이 많이 내렸다. 이곳에서 프라이탁을 처음 보았다. 벗의 어깨에 걸쳐진 저 가방이 프라이탁이었다면 교과서가 젖는 일은 없었을 거다.

이상한 생각과 창의성

소설가 김영하는 창의성은 나쁜 생각, 이상한 생각에서 비롯된다고 했다. 프라이탁 형제의 생각이 꼭 그랬다. 명민한 디자이너였다. 트럭의 방수포에서 아름다움을 보았다. 어찌 보면 그냥 쓰레기였다. '저걸 가지고 가방을 만들면 멋있겠다. 튼튼하겠다. 비를 맞아도 스케치가 젖지 않겠다.' 형제는 행동이 민첩했다. 제작에 착수했다.

5년 묵은 트럭 천을 구했다. 집 안의 목욕탕에서 때를 뺐다. 고약한 냄새가 아파트를 감쌌다. 이웃들의 거센 항의는… 뭐, 어쩔 수 없었다. 어머니의 재봉틀로 박음질을 하고 나니 그럴듯한 메신저 백이 완성됐다. 방수천이 몸통, 안전벨트가 어깨끈이었다. 괴상했다. 그런데 마음을 파고드는 무언가가 있었다. 무엇보다 세상에서 단 하나뿐인 가방이었다.

지인들에게 발명품을 시연했다. 반응은 모호하지 않았다. 자신의 것도 만들어달라고 아우성이었다. 멱살을 잡을 기세였다. 그제야 사업자 등록을 했다. 가방에 형제의 이름을 새겼다.

취리히 중앙역 부근에 있는 가방 가게 딩스가 처음으로 프라이탁을 팔았다. 가게 주변의 예술학교에 다니는 학생들을 중심으로 프라이탁 가방에 대한 소문이 났다. 프라이탁이 팔려나가기 시작했다. 스위스 전역에 프라이탁 열풍이 불었다. 주로 그래픽 디자인이나 건축, 예술과 관련된 일을 하는 이들이 프라이탁과 사랑에 빠졌다.

결국 프라이탁의 인기는 스위스 국경을 넘었다. 프라이탁 형제의

위 프라이탁 형제는 디자이너였다. 트럭의 방수포에서 가능성을 보았다. 무척이나 창의적인 형제였다. **출처 | 프라이탁 홈페이지**
왼쪽 형제의 첫 번째 프라이탁. 진정한 가내 수공업이었다. 박음질에는 어머니의 재봉틀이 사용됐다. 현재 뉴욕 MoMA에 소장되어 있다. **출처 | 프라이탁 홈페이지**

창의성이 전 세계로 퍼져나갔다. 현재는 26개국 360여 개 매장에서 프라이탁 가방이 판매된다. 프라이탁은 매년 700억 원 이상의 매출을 올린다.

광적인 규율

경영학계의 스타 짐 콜린스와 모튼 한센은《위대한 기업의 선택》이라는 책에서 위대한 기업의 특징 중 하나로 '광적인 규율'을 꼽았다. 규율은 본질적으로 '일관성 있는 행동'이다. 그리고 위대한 기업은 어떤 규율을 그저 지키는 정도가 아니라 광적으로 준수한다.

프라이탁이 그랬다. 말끔한 프라이탁은 상상하기 힘들다. 신제품마저 수천 킬로미터의 도로를 누빈 흔적들로 그득하다. 남들처럼 좋은 천을 고른 후에 대량으로 생산하면 될 일이다. 원하는 디자인과 색을 구현하기에도 그편이 수월하다. 당장의 매출 그래프를 끌어 올릴 수도 있다. 그럼에도 프라이탁은 타협하지 않는다. 미련스러울 정도로 재활용을 고집한다. 가방이 품은 사연을 지킨다. 광적인 규율이다. 이런 모습에서 브랜드의 진정성이 보존된다. 공장에서 찍어낸 예쁜 명품백들은 이제 가짜처럼 보인다. 더 많은 프라이탁이 팔려나간다.

프라이탁의 광적인 규율이 주는 보상은 확실하다. 제품의 강력한 임팩트와 오리지널리티. 프라이탁은 제품이 곧 브랜딩이다. 가방 하나하나가 말을 건넨다. 온몸으로 자신의 사연을 전한다. 프라이탁의 가방을 싫어할 수도 있다. 하지만 잊을 수는 없다. 제품이 지닌 임팩트가 그만큼 강력하다. 프라이탁도 이 점을 잘 알고 있다. 브랜드 영상에는 오롯이 제품을 담는 데 집중한다. 가방 구석구석을 보여준다. 물건

지겹도록 제품만 비춘다. 그런데 흥미진진하다. 모든 가방이 온몸으로 자신의 사연을 말한다. 출처 | 유튜브 <프라이탁 채널>

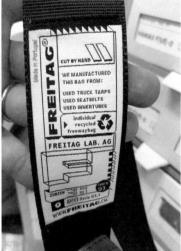

1 | 마치 중고 같은 새 제품. 수천 킬로미터를 달린 트럭의 흔적이 가방에 배어 있다. 강력한 사연이자 훈장이다.
2 | 가방의 어깨끈에 붙은 태그. 가방의 태생을 친절하게 설명해준다.
3 | 이태원 밀리미터밀리그람 매장. 국내에는 프라이탁 직영점이 없다. 밀리미터밀리그람 같은 딜러를 통해 프라이탁을 판매한다.
4 | 유튜브에서 본 바로 그 제품 영상을 매장에서도 틀어준다. "저 영상을 한참 동안 서서 보는 고객들이 많아요." 매장 직원이 귀띔해주었다.
5 | 매장 내 프라이탁의 진열장은 전 세계적으로 동일하다. 종이로 만든 'V30'이다. 가끔 이 진열장을 구매할 수 있는지 묻는 고객도 있다.

을 넣어본다. 이런 영상만 수백 편이다. 지겨울 만도 한데 의외로 흥미진진하다. 광적인 규율 덕분에 가능한 일이다.

프라이탁은 오리지널로 대접받는다. 프라이탁의 뒤를 이어 재활용을 콘셉트로 하는 수많은 브랜드가 생겨났다. 소방호스, 폐우산, 폐자동차, 심지어 우유팩까지 제품으로 만들어진다. 하지만 누구도 프라이탁만 한 지위를 갖지 못한다. '제2의 프라이탁'이라는 수식어에 갇힌다. 탐스가 나온 후에 비즈니스와 연계된 기부 아이디어는 모두 탐스의 아류라 느껴졌듯, 프라이탁 후예들의 처지도 비슷하다. 프라이탁이 광적인 규율에 집착하는 한, 앞으로도 그럴 것이다.

━ 버리고, 세우고, 지킨다

이지훈 세종대 경영학과 교수는 그의 저서 《단單》에서 지금과 같은 복잡함의 세상에서 살아남는 방법으로 '단'을 제시했다. '단'은 불필요한 것을 모조리 '버리고' 오직 핵심만 남겨놓은 상태, 더는 뺄 것이 없는 궁극의 경지다. 그 구체적인 행동지침은 '버리고, 세우고, 지키기'다. 이 교수는 이 공식을 가장 잘 지킨 모범 사례로 프라이탁을 꼽았다.

첫째, 고정관념을 버렸다.

가방은 으레 이래야 한다는 고정관념을 버렸다. 폐방수포로 가방을 만든다는 발상부터가 상식적이지 않았다. 때가 묻고 냄새가 지독

한 재료를 가져다가 명품백을 만들어냈다.

둘째, 모든 사람을 만족시키려는 욕심도 버렸다.

노트북 케이스를 만들 때는 전체 노트북 시장의 4%에 불과한 애플 유저들을 위한 케이스만 개발하는 식이었다. 그편이 프라이탁 고객과 어울린다고 생각했다. 나머지 고객은 버렸다.

셋째, 친환경 제품은 무조건 착해야 한다는 통념도 버렸다.

재활용한 '착한' 가방이지만 '착하지 않은' 가격표를 붙였다. 정교한 비즈니스 모델을 구축해서 거대한 성공을 이루어냈다.

넷째, 뚜렷한 정체성을 세웠다.

'전 세계에서 단 하나밖에 없는 재활용품 가방'이라는 뚜렷한 정체성을 세웠다. 20년이 넘는 기간에 걸쳐 총 300만 개 이상의 가방을 만들었지만 똑같은 가방은 단 하나도 없다. 공장에서 일괄적으로 찍어내는 가방이 아닌 손으로 하나하나 재단해서 만든 가방이다. 완성품을 보면 누가 어떤 모델을 재단했는지 알 수 있을 정도로 가방마다 개성이 넘쳤다. 프라이탁의 고객들은 유일무이한 제품을 소유하는 데서 자부심을 느꼈다. 대량생산이 일상화된 시대, 세상에서 하나뿐인 프라이탁만 한 명품이 없었다.

다섯째, 진정성을 지켰다.

광적인 규율에 집착했다. 재활용이라는 새로운 가치를 창출한다는 철학을 지키기 위해 비용을 감수하면서까지 폐방수포만 사용했다. '지키기 위해' 프라이탁 형제가 회사를 소유하는 가족 기업의 형태를 유지했다. 프라이탁 브랜드를 만들어나갈 때 다른 사람들한테 휘둘리지 않기 위해서였다. 그렇게 프라이탁 브랜드를 지켰다.

인간은 스토리를 좋아한다

역사학자 유발 하라리는 저서 《사피엔스》에서 인류가 수십만 명이 거주하는 도시, 수억 명을 지배하는 제국을 건설할 수 있었던 비결이 '허구의 등장'이라고 했다. 즉, '스토리' 덕분이다. 스토리 덕분에 서로 만난 일 없는 가톨릭 신자 2명이 함께 십자군 전쟁에 참여한다. 병원을 설립하기 위한 기금을 함께 모은다. 예수의 십자가 사건에 대한 스토리를 공유하기 때문이다. 오직 인간만이 가지는 능력이다.

프라이탁이 성공할 수도 있었던 것도 결국 스토리다. 프라이탁 형제가 사업을 시작한 이야기가 중심축이 된다. 매장에서 직원들은 형제의 스토리를 위인전 읽듯 고객에게 들려준다. 형제의 모습을 담은 엽서가 매장 한쪽에 놓인다. 세상에 똑같은 프라이탁 가방이 없다는 또 다른 스토리도 준비되어 있다. 이 스토리에 감화된 자들이 30~70만 원을 내고 가방을 구입한다.

같은 스토리를 품고 있는 이들의 '동질감'은 자연스럽다. 거리에서 서로를 알아본다. 뭘 좀 아는 사람인데. 의식 있는 친구인데. 프라이탁의 커뮤니티가 그토록 활발하게 운영되는 것은 우연이 아니다.

왼쪽 이태원 밀리미터밀리그람 매장에 놓여 있는 프라이탁 형제의 엽서. 프라이탁 매장을 찾는 이들은 모두 이 형제를 만난다. 형제의 창의적인 스토리가 퍼진다.
오른쪽 광고대행사 이노션에 다니는 유희정 씨는 프라이탁이 핫해도 그렇지 않아도 상관이 없다고 했다. 프라이탁의 고객 중에는 이런 사람들이 많다. 그녀는 5개의 프라이탁을 가지고 있다.

저마다 프라이탁을 어깨에 멘 모습을 촬영해서 올린다. 유대감이 굳건해진다.

　프라이탁을 쓰는 주변 사람들은 한결같이 '상관없다'고 했다. 이 브랜드가 예전보다 핫하지 않아도 상관없다. 조금 무거워도 상관없다. 쓰레기 같은 가방을 이 가격에 사 왔냐고 엄마에게 등짝 스매싱을 당해도 상관없다. 그 안에 자부심과 뿌듯함이 있었다. 프라이탁의 스토리가 담겨 있었다.

블루보틀

결국, 애티튜드

블루보틀의 저 예쁜 로고를 한동안 미국과 일본에서만 보았다. 이제는 한국에서도 만날 수 있다.

"누가 요즘 매장을 잘 보이는 데 내니? 촌스럽게."

어느 패션 잡지 편집장이 했다는 말에 무릎을 쳤다. 경험으로 아는바, 요새 진짜배기들은 모두 '숨겨져' 있다. 피렌체에서도, 뉴욕에서도, 도쿄에서도 그랬다. 번화한 상권이 아닌 구글맵을 찍고 '찾아가야' 하는 곳, 도착하면 눈 밝은 사람들이 모여 있는 곳. 모노클숍, 슈프림, 마가렛호웰, H Beauty & Youth 같은 스토어가 그 예다. 주변 일대를 힙한 무드로 두르는 매장이었다.

블루보틀 아오야마 지점도 그랬다. '촌스러운' 대로변이 아닌, 골목 안쪽의 고즈넉한 장소였다. 소박한 간판을 내걸고 조용히 손님을 맞았다. 모두가 발품을 팔아 이곳까지 찾아왔다. 줄을 섰다. 고객 중에는 유난히 한국인들이 많았다.

블루보틀 아오야마 지점. 촌스럽게 대로변에 자리 잡지 않았다. 골목 안쪽으로 찾아 들어가야 했다. 블루보틀은 보통 이런 식으로 매장을 낸다. 출처 | tripadvisor.com

커피에 미친 남자

제임스 프리먼은 한때 교향악단의 클라리넷 연주자였다. 2001년부터는 커피가 업이 됐다. 동료들은 고개를 끄덕였다. 그만큼 커피에 미친 인간이었다. 비행기 안에서도 커피를 내려 마시는 부류였다. 단원들 중 그에게서 커피 한잔 대접받지 않은 이가 없었다.

전 세계적으로 스타벅스가 퍼져나가던 시절이었다. 그의 생각에 스타벅스도 나쁘지는 않았다. 그러나 탁월함과는 거리가 있었다. '진짜' 좋은 커피는 따로 있었다. 제대로 된 커피를 보여주겠어. 열정은 커리어를 바꾸고도 남았다. 제임스 프리먼식 'Good to Great'였다.

왼쪽 창업자 제임스 프리먼은 클라리넷 연주가였다. 최고의 커피를 선보이려 업까지 바꾸었다. **출처 l flickr**
오른쪽 이제 제임스가 손수 제조한 커피를 맛볼 길은 없다. 아니, 가끔 있다. 그가 오클랜드의 시장을 찾아 실력 발휘를 할 때다. 여전히 커피 장인의 실력을 간직하고 있다. **출처 l 블루보틀 블로그**

시작은 미약했다. 퇴직금 1만 5,000달러에 신용대출을 받아 커피 사업을 시작했다. 원두를 파는 일부터 시작했다. 다짐은 굳건했다.

"고객이 가장 훌륭한 커피 맛을 즐길 수 있도록 볶은 지 48시간이 지나지 않은 원두만 판매하겠다. 가장 훌륭한 품질과 맛을 선사하는 원두, 정직하게 생산하고 수급한 원두만 사용하겠다."

집요한 남자였다. 최고의 풍미를 내는 법을 찾기 위해 하루에도 수십 번 원두를 볶아댔다. 오전에는 원두를 볶고, 오후에는 원두를 팔러 다녔다.

주말에는 손수레를 끌고 벼룩시장에 나갔다. 무기를 꺼내 들었다. 로스팅한 지 48시간이 지나지 않은 원두였다. 60그램의 커피를 저울에 달아 94℃의 온도로 핸드드립 커피를 내렸다.

'느린' 커피였다. 한 잔이 나오기까지 5분도 더 걸렸다. 보상은 확실했다. 진짜 커피였다. 신세계였다. 입소문이 나는 건 순식간이었다. 시장에는 늘 긴 줄이 들어섰다.

이후 샌프란시스코 헤이즈밸리 지역에 정식 매장을 오픈했다. 주문을 받고 나서 커피를 만들기 시작하는 희한한 매장이었다. 그때까지 이런 식으로 커피를 만드는 곳은 없었다.

프리먼은 큰 성공을 기대하지 않았다. 커피를 팔아서 먹고살 수만 있으면 좋겠다고 생각했다. 과한 겸손이었다. 블루보틀 매장은 고객들로 언제나 초만원이었다. 블루보틀이 제공하는 '느린 커피'를 맛보려는 사람들은 기다림의 시간을 기꺼이 감당했다.

그렇게 제임스 프리먼의 커피가 팔리기 시작했다. 이후 제임스에게는 훈장 같은 별명이 붙었다. '광적인 완벽주의자Control Freak.' 훗날 이

김태리는 고향 친구들에게 하소연했다. "서울에서는 바빠서 드립 커피 한 잔을 제대로 못 마셔." 블루보틀의 드립 커피도
느린 커피다. 출처 | <리틀 포레스트>

완벽주의자는 한 인터뷰에서 자신의 성공 비결을 담담히 밝혔다.

"너무 단순한 대답이겠지만, 누구나 맛있는 커피를 좋아한다."

전업은 멋지게 성공했다.

타협하지 않는다

한국에 '커피왕'이라 불리던 사내가 있었다. 그는 커피 사업을 하는 데
커피 맛은 70점이면 충분하다고 말했다. 나머지 30점을 그 나름의 트
렌디한 인테리어와 '모델빨'로 채우려 했다. 매장이 전국 각지에 바퀴
벌레처럼 퍼져나갔다. 마케팅으로 승승장구하던 브랜드가 몰락하는
데는 채 몇 년이 걸리지 않았다. 커피왕의 말년은 비참했다.

블루보틀은 정반대다. 커피는 일종의 신앙이다. 알파요 오메가다.
모든 의사결정의 기준이다. 커피에 관한 한 타협은 없다.

2017년 원두 도매 사업을 접었다. 블루보틀의 원두를 다른 커피숍에 공급하는 비즈니스였는데, 최종 결과물을 담보할 수 없었기 때문이다. 허접한 커피를 내놓으면서 "블루보틀에서 만든 원두를 사용했습니다"라고 하는 일을 용납할 수 없었다. 중요한 수익원을 내려놓았다.

성장의 속도를 조절했다. 매장을 수백 개쯤 내는 건 일도 아닌 브랜드이지만, 최상의 커피를 만들 수 있고 이를 알아볼 고객이 있는 곳에만 블루보틀의 명패를 내걸었다. 얼마 전까지 미국과 일본에서만 블루보틀을 만날 수 있었다. 블루보틀이 첫 번째 해외 진출 국가로 일본을 택한 이유는 명료했다. 무얼 하더라도 끝을 보는 일본인들의 장인정신이 블루보틀의 그것과 맞았다. 제임스 프리먼부터가 일본의 스페셜티 커피 문화에서 깊은 영감을 받은 사람이었다. 블루보틀은 일본 내 커피 애호가 사이에서만 향유되던 고급 커피 문화를 대중에게 전파하는 데 기여했다. 청출어람이라는 말이 나왔다.

2019년 5월 한국에도 첫 번째 매장을 냈다. 예순아홉 번째 직영 매장이었다. 첫날부터 인파가 몰렸다. 각 방송사에서 취재를 나올 정도의 초특급 신드롬을 일으켰다.

디자인은 메시지이자 제안이다

"예뻐야 해. 뭐든지 예쁜 게 좋아."

블루보틀을 보면 〈친절한 금자씨〉의 대사가 떠오른다. 좋은 커피도 예뻐야 좋아 보인다. 예뻐야 팔린다. 블루보틀의 디자인도 일단 예쁘다. 튀르쿠아즈^{turquoise} 컬러의 병 로고가 '열 일'을 한다. 블루보틀이 출시하는 커피 원두, 머그잔, 핸드드립 기구, 에코백에까지 예쁨이 박힌다. JP모건의 카미요 그레코 대표는 "블루보틀에 가는 건 단순히 카페에 가는 게 아니라 예술가의 스튜디오에 가는 것과 같다"고 했다. 오늘도 이곳 스튜디오에서는 쉴 새 없이 카메라 셔터가 터진다. 예쁨이 담긴다. 고급스러운 '취향'이 되어 인스타그램에 올라간다.

블루보틀에게 '디자인'의 의미는 광의적이다. 예뻐야 하는 건 기본이다. 디자인은 메시지다. 제안이다. 블루보틀 매장에 가보면 쉽게 알 수 있다.

매장은 '커피를 즐기는 장소'로 디자인된다. 의자와 테이블은 휑하다고 느껴질 정도로 여유롭게 배치된다. 인구밀도가 높은 서울, 도쿄 같은 도시에서는 매우 드문 공간이다. 커피를 마시며 대화를 나누기에 더할 나위 없다. 대신, 이곳에 충전용 콘센트는 없다. 와이파이도 터지지 않는다. 노트북을 켜놓고 내일 있을 중간고사를 준비하기는 어렵다는 말이다.

'블루보틀에서는 커피에만 집중하셨으면 합니다.'

블루보틀스러운 세련된 화법이다. 무언의 메시지다. 디자인이다.

'제안'도 디자인한다. 블루보틀의 메뉴는 단출하다. 커피의 사이즈는 하나뿐이다. 라테와 모카는 12온스 컵, 카푸치노는 8온스 컵. 전하려는 말은 분명하다.

'우리가 잘하는 것만 제대로 만들어서 드릴게요. 최상의 맛을 낼 수 있는 사이즈는 이거 하나예요.'

왼쪽 블루보틀의 로고가 새겨진 예쁜 굿즈들.
오른쪽 블루보틀이 매장을 디자인하는 법. 테이블 사이가 널찍
하다. 도쿄에서는 보기 드문 공간 활용이다. 매장 내에 충전용
콘센트는 없다. 커피에 집중해달라는 메시지다.

확신이 그득한 제안이다. 전문가의 자신감이다. 자연스레 신뢰가
쌓인다. 블루보틀은 인생커피가 된다. 디자인의 힘이다.

스타벅스의 경쟁 상대

2017년 9월은 블루보틀 역사의 전환점이었다. 다국적 식품 기업 네슬
레가 블루보틀의 지분 68%를 4억 2,500만 달러(약 4,800억 원)에 인수
했다. 파격적인 대우였다. 그마저도 네슬레가 적극적으로 매달려 얻어
낸 결과였다. 그만큼 네슬레 쪽이 절박했다. 매년 급격히 성장 중인 스
페셜티 커피 시장에 네슬레의 자리는 없었다. 네슬레의 네스프레소,
네스카페 모두 인스턴트 커피 시장의 플레이어였다. 비빌 언덕이 필
요했다. 블루보틀과 함께면 뭐든 해볼 수 있겠다고 판단했다. 그리고

마침내 천군만마를 얻었다.

　그 일로 가장 긴장하는 건 스타벅스다. 지난 20년간 전 세계 커피 시장을 독점해온 챔피언이다. 이렇다 할 적수가 없던 판에 네슬레를 등에 업은 신성이 출현했다. 프리미엄 시장을 잡는 쪽이 다음 시대의 챔피언이 된다. 창업자 하워드 슐츠가 나섰다. 고급 커피 바 형태의 리저브 바 사업에 힘을 쏟는다. 앞으로 수백 개의 리저브 매장을 내고, 미국과 중국 등에 플래그십 로스터리 매장을 낸다는 계획이다. 전쟁의 서막이다.

　언론이 이런 먹잇감을 놓칠 리 없다. 〈뉴욕타임스〉는 "스타벅스가 마이크로소프트라면 블루보틀은 커피 업계의 애플"이라고 했다. 자극적이다. 싸움을 붙이려 안달이다. 그러나 두 브랜드 간의 승부는 승자와 패자가 나뉘는 게임이 아닐 것이다. 양쪽 모두에게 도움이 될 공산이 크다. 경영학자 톰 피터스의 말마따나 훌륭한 경쟁자보다 더 큰 축복은 없으니까. 업계의 두 고수는 서로를 의식하며 보고 배울 것이다. 업계에 활기가 돌고, 시장은 커질 것이다. 다른 브랜드가 아닌 스타벅스와 블루보틀 간의 경쟁이어서 그렇다.

애티튜드에 대한 광적인 집착

블루보틀을 향한 합당한 의심도 존재한다. 전 세계로 확장하면서도 커피의 퀄리티를 지킬 수 있을까. 제임스 프리먼의 뜨거움이 신참 바리스타에까지 미칠 수 있을까. 블루보틀은 계속 '러브마크 브랜드'로 남을 수 있을까(네슬레의 인수 소식이 전해진 후 브랜드의 '영혼'을 팔았다는 비판이 쏟아졌다). 그럼에도 블루보틀의 미래를 낙관하는 건 지금까지 이 브랜드가 보여준 애티튜드 때문이다. 커피에 관해서라면 지금껏 타협을 몰랐으니까. 집착에 가까운 애티튜드가 지금의 블루보틀을 만들었으니까. 브랜드의 정체성이 됐으니까.

실제로 블루보틀은 애티튜드를 지켜나가는 일에 여전히 광적인 집착을 보인다. 미리 분쇄한 원두는 절대로 쓰지 않는다. 커피 한 잔을 만드는 데 필요한 매뉴얼을 정해놓고 한 치의 오차도 없이 지키려고 노력한다. 굴절계coffee refractometer(커피 성분을 체크하는 장치)로 커피의 강도를 체크하고 각종 측량 기기로 커피와 물의 양을 정확하게 측정한다.

커피 맛을 개선하려는 노력도 변함이 없다. MIT 출신의 엔지니어와 물리학자로 구성된 연구팀이 1년 6개월 동안 매달려 드리퍼를 개발했다. 제임스 프리먼도 변하지 않는다. 여전히 전 세계 매장을 돌아다니며 커핑 과정에 참여한다. 화요일 오전 11시면 어김없이 미국 내 웹스터 스트리트점 커핑룸에 들르는 루틴으로도 유명하다. 여전히 커피에 열정을 쏟는 것 외에 다른 것에는 신경을 쓰려고 하지 않는다.

사람도 브랜드도 애티튜드가 전부인 건 매한가지다. 이 부분이 굳건하다면 나머지는 시간이 해결해줄 것이다. 블루보틀을 향한 고객의 인정도 마찬가지다. 블루보틀이 지금까지 해온 것처럼 애티튜드를 지켜나가기만 한다면, 고객은 이 브랜드를 계속 지지할 준비가 되어 있다. 결국 애티튜드다.

4 집요

무신사

실속이 답이야

다 여기서 사

2018년 무신사가 제작한 첫 번째 TV 광고 캠페인. 무신사에 입점한 엄청난 양의 브랜드를 '다 여기서 사, 무신사'로 표현했다. 브랜드보이가 광고 제작에 참여했다. **출처 | 무신사 TV 광고**

"전통 태극권은 사기다."

격투기 강사 쉬샤오둥의 언어는 맹렬했다. 그가 웨이보에서 날린 트윗이었다. 공격을 받은 태극권 측도 가만히 있지 않았다. 존경받는 무술인에서 사기꾼으로 전락할 판이었다. 태극권 고수 웨이레이가 나섰다.

"쉬샤오둥의 주장은 궤변입니다."

뜨거운 설전으로 이어졌다. 네티즌은 신이 났다. 두 분이 실제로 한번 붙어보심이 어떨까요. 대결은 성사됐다.

격투기와 태극권의 자존심이 걸린 승부였다. 모두가 숨을 죽였다. 소문난 잔치에 진미는 없었다. 태극권 고수가 박살이 났다. 도망가기에 바빴다. 경기는 불과 20초 만에 끝났다. 태극권 고수는 자신이 태극권을 대표하지 않는다며 꼬리를 내렸다. 태극권의 몰락이었다. 2017

격투기와 태극권이 충돌했다. 소문난 잔치에 먹을 것은 없었다. 태극권 고수는 줄곧 도망치고 얻어터졌다. 실전에서 태극권은 아무 소용이 없었다. 태극권이 몰락하는 순간이었다. **출처 | 개인 유튜버가 올린 동영상**

년 4월이었다.

승자가 된 쉬샤오둥의 목소리는 더욱 커졌다.

"중국 무술은 체조에 불과하다. 실용성이 없다."

이스라엘 백성들을 희롱하는 골리앗의 목소리였다. 목동 다윗이 등장해야 할 시점이었다.

2018년 3월에는 영춘권 고수가 격투기 강호에 출사표를 던졌다. 영춘권은 브루스 리의 무술로 이름난 권법이었다. '혹시나' 하는 기대는 '역시나'로 마무리됐다. 그 또한 쉬샤오둥에게 줄곧 얻어터졌다. 중국 무술계에 다윗은 없었다.

실속이 없어서

태극권과 영춘권은 겉만 번지르르했다. 오랜 전통을 자랑해온 중국 무술이 실전에서는 전혀 통하지 않았다. 한마디로, 실속이 없었다. 태극권과 영춘권을 닮은 자들은 대한민국 연예계에서도 쉽게 찾아볼 수 있다. 대부분 연예인이 사업에 실패하는 원인도 하나로 모인다. '실속이 없어서.'

이들은 대개 준비 없이 사업에 뛰어든다. 유명인으로서 체면이 있으니 뭘 하나 하더라도 '삐까번쩍'하게 한다. 최고급 인테리어로 가게, 사무실을 두른다. 초기에는 지인들과 팬들로 문전성시를 이룬다. 돈이 벌린다. '사업 별거 아닌데?'라는 생각이 든다.

문제는 그 달콤한 시간이 길지 않다는 데 있다. '연예인빨'은 서서히 사라진다. 진짜 실력으로 승부해야 하는 시간이 찾아온다. 내공이 드러난다. 맛, 서비스 어느 것 하나 준비된 것이 없으니 손님이 빛의 속도로 끊긴다. 가게 운영을 위해 대출을 받는다. 은행 가기가 부끄러워 사채를 쓰기도 한다. 빚이 불어난다. 빈털터리가 되고 나서야 깨닫는다. 내가 인기에 취해 있었구나. 실속이 없었구나.

"고급 대리석이나 화려한 조명요? 다 소용없습니다. 가장 좋은 인테리어는 '손님'입니다. 가게 인테리어를 할 때 돈을 많이 들여 꾸미고 싶어 하지만 그런 게 중요한 건 아닙니다. 가게 밖에 줄 서서 기다리고 있는 손님들이야말로 최고 인테리어입니다."

중국 음식점으로 성공한 개그맨 김학래의 말에는 울림이 있다. 그는 사업 실패로 한때 100억 원의 빚을 진 적이 있다.

실속 없는 기업도 부지기수다. 거액의 적자를 내는 기업이 천문학적인 금액의 가치로 평가받는다. '계획된 적자'라는 미명하에 손실을 당연시한다. 거액을 투자받는다. 이런 방식으로 우버와 리프트는 상장에 성공했다. 국내에서는 쿠팡, 마켓컬리 같은 기업들이 몸집을 키웠

개그맨 김학래는 한때 100억 원의 빚을 졌다. 여러 개의 사업이 실패한 후였다. 중국 음식점으로 재기에 성공한 지금은 사업의 내실을 강조한다. 출처ㅣ MBC <사람이 좋다>

다. 이 기업들이 앞으로 어떤 성과를 거두게 될지는 알 수 없다. 다만, 이들이 미래의 수익을 담보로 '찬란한 꿈'을 세일즈하고 있다는 점은 부인하기 어렵다. 실속은 찾아보기 힘들다.

"이익이 남아야 비즈니스를 하고, 통장에 찍혀야 그게 비로소 돈이죠."

무신사 조만호 대표의 말처럼 온라인 패션 셀렉트숍 무신사가 돋보이는 건 '실속' 때문이다. 무신사는 허울 가득한 패션계에서 집요하리만큼 실속을 추구했다. 설립 이후 한 해도 빠짐없이 이익을 냈다. 2018년 무신사의 매출액과 영업이익은 각각 1,081억 원, 269억 원으로 전년 동기 대비 60%, 15% 신장했다. 동종 업계 내 압도적인 1등이다. 국내에서 매출 1,000억 원 이상 규모의 전자상거래 기업 중 흑자를 내는 곳은 무신사와 이베이코리아 정도밖에 없다. 무신사는 이제 '패션계의 아마존'이라 불린다. 실속의 힘이다.

무지하게 신발 사진이 많은 곳

장난 같은 시작이었다. 신발을 '무지하게' 좋아하는 고등학생이었다. 인터넷 사이트 프리챌에 커뮤니티를 개설했다. '무지하게 신발 사진이 많은 곳' 무신사의 탄생이다. 이곳에서는 신발 좋아하면 다 친구였다. 함께 모여 스타크래프트를 하고, 풀스방에서 위닝을 했다. 신발 좋아하는 사람들의 성지였다. 놀이터였다.

아는 사람만 아는 사이트였다. 소수의 무리가 열광하는 사이트였다. 다수의 모호한 호감보다 나았다. 저 위대한 슈프림, 블루보틀, 에어비앤비도 처음에는 그랬으니까. 대중이 아닌 몇몇 사람에게서 절대적인 지지를 받았으니까. '열광적인 소수'를 우습게 볼 것이 아니었다. 만인에게서 사랑받는 브랜드가 되기 위한 첫 번째 단계였다. 무신사는 테스트를 통과했다.

이때까지 무신사는 동호회 같은 모습이었다. 이 상태로 머무를 생각은 없었다. 수익을 내고 싶었다. 기업의 형태여야 했다. 천천히, 그러나 분명하게 변화를 시도했다.

2006년, 커뮤니티는 온라인 잡지 웹진이 됐다. 커뮤니티의 업그레이드 버전이었다. 패션 정보를 수집하여 보여주는 건 지금껏 해오던 일이었다. 편집이 더해졌다. '데님 팬츠 잘 입는 일곱 가지 방법', '요즘 잘나가는 스트리트 브랜드' 같이 트렌드를 한눈에 파악할 수 있는 주제를 달았다. 패션 매거진처럼 읽기 좋게 가공해서 내놓았다. 국내외 패션 브랜드들에 관한 정보를 풍성하게 소개했다. 무신사의 팬들이 늘어갔다.

2009년의 변화는 더욱 극적이었다. 브랜드를 입점시켰다. 이제부터는 무신사에서 제품도 구입하실 수 있습니다. 웹진과 커머스의 결합이었다. 그때까지 아무도 시도하지 않았던 서비스였다. 단순히 브랜드 옷을 판매하는 온라인몰과는 달랐다. 읽을 거리, 볼거리가 넘쳐나는 쇼핑몰이었다. 경쟁 사이트 대비 '체류 시간'이 배 이상 높았다. 웹진과 동영상을 보기 위해 방문한 고객은 기사에서 본 제품을 바로 구매했다. 수익이 나기 시작했다.

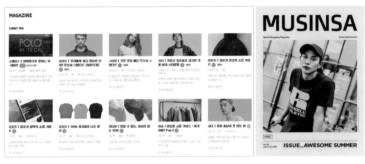

인터넷 커뮤니티는 웹진으로, 쇼핑몰로 변신을 거듭했다. 여전히 무신사의 경쟁력은 자체적으로 생산하는 콘텐츠에서 나온다. 고객들은 매거진을 읽다가 기사에서 본 제품을 구입한다. 출처 | 무신사

실속의 열매

한때는 '분더숍'을 꿈꿨다. 전 세계를 뒤져서 한정판 제품들을 들여왔다. 5개만 생산되는 인케이스의 리미티드 에디션 가방을 팔고서 뿌듯해했다. 멋있고 폼 나는 일이었다. 무신사의 팬들도 좋아했다. 2~3년이 지나서야 깨달았다. 이걸로 돈을 벌 수는 없겠구나. '실속'을 갖춰야 '사업'이구나.

허세를 내려놓았다. 브랜드의 허들을 낮췄다. 신생 브랜드들을 대거 입점시켰다. 디스이즈네버댓, 커버낫, 앤더슨벨 같은 브랜드들이 이때 들어왔다. 가격도 낮춰 잡았다. 박리다매였다. 무신사식 실속이었다. 그때부터 무신사의 제품들이 팔리기 시작했다. 실속을 연료 삼아 무신사는 로켓처럼 솟아올랐다.

실속은 고객들이 무신사를 찾는 이유가 되어주었다. 무신사에서

는 제법 괜찮은 옷도 저렴하게 살 수 있었다. 밋밋한 유니클로를 살 돈이면 무신사에서 '쌔끈한' 스트리트 브랜드 티셔츠를 살 수 있었다. 용돈이 궁한 10대들이 특히 열광했다. 알아서 입소문을 내주었다. 고객이 기하급수적으로 늘었다. 2019년 5월, 무신사의 회원 수는 470만 명을 돌파했다.

실속은 수많은 브랜드를 끌어당겼다. 무신사에 입점하면 돈을 벌수 있다는 소문이 퍼졌다. 무신사 덕분에 사업을 시작할 수 있었다는 이도 상당수였다. 자체 매장이나 사이트 없이도 옷을 팔 기회가 마련되어서였다.

무신사의 영향력은 메이저 브랜드에까지 미쳤다. 휠라, 반스, 나이키 같은 업계의 거물들이 무신사에 입성했다. 이제는 무신사에서

휠라, 나이키, 뉴발란스 같은 메이저 브랜드들도 무신사에 대거 입점했다. 무신사는 대한민국에서 가장 강력한 판매 채널이다. 이 브랜드들은 무신사에서만 판매하는 한정판 제품을 발매한다. **출처 | 무신사**

'무지하게' 많은 매출을 올린다(무신사에서 가장 높은 단일 브랜드 매출은 100억 원 수준이며, 20위권 브랜드 모두 30억 원에 가까운 연간 거래액을 보인다). 무신사에 입점한 브랜드 수가 3,500개를 넘겼다(2018년 기준).

실속을 추구한 덕분에 무신사는 무섭게 성장했다. 2013년 100억 원이었던 거래액은 2015년 1,000억, 2016년 2,300억, 2017년 3,000억을 찍었다. 2018년에는 4,500억을 돌파했다. 현재 무신사 사이트의 일평균 방문자 수는 100만 명에 이른다. 실속의 열매는 달았다.

예쁘지 않아도 돼

무신사 사이트를 경험한 한 지인은 "개미지옥 같아"라는 평을 내놨다. UX$^{User Experience}$(사용자 경험)가 이보다 복잡할 수 없다. 미적인 요소보다

누군가는 무신사를 두고 '개미지옥' 같다고 했다. 사이트 입구에서부터 복잡하다. 다 이유가 있다. 판매를 위한 디자인이다. '예쁨'보다 '판매'가 우선이다. 출처 | 무신사

판매하는 물건을 하나라도 더 보여주는 데 방점이 찍혀 있다. 그 모습이 흡사 상품을 마구잡이로 진열해놓은 일본의 유명 잡화점 돈키호테 같다.

무신사는 할 말이 있다. 그렇게 만든 이유가 다 있거든요. 아마존의 UX가 예뻐서 사람들이 아마존에서 물건을 사는 게 아니거든요.

29CM, W컨셉 같은 경쟁 브랜드들의 사이트는 일단 예쁘다. 큐레이션이 중심이다. '우리가 괜찮은 취향을 가지고 있으니 당신들에게도 제안해볼게' 하는 식이다.

무신사는 아니다. 무신사가 고객들에게 보여주고 싶은 건 '양'이다. 입점한 브랜드의 양, 패션 정보의 양. 2018년 무신사에서 제작한 첫 번째 TV 광고 슬로건이 이를 잘 설명해준다. '다 여기서 사, 무신사.' 엄청난 양을 보여주기 위해 개미지옥처럼 복잡한 UX도 감수한다.

무신사 사이트 내의 엄청난 양을 보여준 다음에는 판매를 할 차례

무신사의 경쟁 브랜드 29cm의 시작 페이지. 깔끔하고 예쁘다. 큐레이션이 그 중심에 있다. 고급스러운 취향을 제안한다. 매출은 무신사의 절반에도 미치지 못한다. **출처 | 29cm**

무신사 랭킹은 판매를 높이기 위한 무신사의 '장치'다. 사이트 내 가장 잘 보이는 곳에서 실시간으로 업데이트된다. 랭킹에 오른 제품은 판매량이 급상승한다. 출처 | 무신사

다. '무신사 랭킹'이 앞장선다. 지금 제일 잘 팔리는 베스트셀러 상품이 실시간으로 노출된다. 무신사 랭킹이 발신하는 메시지는 분명하다.

'사람들이 많이 사는 거니까 당신도 좋아할 거예요.'

순위권에 오른 제품은 검증된 트렌드 상품으로 인식된다. 판매에 가속도가 붙는다. 무신사 외부의 각종 패션 커뮤니티들 또한 무신사 랭킹을 분석한 콘텐츠를 만들어 배포한다. 판매곡선이 또 한 번 상승한다. 무신사에 입점한 브랜드들이 무신사 랭킹에 목을 맬 수밖에 없는 구조다. 랭킹에 들기 위해서 각 브랜드는 오직 무신사만을 위해 단독 상품과 프로모션을 기획한다. 인기 상품의 재고를 무신사에 집중한다. 자연히 무신사에서만 구매할 수 있는 제품이 점점 늘어난다. 고객들이 무신사를 찾아야 하는 이유도 그만큼 늘어난다. 완벽한 선순

환이다.

무신사가 제작하는 콘텐츠들도 판매를 촉진하기 위함이다. 웹진, 스탭 스냅, 프레젠테이션 등에서 모델이 입은 상품 옆에는 전부 판매 링크가 걸려 있다. 무신사 사이트에서 옷 잘 입는 사람들을 둘러보다가 어떤 스타일에 '꽂히면' 바로 구매로 연결되는 구조다.

조만호 대표는 경쟁사가 남자 화장실을 '중절모 그림'으로 알린다면, '남.자.화.장.실' 이렇게 크게 적어놓는 것이 무신사의 방식이라고 했다. 돌려서 예쁘게 말하지 않는다. 노골적이고 직접적이다. 지금 무신사는 중절모 그림을 그려 넣는 쇼핑몰보다 몇 배의 매출을 낸다. 그렇게 무신사는 실속을 챙긴다.

거리 패션을 찍어서 올리는 스냅은 단순히 멋진 스타일링을 보여주려는 용도가 아니다. 옷에 대한 정보를 알려주고 바로 구입을 유도한다. 이것이 무신사식 실속이다.
출처 | 무신사

점이 연결되다

스티브 잡스는 스탠퍼드 졸업식 축사에서 '점'에 대해 이야기했다.

> "인생의 점은 연결된다. 다만, 미래를 내다보며 점을 이을 수는 없
> 다. 점이 이어진 모습은 과거를 되돌아볼 때에야 볼 수 있다."

무신사 커뮤니티에 신발 사진을 올리던 그 고등학생은 지금의 무
신사를 상상이나 했을까. 프리챌의 작은 커뮤니티가 웹진이 되고, 매
년 수천억 원의 매출을 내는 패션 커머스가 됐다. 뒤돌아보니 점이 이
어져 있었다. 돌이켜보면 무엇 하나 버릴 것이 없는 경험이었다.

이제 무신사에는 웹진을 만드는 에디터 수만 10명이 넘는다. 하
루에도 어마어마한 양의 패션 뉴스가 업데이트된다. 500만 명에 가까
운 회원들이 무신사에서 읽고, 보고, 결국에는 산다. 프리챌 커뮤니티
에서 여기까지 왔다. 무신사의 점이 연결됐다. 무신사의 실속이 그 점
을 이어주었다.

월간
윤종신

아니면 말고

<월간 윤종신>은 '아니면 말고' 프로젝트였다. 윤종신식 집요함을 보여주었
다. 출처 | <월간 윤종신> 사이트

2017년 12월, 대한민국에 첫 번째 애플스토어가 들어섰다. '드디어'였다. 2001년 미국 버지니아의 한 쇼핑몰에서 신사동 가로수길로 오기까지 너무나 오랜 세월이 걸렸다. 애플 팬들의 억눌린 한은 영하 15℃의 강추위를 뚫었다. 새벽부터 300여 명이 줄을 섰다. 개장 이튿날까지 2만여 명이 서울에 세워진 성지에 발을 내디뎠다. 잡스가 떠난 이후로 애플의 위상이 예전 같지 않다는 말이 나오고 있었지만, 애플은 여전히 애플이었다.

데이비드 색스의 명저 《아날로그의 반격》에는 애플스토어 탄생에 관한 일화가 나온다. 1997년 스티브 잡스가 애플에 돌아왔다. 애플에서 쫓겨난 지 13년 만이었다. 왕의 귀환이었다. 왕은 제품이 판매되

애플스토어가 대한민국에 상륙했다. 스티브 잡스는 외부의 레이어 없이 고객들과 직접 만나기 위해 애플스토어를 기획했다. <월간 윤종신>은 윤종신식 애플스토어다. **출처 l 애플 홈페이지**

는 현장을 둘러보았다. 한숨이 나왔다. 애플 컴퓨터가 베스트바이, 서킷시티 같은 허접한 매장에서 팔리고 있었다. 델, 컴팩 같은 '못생긴 애들' 사이에서 풀이 죽은 채 전시되어 있었다. 왕의 고민이 깊어졌다. 세상에서 가장 아름다운 제품은 담는 그릇도 달라야 하지 않을까. 왕은 팔을 걷어붙였다. 애플 제품을 고객들에게 직접 선보이는 오프라인 매장을 구상했다. 고객 경험의 끝을 보여주겠다고 다짐했다. 직원들을 리츠칼튼, 포시즌스 호텔에 보내 서비스 교육을 받게 했다.

잡스를 향한 언론의 조롱이 이어졌다. 몇 개 되지도 않는 제품으로 저 큰 매장을 채우겠다네. 컴퓨터 제조 업체의 오지랖이네. 잡스가 실적이 급한가 보네…. IT 업계를 분석하는 한 애널리스트는 잡스가 구상하는 매장이 2년 안에 철수한다는 전망을 '자신 있게' 내놓았다. 얼마 후 애플스토어가 세상에 모습을 드러냈다. 그때부터 조롱하던 자들은 자취를 감췄다. 애플을 향한 찬가만이 울려 퍼졌다.

윤종신의 고객 접점

〈월간 윤종신〉은 윤종신식 애플스토어다. 가수 윤종신이 자신의 '고객들'과 직접 만나는 지점이다. 〈월간 윤종신〉 앱을 다운받는 순간, 윤종신과 청취자들 사이에 막힌 담이 허물어진다. 웰컴 투 윤종신 월드.

매달 하나의 신곡이 발표된다. 곡의 영감이 되어준 그림과 사연, 뮤직비디오가 곁들여진다. 곡을 중심으로 한 입체적인 경험이 완성된다. 오롯이 윤종신의, 윤종신에 의한 취향 플랫폼이다. 윤종신의 취향

매월 발표하는 신곡에는 뮤직비디오, 글, 아트 작품이 곁들여진다. 윤종신은 편집장 및 발행인의 역할을 맡는다. 사진은 <월간 윤종신> 커버에 실린 마크 로스코. 출처 | <월간 윤종신> 사이트

과 맞는 사람은 남고, 그 반대면 앱을 지운다. 결속력 높은 취향 공동체가 결성된다.

음악을 오래오래 하고 싶어서

막다른 골목에서 시작된 프로젝트였다. 2년 동안 공을 들인 11집 앨범이 망했다. 예능인 윤종신은 주가가 높았지만 가수 윤종신은 상장폐지 직전이었다. 실패의 원인은 분명했다. 시대가 변했다. 음원 차트에서는 '앨범'이 아니라 '곡'이 각개전투하고 있었다. 신곡의 유통기한이 짧아졌다. 하루에도 몇 번씩 순위가 바뀌었다. 오전에 발표한 곡을 두고 그날 저녁에 떴네, 망했네 하는 소리가 나왔다. 가요 시장의 참을 수 없는 가벼움이었다.

데뷔 20년 차 중견 가수 윤종신은 이런 상황에 적응이 되지 않았

다. 대단히 후진적인 시스템이라고 생각했다. 그렇다고 불평만 하고 앉아 있을 수는 없었다. 앞으로도 자신이 좋아하는 음악을 오래오래 하고 싶었다. 난관을 타개할 방법을 모색했다.

윤종신은 어깨에 들어간 힘을 뺐다. 자신에게 다짐했다. 하고 싶은 음악을 만들어 꾸준하게 발표해보자. 호흡을 길게 가져가자. 성공과 실패에 연연하지 말자. 커다란 한 방에 대한 욕심을 내려놓자.

모두가 정규냐 싱글이냐를 고민할 때 '싱글'을 '정기적'으로 내기 시작했다. 〈월간 윤종신〉이라는, 잡지 같은 타이틀을 붙였다. 세계적으로 유례가 없는 '실험'이었다. 2010년 3월이었다.

드디어 팔리기 시작했다

세계 최초의 시도였다. 그러나 세상에는 사람들이 주목하지 않는 세

가수 윤종신의 마지막 승부수였다. 잡지처럼 한 달에 한 번씩 곡을 만들어 발표하기로 했다. 아무나 할 수 있는 일은 아니었다. 창의력과 성실성을 겸비한 자만이 할 수 있는 일이었다. 출처 | 〈월간 윤종신〉 사이트

계 최초도 많았다. 〈월간 윤종신〉이 그랬다. 한 달에 한 곡씩 꾸준히 발표했지만 별다른 반응이 없었다. 당연히 적자였다. 예능인 윤종신이 돈을 벌면 가수 윤종신이 쓰는 구조였다. SM엔터테인먼트의 이수만 회장은 히트하지 못해도 매달 곡을 발표하는 후배를 두고 '이상한 놈'이라고 했다(마냥 부정적인 뜻은 아니었다. 2018년 SM엔터테인먼트는 윤종신이 이끄는 미스틱의 최대 주주가 됐다). 꾸준히 가보자는 생각만 했다. 〈월간 윤종신〉의 아카이브가 쌓여갔다.

그해 10월, 가능성을 보았다. 인기 오디션 프로그램 〈슈퍼스타K〉의 참가자였던 강승윤이 〈월간 윤종신〉에 수록된 곡 '본능적으로'를 불렀다. 5월에 발표한 곡이 5개월이 지난 시점에 떴다. 그것도 자신이 아닌 후배 가수를 통해서. 아카이브에 꾸준히 곡을 쟁여두면, 언젠가 빛을 '발할 수도' 있을 거라는 생각이 들었다. 전혀 예상하지 못한 시점에, 예상하지 못한 방식으로.

〈월간 윤종신〉은 서서히 탄력을 받았다. '오르막길', '지친 하루' 같은 노래들이 인기를 얻었다. '본능적으로'가 그랬듯 발표하자마자 차트로 직행한 곡들은 아니었다. 한동안 반응이 없다가 잊을 만할 때쯤 차트 상위권으로 치고 올라왔다.

2017년 6월에 발표한 '좋니'도 마찬가지였다. 처음에는 음원 순위 100위권에 머물렀다. KBS 〈유희열의 스케치북〉에서 윤종신이 이 곡을 부른 뒤부터 반응이 올라왔다. 그날 방송을 본 사람들은 이렇게 생각했다.

'윤종신이 이렇게 노래를 잘하는 가수였어?'

라이브 영상 클립이 온라인에서 퍼져나갔다. 그때부터 차트 역주

행이 시작됐다. 결국 음악 차트 1위, 음악방송 1위에까지 올랐다. 데뷔 27년 차에 처음으로 경험한 1등이었다. 이후 '좋니'에 대한 답가 형식의 곡 '좋아'까지 히트했다. 윤종신 태풍은 2배로 커졌다. 〈월간 윤종신〉이 드디어 팔리기 시작했다. 1990년대 감성이 물씬 담긴 곡을 10대와 20대까지 흥얼거렸다. 어린 친구들은 〈라디오스타〉에 나와 깐죽거리는 '개그맨' 아저씨가 노래 잘하는 '가수'였다는 사실에 놀랐다. 2017년은 윤종신의 해였다.

말하기 좋아하는 사람들이 저마다 '좋니'의 히트 비결을 내놓았다. 디지털이라는 그릇에 아날로그 감성을 담았네. 힙합과 아이돌만 넘실대던 가요계에서 틈새시장을 잘 공략했네. 1990년대 아날로그 콘텐츠의 힘을 보여줬네.

모두가 맞고, 모두가 틀렸다. 정작 당사자는 별로 할 말이 없었다. 대중의 취향을 공략하려는 의도가 아니었다. 대중의 취향이라는 건 움직이는 과녁이었다. 그걸 공략하는 건 능력 밖의 일이었다. 그렇다고 얻어걸린 거라고 하기에도 모호했다. 윤종신의 답은 심플했다. 본인이 좋아하는 걸 던지고 설득하려 했을 뿐이다. "이거 되게 좋지 않아?"라고 제안하는 것이 아티스트의 역할이라 생각했다. 윤종신은 '좋니'의 성공이 '덤'이라고 했다. 윤종신은 아티스트였다.

〈월간 윤종신〉은 가수 윤종신의 생명을 10년 이상 연장시킨 프로젝트였다. '기획자 윤종신'의 재발견이었다. 오늘날의 가요 시장에서 중견 가수의 생존법을 알려주는 확실한 본보기였다. 〈월간 윤종신〉이 팔리는 브랜드가 된 요인은 세 가지였다. 취향 공동체를 꾸렸다. 성실하게 곡을 발표했다. '아니면 말고' 식으로 접근했다. 이 세 가지를 지키는 데 윤종신은 집요했다.

취향 공동체

"예수도 모든 사람을 만족시키지 못했다."

언제, 누가 이 말을 해주었는지 기억에 없다. 그대로 심장에 박혔다. 2,000년쯤 전에 예수는 슈퍼스타였다. 그의 설교를 듣기 위해 이스라엘 전역에서 인파가 몰려들었다. 반면, 예수를 대적하는 사람들도 많았다. 결국 그를 십자가에 못 박았다. 이 말을 들은 이후로, 예수가 모든 사람을 만족시키지 못했다면 나 같은 보통 사람은 말할 것도 없다고 생각했다. 위로가 됐다.

브랜드도 마찬가지다. 어떤 브랜드도 모든 사람을 만족시킬 순 없다. 지금처럼 취향이 파편화된 시대에는 더더욱 그렇다. 요즘 소비자들이 백이면 백 다른 취향을 가지고 있어서다. 100명의 고객을 어설프게 만족시키는 브랜드보다 한 사람의 고객이라도 확실하게 만족시키는 브랜드가 더 사랑받는 시대다.

"내가 제일 안 좋아하는 말이 '국민가수'다. 이렇게 다양화된 세상에서 국민가수라는 건 없다고 생각한다."

윤종신이 국민가수 타이틀을 노리지 않는 것도 같은 맥락이다. 그는 국민가수가 될 수 있다면 마다할 이유는 없겠지만, 절대로 그걸 목표로 삼지는 않는다고 이야기한다. 그건 모든 사람을 만족시키려고 하는 거니까. 예수도 못 한 일이니까. 윤종신은 자신의 분수를 정확히 안다. 불특정 다수를 만족시키려는 '헛된 노력'을 하지 않는다.

윤종신은 팬덤도 부담스러워한다. 팬덤은 무조건적인 사랑이자 호의다. 팬덤을 받는 입장에서는 팬들이 기대하는 바에 자신을 맞춰야 하는 부담이 생긴다. 윤종신이 원하는 건 이런 것이 아니다. 그의 표현에 따르면 '대중에게 주도권을 뺏기지 않고 내가 하고 싶은 이야기를 하는 것'이 중요하다.

윤종신이 선호하는 건 '취향 공동체'다. 자신과 비슷한 취향을 지닌 사람들이 〈월간 윤종신〉을 구독해주는 것이다. 이들은 스스로 어떤 취향을 지녔는지 잘 알고 있는 사람들이다. 윤종신이 제안하는 취향이 마음에 들기 때문에 그의 음악을 듣는 이들이다. 팬덤처럼 무조건적인 지지가 아니므로 윤종신 입장에서도 별로 부담이 없다. 이들을 만족시키기 위해 무리하지 않아도 된다.

결국 윤종신에게 가장 중요한 청취자는 그 자신이다. 다른 사람을 위해서가 아닌 자신이 즐길 수 있는 음악을 만든다. 그가 자신의 곡을 제안하면서 "이거 되게 좋지 않아?"라고 설득하는 과정이 자연스러운 이유다. 억지스럽지 않은 '윤종신다움'이 만들어진다.

윤종신은 취향을 전달하는 방식에도 신경을 쓴다. 〈월간 윤종신〉 초창기에는 곡만 발표했으나 이후 매거진 앱을 만든 것도 그 때문이다. 음악만으로는 자신의 취향을 온전하게 전달할 수 없었다. 곡을 입체적으로 경험할 수 있도록 예술 콘텐츠를 담고, 뮤직비디오를 제작하는 식으로 그 부족함을 보완했다. 좀더 친절하고 명확하게 '윤종신의 취향'을 전달하기 위함이었다. 맘에 드는 이성을 만났을 때와 마찬가지로, 자신이 어떤 사람인지 제대로 보여주지도 못하고 거절당하는 건 너무 아쉬우니까. 취향을 전달하는 방식이 진화할수록 취향 공동체도 확장됐다.

성실함

"아마추어가 영감을 기다릴 때 프로는 작업한다."

- 사실주의 화가, 척 클로스

성실함은 이 시대에 자주 무시되는 가치다. 노력은 '노오력'으로 폄하된다. 열심히 노력하는 사람에게는 '노력충'이라는 별명이 붙는다. 성실함을 강조하면 '꼰대' 소리를 듣는다. '욜로'라는 말이 유행처럼 번진다. 성실함이 설 자리는 갈수록 좁아진다.

일리가 있다. 저성장이 당연시되는 뉴노멀 시대다. 개인들은 생존 자체가 버겁다. 청년 취업률은 사상 최저 수준이다. '사람' 경쟁자도 많은데 'AI' 같은 기술이 일자리를 빼앗아간다. 부모 잘 만난 금수

저들은 회사를 물려받아 떵떵거리며 산다. 보통의 개인들이 성실하게 살고 싶다는 의욕을 느끼지 못하는 것이 당연하다. 성실함의 가치를 깎아내리는 것도 개인의 자유다. 그러나 분명한 사실 하나는 성실성이 없으면 아무런 일도 일어나지 않는다는 것. 남 탓, 사회 탓이 언제나 가장 쉽다.

SBS 〈힐링캠프〉에 출연한 윤종신은 이렇게 말했다.

"천재들 틈에서 음악을 하려면 내 것이 있어야 한다는 생각을 많이 했죠. 내가 잘할 수 있는 건 평범함 속에 있는 깨알 같은 발견이더라고요. 발명은 천재가 하는 거고, 발견은 성실한 사람이 하는 거라고 생각해요."

음악평론가 임진모는 〈월간 윤종신〉을 두고 '지속성의 승리'라고 했다. 윤종신은 엉덩이가 무거운 창작자다. 영감이 떠오를 때까지 기다리지 않고, 매일 작업실에 가는 프로다. 한 달에 한 곡을 발표하는 프로젝트를 펑크 내지 않고 10년 가까이 해온 '성실함의 화신'이다.

천재가 아니었음에도, 성실함을 갖추니 '발견'을 할 수 있었다. 그 발견을 통해 곡을 만들 수 있었고, 아카이브를 쌓을 수 있었다. 이 일을 꾸준히 오래 하니 히트곡이 나올 확률을 높일 수 있었다. 결국 다른 천재들을 이길 수 있었다. 물방울이 오랜 기간 떨어지면 돌을 뚫을 수 있다水滴穿石. 윤종신이 〈월간 윤종신〉을 통해 증명해냈다.

아니면 말고

'아니면 말고.'

영화 〈올드보이〉의 박찬욱 감독이 직접 지은 가훈이다. 초등학생 딸이 학교에서 가훈을 적어 오라는 숙제를 받았을 때 이렇게 적어주었단다. 그가 연출한 저주받은 걸작 〈복수는 나의 것〉이 흥행에 실패한 직후였다. 박찬욱 감독은 《박찬욱의 몽타주》라는 책에서 가훈의 의미를 이렇게 적었다.

"이 경쟁 만능의 사회에서 참으로 필요한 건 포기의 철학, 체념의 사상이 아니겠느냐고 딸에게 알려주었다."

〈월간 윤종신〉도 윤종신 버전의 '아니면 말고'였다. 매번 히트곡을 낼 수는 없으니까. 나보다 잘하는 사람이 있을 수도 있으니까. 그럼에도 늘 최선을 다하고 있으니까. 스스로에게는 나름 만족스러운 결과물이었으니까. 사람들이 언젠가는 알아봐 줄지도 모르니까. 뭐 아니면 말고.

'아니면 말고'는 음악을 대하는 그의 태도에서도 드러난다. 그는 음악이 자신의 인생에서 가장 중요한 것은 아니라고 잘라 말한다. 음악을 사랑하고 열심히 만들지만 음악보다 가족을 더 사랑하고, 음악에 목숨을 걸지도 않는단다. 그에게 음악 활동은 삶의 거대한 이벤트가 아닌 생활의 일부일 뿐이라고 말한다. 음악과 삶을 동일시하는 여타 아티스트들과는 분명 결이 다르다.

'아니면 말고'의 효과는 확실하다. 음악에 대한 무게감을 내려놓을 수 있었다. 음악 활동을 즐길 수 있게 됐고, 실패에 대한 강박도 줄어들었다. 어차피 재미있는 거 하는데 실패할 수도 있지 뭐…. 이런 마인드는 〈월간 윤종신〉 같은 장기 프로젝트를 끌고 나가는 데 원동력이 됐다.

박찬욱, 윤종신처럼 자기 일을 즐기면서 롱런하기를 원하는가? 매번 목숨을 걸고, 실패에 부담을 가지면 힘들다. '아니면 말고'가 답이다.

100번째 잽

존경받는 광고계 선배 한 분이 앞으로 자신의 광고 철학은 'Quick & Rough'가 될 거라고 했다. 위대한 캠페인을 만드는 데 전력투구하기보다는, 시의성 있는 광고를 민첩하게 내놓을 거라는 의미였다. 무거운 한 방보다는 가벼운 잽으로 승부하겠다는 말이었다. 〈월간 윤종신〉을 닮았다고 생각했다. 〈월간 윤종신〉은 2018년 8월에 100호를 발표했다. 윤종신이 날린 100번째 잽이었다. Quick & Rough였다.

〈월간 윤종신〉은 가수 윤종신의 마지막 승부수였다. 자신의 취향을 좋아해 주는 사람들을 모았다. 성실하게 곡을 제안했다. 실패를 두려워하지 않고 꾸준히 문을 두드렸다. 무엇보다 이 모든 과정을 즐겼다. 이것이 윤종신식 집요함이었다. 공자가 논어에서 말한 그대로였다.

'천재는 노력하는 사람을 이길 수 없고, 노력하는 사람은 즐기는 사람을 이길 수 없다.'

2019년 6월, 윤종신은 2020년 한 해를 〈월간 윤종신〉 이방인 프로젝트NOMAD PROJECT에 쏟겠다는 깜짝 발표를 했다. 이 프로젝트를 위해 그는 9월까지 모든 방송을 마무리하고 1년간 세계 일주를 떠날 예정이다. 2020년은 윤종신이 지천명이 되는 해이자, 〈월간 윤종신〉이 10주년을 맞는 해다. 윤종신은 이해를 자축하면서 보내는 대신, 낯선 나라에서 이방인으로 지내며 새로운 영감을 받으려 한다. 가수 윤종신의 새 출발이다.

그는 한 인터뷰에서 앞으로 1년 동안 어떻게 지낼지 계획을 짜놓지 않았다고 했다. 첫 행선지만 아이슬란드로 정해놓았을 뿐 그다음에 어느 곳에서 작업할지는 미정이며, 유일하게 정해진 건 2020년 1년 동안 떠돌아다니면서 노래를 만든다는 것 하나뿐이라고 덧붙였다.

윤종신다웠다. 해외에 머무는 동안 확연히 달라진 음악을 선보이겠다거나, '좋니'와 같은 히트작을 내놓겠다 같은 '각오'는 없었다. 새로운 환경에서 꾸준히 곡을 발표하겠다는 것 외에는 '약속'도 하지 않았다. 〈월간 윤종신〉을 처음 시작하던 때와 마찬가지로 여전히 힘을 뺀 모습이었다. 이방인 프로젝트를 하면서도 윤종신이 가진 본연의 경쟁력은 변하지 않을 거라는 생각이 들었다. 아니면 말고.

슈프림

슈프림 프리덤

Supreme

세상에서 가장 임팩트 있는 로고. 이 로고만 붙어 있으면 어떤 상품이든 불티나게 팔려나간다. **출처 | Wikimedia Commons**

Supreme

"지혜를 주시옵소서."

솔로몬 왕의 꿈에 신이 나타났다. 무엇이든 원하는 것을 말해보라고 했다. 솔로몬은 지혜를 구했다. 지혜가 있어야 당신이 저에게 맡기신 이스라엘 백성들을 잘 이끌어갈 수 있습니다. 신은 솔로몬의 답에 흡족해했고, 그가 구하지 않은 장수와 재물도 주었다.

"자유를 주시옵소서."

1994년에 제임스 제비아의 꿈에 신이 나타났다면 이렇게 구하지 않았을까. 저에게 자유가 있어야 제 방식대로 뉴욕의 스케이트보더들을 행복하게 해줄 수 있습니다. 신은 제비아의 대답에 만족했고, 그가 구하지 않은 재물과 세계적 명성까지 주었다.

슈프림이 '슈프림'이 된 시대다. '스트리트 패션계의 샤넬'이라 불린다. 〈GQ〉는 슈프림을 "현존하는 지상 최고의 스트리트 패션 브랜드"라 칭했다. 매출만 놓고 보면 슈프림을 앞서는 브랜드들이 많다. 그러나 사람들이 그 브랜드의 제품을 얼마나 가지고 싶어 하는지를 기준으로 삼는다면 지구상에 슈프림 이상 가는 브랜드는 없다.

슈프림을 소유하고자 하는 열망은 도처에 존재한다. 매주 목요일 11시 슈프림 신상 의류가 발매되는 뉴욕 라파예트 매장 앞에는 어김

없이 긴 줄이 생긴다. 내 주변만 봐도 오직 슈프림 쇼핑을 하기 위해 도쿄나 LA로 여행을 떠나는 이들이 상당수다. 가끔은 도가 지나친 경우도 발생한다. 2016년에는 복면을 쓴 강도가 뉴욕 슈프림 매장에서 쇼핑을 마치고 나오는 남자를 덮치는 사건이 일어났다. 강도가 요구한 사항은 간결했다.

'조금 전에 구입한 슈프림 옷을 넘길 것.'

지난 몇 년간의 트렌드마저 슈프림의 편이었다. 현재의 패션계는 '레트로'와 '스트리트' 두 단어로 요약된다. 명품 브랜드들은 앞다퉈 스트리트 컬처에 몸을 기댄다. 루이비통 같은 고고한 귀부인마저 거리의 청년 슈프림에게 손을 내미는 판이다. 슈프림의 몸값이 올라간다. 그러나 정작 당사자는 초연하다. '현재의 상태로 충분히 좋사오니'라는 태도다. 복권에 당첨된 벼락부자의 모습은 없다. 스스로의 욕망에 대한 가지치기이자, 자족할 줄 아는 자의 내공이다.

역사상 슈프림만큼 소비자의 마음을 후벼 파는 브랜드는 없었다. 스트리트 브랜드의 왕으로 군림한다. 슈프림은 이제 종교에 비견된다.

옷 구경이 취미이던 평범한 청년

슈프림의 창업자 제임스 제비아는 미국인 아버지와 영국인 어머니 사이에서 태어났다. 아버지는 공군이었고, 어머니는 교사였다. 열아홉 살까지 영국의 서식스 지방에서 자랐다. 열 살 때 부모님이 이혼했다는 점을 빼고는 특별할 것 없는 유년기를 보냈다.

어릴 적부터 패션에 관심이 많았다. 〈페이스The Face〉나 〈아이디I-D〉 같은 패션 매거진을 즐겨 보았다. 런던 시내를 돌아다니며 옷 구경하는 것이 낙이었다.

스무 살이 된 1983년에 미국으로 건너왔다. 옷 좋아하는 청년답게 뉴욕 소호에 있는 파라슈트라는 옷 가게에서 커리어를 시작했다. 1989년부터는 전설적인 스트리트 브랜드 셀렉트숍 유니언에서 스태프로 일하면서 실력을 인정받았다. 제비아가 셀렉트하는 옷마다 공전의 히트를 쳤다. 그에 관한 소문이 스트리트 브랜드 스투시의 창립자 숀 스투시의 귀에도 들어갔다. 숀 스투시가 제비아를 찾아와 제안했다.

"뉴욕에 스투시 플래그십 스토어를 론칭할 건데 맡아서 운영해볼래요?"

제비아 입장에서는 그동안 쌓은 실력을 테스트해볼 기회였다. 흔쾌히 수락했다. 제비아는 미다스의 손이었다. 스투시 스토어를 뉴욕 스트리트 패션계의 메카로 만들어버렸다. 숀 스투시는 거부가 됐다.

제임스 제비아는 패션에 관심이 많은 소년이었다. 스무 살에 미국으로 건너와 패션 커리어를 시작했다. 출처 | flickr

제임스 제비아는 스투시의 뉴욕 스토어를 맡아 창업자 숀 스투시에게 엄청난 부를 안겨주었다. 스투시 브랜드는 여전히 건재하다. 사진은 도쿄에 있는 스투시 매장.

제비아는 자신감을 얻었다.

패션계에서 10년 이상을 훈련받았다. 다른 이의 브랜드를 맡아서 관리해주는 것도 5년이면 충분했다. 제비아는 자신만의 브랜드를 만들고 싶었다. 스케이트보드를 떠올렸다. 제비아는 늘 스케이트보드 컬처에 관심이 많았다. 스케이트보드는 스트리트 문화의 핵심 콘텐츠였다. 그가 스투시 매장에서 일할 때도 보더 고객들이 많이 찾아왔다.

그즈음 뉴욕 내의 스케이트보드 숍들이 하나둘 문을 닫고 있었다. 제비아는 엉뚱한 생각을 했다. 이 숍들이 없어지면 누가 최상급의 보드 제품을 제공하지? 보더들은 누가 돌보지? 제임스는 자신의 사명을 발견했다. 뉴욕의 뒷골목에 스케이트보드 숍을 오픈했다. '슈프림'

간판을 내걸었다. 바버라 크루거의 프로파간다 아트에서 따온 빨간색 박스 로고는 멀리서도 금방 눈에 띄었다.

제비아는 보더들이 신나게 놀 수 있는 장소를 만들어주고 싶었다. 입구에 있는 문턱을 없애버렸다. 매장 안에는 스케이트볼을 설치했다. 보더들에게 천국의 문이 열렸다. 슈프림 매장은 보더들의 성지가 됐다.

그런데 천국에서 뛰어노는 이들의 행색이 볼품없었다. 뉴욕의 보더들은 헬멧 같은 장비는 갖추었을지언정, 스케이트에 걸맞은 옷은 입고 있지 않았다. 제비아는 아비의 심정으로 옷을 만들기 시작했다. 멋있고 튼튼한 옷이었다. 품질에 관한 한 타협은 없었다. 첫째도 품질, 둘째도 품질, 셋째도 품질이었다. 정성껏 만든 옷에 '슈프림' 빨간 딱지를 붙였다. 가격도 합리적으로 책정했다. 모두의 취향을 저격했다. 슈프림의 옷이 팔리기 시작했다.

마이너 정신

스트리트 신은 태생부터 변방의 문화였다. 마이너였다. 기성세대는 스트리트 컬처를 혐오했다. 명품 브랜드들은 이 문화를 근본이 없는 허접한 콘텐츠로 여겼다. 언론사들도 대놓고 무시했다. 패션지들이 꼽는 워스트 드레서 상위권은 스트리트 의류를 걸친 래퍼들이 차지하는 경우가 많았다.

제비아는 거꾸로 생각했다. 그가 보기에 '마이너'로 대접받는 것은 단점이 아닌 강점으로 작용할 수 있었다. 그는 슈프림의 정체성이

'마이너 정신'에 있어야 한다고 믿었다. 슈프림은 남들과 똑같이 행동하는 것을 참을 수 없는 브랜드였다. 시대의 조류를 거스르는 청개구리이자 반항아였다. 완벽한 비주류였다. 제비아부터가 마이너였다. 주류에 편입되고 싶다는 욕심이 없었다. 주류의 요구에 맞춰줄 생각은 더더욱 없었다. 소수의 스케이트보더, 래퍼, 힙스터들만 만족시켜주면 되는 거였다.

직원을 채용할 때도 슈프림의 가치관을 공유한 친구나 가족들 위주로 뽑았다. 첫 스토어를 오픈할 당시에는 매장 스태프들이 모두 스케이트보더였다. 거리의 문화를 온몸으로 흡수하면서 자라온 이들이었다. 거칠고 자기주장이 센 친구들이 대다수였다. 고객들에게조차 절대 고분고분하지 않았다. 슈프림에서 쇼핑을 하는 건 그래서 만만치 않은 일이었다. 고객들은 슈프림에 진열된 물건들을 '볼' 수는 있었지만 '만질' 수는 없었다. 사지도 않을 거면서 옷을 만졌다간 직원들이 내뱉는 욕지거리를 들어야 했다.

제비아는 이런 직원들이 마음에 들었다. 이런 진짜배기들이 슈프림의 문화를 만들어간다고 생각했다. 이들을 슈프림의 '크루'로 대하고 지원했다. 진짜배기들은 또 다른 진짜배기들을 데려왔다. 슈프림은 스트리트 문화의 중심이 됐다.

■ 이슈 메이킹

슈프림은 다른 브랜드들처럼 '뻔하게' 브랜드를 알릴 생각이 없었다.

광고도, PR 활동도 하지 않았다. 연예인에게 옷을 주며 입어달라고 애원하지도 않았다. 룩북 촬영마저 하지 않다가 2000년대 후반부터 하기 시작했다.

슈프림은 끝내주는 홍보 방식을 개발했다. '이슈 메이킹'이었다. 아무것도 잃을 것이 없는 브랜드는 깡다구도 남달랐다. 메이저 브랜드에 시비를 걸었다. 1990년대에 제일 잘나갔던 캘빈 클라인이 첫 번째 타깃이었다. 영국의 톱 모델 케이트 모스가 등장한 캘빈 클라인 언더웨어 광고에 슈프림 스티커를 붙였다. 그 인쇄물을 온 건물과 거리에 뿌리고 다녔다. 슈프림식 게릴라 마케팅이었다. 캘빈 클라인 측으로부터 고소까지 당했지만 슈프림은 개의치 않았다. 그렇게 슈프림의 명성(?)이 높아져 갔다. 슈프림은 계속 일을 벌였다.

2000년에는 루이비통의 모노그램을 허락을 받지 않고 스케이트보드 데크에 새겨 팔았다. 루이비통의 항의를 받고 제품 생산을 중단했다. 2003년에는 금융사기범이 체포되는 사진을 티셔츠에 프린트해서 출시했다. 그가 슈프림 티셔츠를 입고 있었기 때문이다.

제임스 제비아는 슈프림이 뜨거운 감자가 되기를 원

캘빈 클라인 모델 케이트 모스의 사진을 무단 도용해서 고소를 당했다. 정확히 10년의 세월이 흐른 뒤 케이트 모스는 슈프림의 정식 모델이 됐다. **출처 | flickr**

했다. 매번 빅이슈를 만들면서 사람들이 슈프림에 대해 열광적으로 떠들어주기를 바랐다. 슈프림의 빨간색 로고가 비주류 문화의 상징이 됐으면 했다. 제비아의 전략이 먹혀들었다. 미국의 젊은이들은 슈프림의 반사회적이고 반항적인 태도에 매료됐다. 슈프림 브랜드의 추종자들이 늘어갔다. 슈프림이 물건을 출시하는 날이면 매장 앞에 긴 줄이 들어섰다.

집요함의 화신

흘러간 권투 선수에게 모델이 되어주십사 매달렸다. 과정은 지난했고, 태도는 집요했다. 한 달여의 설득 끝에 수락을 받아냈다. 마이크 타이슨의 얼굴이 슈프림의 티셔츠에 프린트됐다. 누구도 예상하지 못한 의외의 조합. 그러나 절로 이해가 되는 조합. 케이트 모스에서부터 레이디 가가, 리한나 그리고 지금은 고인이 된 록 뮤지션 루 리드까지 모두 슈프림식 집요함을 경험했다. 슈프림의 '포토 티' 시리즈에 값비싼 얼굴을 내주었다. 슈프림 신도들은 이번에도 매장 앞에서 기나긴 줄을 섰다.

　슈프림은 집요함의 끝을 보여주는 브랜드다. 슈프림식 집요함은 두 가지 형태로 나타난다. 하나는 희소성이고, 또 하나는 협업이다.

슈프림식 집요함을 보여주는 포토 티. **출처 | Rakuten Global Market**

희소성

슈프림 매장은 미국, 일본, 영국, 프랑스 4개국에 11개가 있을 뿐이다. 제품도 쥐꼬리만큼 생산한다. 슈프림에서 발매하는 신제품을 공식적으로 구입할 수 있는 방법은 두 가지다. 하나는 슈프림 매장 앞에서 기다렸다가 입장하는 것. 또 하나는 슈프림 공식 홈페이지에서 시간에 맞춰 '광클릭'을 시도하는 것.

슈프림이 발매하는 물건은 매번 빛의 속도로 품절된다. 그럼에도 제품이 재발매되는 일은 결단코 없다. 제비아는 만약 600명의 수요가 있는 제품이 있다면, 슈프림은 400개만 만든다고 공공연하게 이야기한다(실제로 슈프림의 협업 제품은 언제나 400개만 한정 수량으로 내놓는다). 슈프림을 사고 싶어 하는 열망은 도처에 가득한데 구할 길이 없다. 늘 수요곡선이 공급곡선의 꼭대기를 넘는다.

슈프림 매장 앞에는 늘 줄이 들어선다. 이날은 별다른 이벤트가 없는 토요일 오전이었는데도 그랬다. 슈프림 시부야 스토어.

슈프림 제품이 발매되는 날을 가리켜 '드롭 데이Drop Day'라고 한다. 뉴욕을 기준으로 매주 목요일 오전 11시로 정해져 있다. 수요일 오후부터 사람들은 줄을 서기 시작한다. 화제가 되는 상품이 발매되는 날에는 매장 주변에 경찰이 배치되는 진풍경이 벌어지기도 한다.

드롭 데이에는 한 번에 10명씩만 매장에 입장할 수 있다. 한 사람이 하나의 아이템만 구입할 수 있다는 룰에 모두가 기꺼이 순종한다. 슈프림 직원의 '싸가지'도 감내한다. 슈프림 매장에서 제품을 구입한 자들은 함박웃음을 지으며 매장을 나선다. 그리고 매진된 재킷은 몇 분 안에 이베이에서 세 배 이상 값이 뛰어서 올라온다. '슈프림 테크족'의 소행이다. 이 모든 일이 우리가 살고 있는 '브랜드 포화'의 시대에 발생한다. 브랜드와 소비자 관계의 역전이다.

전 세계 슈프림 신도들의 간곡한 호소에도 그동안 슈프림은 매장이나 제품 생산량을 늘리지 않았다. 희소성을 무기로 소비자들을 우롱한다는 비난을 받아도 슈프림은 꿈쩍도 하지 않았다. 이런 식으로 20년 이상의 세월을 보냈다. 이제는 모두가 슈프림의 고집을 꺾을 수 없으리라는 것쯤은 잘 안다. 이번 주 목요일에도 전 세계 11개의 슈프림 매장 앞에는 신도들이 줄을 설 것이다.

협업

거대한 기대가 늘 슈프림을 향해 있다. 이번에는 또 무엇을 보여줄까. 어떻게 놀라게 할까. 매번 자력으로 이 기대를 충족시킬 수는 없었다. 슈프림은 마법의 열쇠를 발견했다. 협업이었다. 협업은 충돌이다. 이 질적인 두 브랜드가 부딪쳐 세상에 없던 결과물을 내놓는다. 브랜드 간의 특급 레버리지다. 수많은 브랜드가 슈프림의 친구가 되어주었다. 나이키, 꼼데가르송 같은 동종 업계 브랜드에서부터 뉴욕양키스, 디즈니, 리버티백화점에 이르기까지. 의외성은 물론 명분까지 담보한 조합이었다.

빨강 로고를 내어줄 영광의 주인공은 까다롭게 선별된다. 결정이 내려지면 집요하고 주도면밀하게 달려든다. 협업할 아티스트들을 섭외하기 위해 아트 큐레이터를 채용하는 식이다. 제프 쿤스, 무라카미 다카시, 리처드 프린스가 그렇게 슈프림의 스케이트보드에 재능을 입혔다. 컬렉터들이 침을 흘리는 현대미술 작품이 탄생했다.

벽돌, 자물쇠, 도끼, 보트, BMW, 지하철 탑승 카드, 뉴욕 포스트….

슈프림식 협업은 영역을 넘나든다. 어떤 브랜드와도 협업할 수 있고, 어떤 물건에도 슈프림의 로고를 새길 수 있다. 어떤 콘텐츠가 나올지 늘 예측 불허다. 반면, 결과는 예측 가능이다. 모든 제품은 나오자

슈프림 로고만 붙어 있으면 벽돌도 '팔리는 아이템'이 된다. 출처 | 이베이

마자 매진되며 프리미엄이 붙는다. 30달러에 출시된 벽돌이 이베이에서 1,000달러에 팔리는 식이다.

"빨간색 도끼에 슈프림 로고를 새기면 폼 나지 않을까요?"

"우와! 슈프림 해골을 만들겠다고? 당장 추진해봐!"

슈프림의 회의실에서는 이런 대화가 오가지 않을까. 협업 상대를 고르는 기준은 '의외의 조합'이다. 누구도 예상하지 못한 '생경한 조합'을 찾는 데 늘 열심이다. 결과물은 매번 허를 찌른다. 순도 100%의 화젯거리를 만들어낸다.

돈이 있어도 구하지 못하는 희소성, 예측 불가한 협업 덕분에 세상에 나온 지 25년이 훌쩍 넘은 이 중견 브랜드는 낡지 않는다. 슈프림식 집요함의 힘이다.

슈프림 프리덤

2017년, 글로벌 투자 그룹 칼라일이 슈프림의 지분 50%를 사들였다는 뉴스가 전해졌다. 이때 평가된 슈프림 브랜드의 가치는 10억 달러. 거리에서 나고 자란 아이가 부잣집에 입양됐다. 그동안 '작은' 슈프림에 투자는 필요하지 않다고 했던 제비아는 입장을 선회했다. 슈프림이 더는 구하기 어려운 브랜드가 아니길 바란다고 말했다.

슈프림 측은 앞으로 공급을 늘리고, 매장 수를 어느 정도 늘리는 조치를 취하겠다고 밝혔다. 그러면서도, 지금의 브랜드를 있게 한 팬들과의 신뢰는 깨트리지 않을 것이라고 이야기했다. 이를 두고 의견은 둘로 갈린다. 슈프림 브랜드가 쌓아온 위상은 변함이 없을 거라는 의견 하나. 10억 달러 가치의 부자 회사는 스트리트 문화를 이끌어갈수 없을 거라는 또 하나의 의견.

"하고 싶은 일을 할 수 있고, 하고 싶지 않은 일은 그만둘 수 있는 것."

쓰타야 서점의 창업자 마스다 무네아키 회장이 내린 '자유'에 대한 정의다. 그는 자신이 일을 하는 궁극적인 목적이 '자유'를 얻기 위함이라고 말했다. 그러기 위해서는 돈을 벌고, 회사가 성장해야 한다. 그래야 하고 싶은 일을 할 수 있는 자유가 생긴다. 그 반대의 경우라면 자유는 요원하다. 하기 싫은 일이라도 참아가며 해야 한다.

마스다 회장의 정의에 비추어 볼 때 슈프림은 오래전에 자유를 획득한 브랜드다. 슈프림은 하고 싶은 모든 것을 할 수 있는 위치에 올랐다. '어떤 제품이라도 좋사오니'라고 말하는 슈프림 신도들이 대기 중이다. 슈프림과 협업하고 싶어 하는 브랜드들이 지천에 널렸다. 돈도 부족함 없이 벌었다.

그동안 슈프림이 위대했던 건 자신에게 주어진 자유를 남발하지 않은 덕이다. 원한다면 얼마든지 매장을 더 세울 수 있고, 훨씬 많은 양의 티셔츠를 팔아치울 수 있었음에도 슈프림은 과한 욕심을 부리지 않았다. 더 많은 돈을 버는 일에 초연했고, 브랜드의 성장에 목을 매지 않았다. 슈프림은 자신에게 주어진 자유를 지켰다. 슈프림 본연의 색깔을 지키는 데에는 무서우리만큼 집요함을 발휘했다. 브랜드 스스로가 무엇을 원하는지 너무나 분명히 알았기에 가능한 일이었다. 원하는 것을 해내는 데 집요했고, 원치 않는 것을 거절하는 데 집요했다. 모두가 원하지만 아무나 가질 수 없는 '완벽한' 브랜드가 만들어졌다.

칼라일에 인수된 후의 슈프림은 어떤 모습일까. 슈프림이 자신들의 자유를 얼마나 지킬 수 있는가에 달렸다. 칼라일에 자유를 빼앗기면, 슈프림 브랜드의 가치는 하락한다. 자유를 지키면 슈프림의 위상은 굳건해진다.

다른 건 다 빼앗겨도 된다. '하고 싶은 일을 할 수 있고, 하기 싫은 일은 하지 않는' 자유만 지키면 된다. 슈프림도 이 점을 잘 알고 있을 것이다. 지금까지 그토록 자유를 절제해온 브랜드가 그런 고려도 없이 회사 지분을 넘겼을 리 없다. 그렇게 믿고 싶다.

5. 역지사지 易地思之

초일류 브랜드는
오직 고객의 입장에서 행동한다

"심리학이 발견한 인간의 가장 큰 특징은 자기중심성이다."

서울대 심리학과 최인철 교수의 말이다. 그는 덧붙인다. 대개 공부 잘하는 사람들은 공부 못하는 사람을 이해하지 못한다고. 체력이 좋은 사람들은 다른 사람들도 체력이 좋은 줄 알고, 부자들은 남들도 죄다 부자인 줄 안다고. 그러니까 밥이 없으면 빵을 먹고 빵이 없으면 케이크를 먹으면 된다고 친절하게 조언한다고.

이렇듯 인간의 자기중심성은 '본능'에 가깝다. 모두 자기가 보고 싶은 대로 보고, 듣고 싶은 대로 듣는다. 자신의 생각이 '상식적'이라고 여긴다. 인간의 자기중심성을 잘 보여주는 실험 하나를 소개한다.

1990년 미국의 심리학자 엘리자베스 뉴턴은 실험 참가자들을 '두드리는 사람'과 '듣는 사람'으로 나누었다. 두드리는 사람의 임무는 생일 축하 노래나 미국 국가와 같이 누구나 알고 있는 노래를 가지고 리듬에 맞춰 테이블을 두드리는 것이었다. 듣는 사람은 그 소리를 듣고 노래 제목을 맞추면 됐다.

듣는 사람이 두드리는 소리만으로 어떤 노래인지 맞출 확률은 얼마나 될까? 실험 결과 2.5%에 불과했다. 그들에게 들리는 것이라고는 모스부호 같은 딱, 따닥 소리뿐이었으니까.

재미있는 건 지금부터다. 뉴턴은 듣는 사람이 노래를 예측하기 전에 두드리는 사람에게 상대방이 정답을 맞출 확률을 짐작해보라고 했다. 두드리는 사람은 듣는 사람이 어느 정도의 비율로 노래를 맞출 수 있다고 예상했을까? 5%? 10%? 20%? 놀라지 마시라. 무려 50%였다. 두드리는 사람은 자신이 테이블을 두드리는 그 리듬만으로 듣는 사람이 적어도 절반 정도는 맞출 수 있을 거라 확신했다. 실제 결과는 2.5%에 불과했던 것이고. 듣는 사람이 노래를 알아맞히지 못하는 것을 보면서 두드리는 사람이 엄청나게 당황했던 것도 그 때문이다. 아니 (나에게는) 이렇게 쉬운 걸 어찌 모를 수가 있지?

뉴턴의 실험을 통해서 알 수 있는 사실은 하나다. 지구는 나를 중심으로 돈다. 즉, 우리 모두는 지극히 자기중심적으로 생각한다. 2.5%와 50%의 저 차이만큼이나.

역지사지를 훈련해야 하는 이유가 여기에 있다. 상대방의 입장에 서는 능력을 배양해야만 그토록 단단하게 굳어진 자기중심성을 깨뜨릴 수 있다.

브랜딩의 핵심도 역지사지다. '자동차의 왕' 헨리 포드는 성공의 유일한 비결로 '다른 사람의 생각을 이해하고, 자신의 입장과 아울러 상대방의 입장에서 사물을 바라볼 줄 아는 능력'을 갖추는 것이라고 했다. 고객의 입장에 서는 것이 브랜딩의 처음이자 끝이다. 고객이 무엇을 원하는지를 파악하고 그들이 원하는 것을 주기만 한다면, 성공하지 못할 브랜드는 없다.

고객 입장에서 생각해보면 쉽다. 자신의 마음을 이해하고, 극진히 대접해주는 브랜드를 사랑하지 않을 도리는 없다. 그럼에도 대부분의 브랜드는 반대로 한다. 고객을 바라보는 대신 자기중심성에 빠진다. 스스로가 맞다고 생각하는 대로 고객을 대한다. 그 때문에 고객은 아무런 감흥을 느끼지 못한다.

이 장에서 소개하는 브랜드들의 팔리는 비결도 역지사지다.

> 휠라는 브랜드의 클래식한 유산을 밀레니얼 세대가 받아들일 수 있도록 역지사지했다.
> <뿌리깊은 나무>는 이 나라의 전통문화를 전달하기 위해 역지사지했다.
> 백종원이 지금 TV에 나와서 가르치는 내용을 추리고 추리면 역지사지다.
> 쓰타야는 판매자 위주로 운영되던 서점을 고객 중심으로 바꾸기 위해 역지사지했다.
> 발뮤다는 디자인에 대한 집착을 내려놓고 고객의 필요를 역지사지했다.

이 브랜드들도 처음부터 역지사지를 잘했던 건 아니다. 고객에게 시선을 두기보다 자신의 생각을 앞세우던 때도 있었다. 쓰디쓴 실패를 경험하고 나서 역지사지를 실천했다. 자기를 내려놓고 고객의 입장에 서면서부터 부활했다.

지금부터 역지사지의 장인들을 만나보시라. 이들을 벤치마킹하고, 일상에서 역지사지를 훈련하시라. 그때부터 당신의 브랜드가 팔리기 시작한다.

휠라

클래식, 새로움이 되다

휠라의 명동 스토어를 찾았다. 사람이 너무 많아서 매장을 둘러보기 힘들 정도였다. 절반 이상이 외국인이었다. 요즘 국내외에서 가장 잘나가는 브랜드의 매장다웠다.

FILA

"영화 〈로얄 테넌바움〉을 보신 분 계신가요?"

휠라의 이듬해 커뮤니케이션 방향을 논의하는 회의였다. 휠라코리아가 클라이언트이던 2013년이었다. 영화 〈로얄 테넌바움〉 이야기를 꺼냈다. '미장센의 거장' 웨스 앤더슨 감독이 2002년에 내놓은 작품이다. '스타일의 교과서'라 불릴 만큼 독보적인 '룩'들로 가득한 영화였다.

영화에서 귀네스 팰트로는 라코스테 원피스 위에 퍼코트를 걸쳤다. 벤 스틸러는 새빨간 아디다스 삼선 트레이닝복을 입었다. 그리고 루크 윌슨은 휠라였다. 휠라의 줄무늬 피케 셔츠에 헤어밴드를 더했다. 새로 나온 신상 휠라 제품이 아니었다. 전설적인 테니스 스타 비에

2002년 영화에서 발견되는 독보적인 룩들. 출처 |
〈로얄 테넌바움〉

른 보리가 코트에서 착용하던 '클래식한' 휠라였다.

비에른 보리가 누구던가. 볼보(자동차), ABBA(팝가수)와 더불어 1970년대 '스웨덴의 대표적인 수출품'으로 꼽히던 남자, 휠라의 초창기 광고 모델로 활약했던 사나이 아니던가. 비에른 보리의 아이코닉한 휠라 룩이 〈로얄 테넌바움〉에서 부활했다. 30여 년의 세월이 흘렀어도 촌스럽지 않았다. 도리어 더욱 트렌디하게 느껴졌다. 그날 회의에서 말했다.

"휠라가 가야 할 방향이 이 영화에 담겨 있다고 생각합니다. 휠라의 클래식한 유산을 현대적으로 해석해서 보여주어야 한다고 생각합니다."

루크 윌슨은 전설의 테니스 스타 비에른 보리의 클래식한 휠라 의상을 입었다. 30년의 세월이 흘렀지만 여전히 트렌디했다. 출처 | 위-<로얄 테너바움>, 아래-Wikipedia

나의 의견은 제안서 끄트머리에 조그마하게 실렸다.

몇 년 후, 휠라코리아의 입사 면접장에 앉아 있었다. 조금 전 복도에서 본 이미지를 소환했다.

"휠라의 잠재력은 본사 복도에 놓여 있는 저 이미지들이 말해준다고 믿습니다. 비에른 보리의 테니스 셔츠, 그랜트 힐의 농구화, 알베르토 톰보의 스키 점퍼···. 휠라에 입사하게 된다면 휠라의 역사 아카이브를 활용해서 마케팅을 해보고 싶습니다. 성공시킬 자신이 있습니다."

면접보다 신앙고백에 가까운 시간이었다. 나 같은 휠라 신도가 채용되지 않을 리 없다고 확신했다. 하지만 보기 좋게 낙방했다. 전화를 걸어 이유를 물었으나 답을 듣지 못했다. 휠라와의 인연은 여기까지라고 생각했다.

부활

몇 년의 세월이 흘렀다. 거짓말 같은 소식이 들렸다. 고샤 루브친스키와 휠라가 협업을 했단다. 들리는 말로는 고샤가 먼저 나서서 휠라에 제안했다고 한다. 고샤는 휠라의 '클래식'에 꽂혔다. 그만의 색을 덧칠했다. 휠라의 저 유명한 빅사이즈 로고와 구소련의 감성이 충돌했다. 익숙하면서도 생경한 '쥑여주는' 휠라가 탄생했다. 이때가 휠라의 터닝포인트였다. 비욘세, 리아나, 켄달 제너, 에이셉 라키 같은 스타들이 휠라를 입기 시작했다.

한동안 갈피를 잡지 못하던 휠라가 변신에 돌입했다. 과거의 유산에서 가능성을 찾기 시작했다. 브랜드의 레트로한 매력을 뽐냈다. 내가 예전에 회의실에서, 면접장에서 상상했던 휠라의 모습이 눈앞에 펼쳐지고 있었다.

고사가 휠라와의 협업 제품을 선보인 2017 S/S 패션쇼. 맨 오른쪽은 협업 제품을 입은 에이셉 라키. **출처 I ‹GQ›**

휠라는 클래식을 활용하는 데서 그치지 않았다. 제품의 가격을 파격적으로 낮췄다. 백화점을 떠나 ABC마트 같은 셀렉트숍에 입점했다. 듣도 보도 못 한 희한한 협업으로 밀레니얼 세대의 관심을 사로잡았다. 휠라가 다시 뜨고 있다는 말이 여기저기서 들렸다.

휠라의 오랜 신도는 믿음의 행동을 취했다. 가진 돈을 털어서 휠라코리아의 주식을 샀다. 주변 사람들에게도 휠라 주식을 '전파'했다. 날이 갈수록, 거리에서 휠라 로고를 발견하는 일이 많아졌다. 휠라를 판매하는 매장마다 요새 휠라 때문에 난리라고 했다. 휠라의 매출은 급격한 상승곡선을 그렸다. 주가가 사상 최대치를 경신했다. 마침내, 휠라는 부활했다. 휠라 신도의 믿음은 열매를 맺었다.

휠라의 탄생

휠라의 시작은 미약했다. 1911년, 모직물로 유명한 이탈리아 비엘라에 터를 잡았다. 휠라 3형제의 가내수공업으로 출발했다. 첫째는 숙녀복과 양복지, 둘째는 니트를 비롯한 스포츠용품, 셋째는 패션 액세서리 제품을 만들었다. 친척과 친구들이 일을 도왔다.

휠라가 한 단계 도약한 건 1972년이었다. 스포츠카로 유명한 자동차 기업 피아트가 휠라를 인수했다. 피아트가 보기에 휠라는 알프스산맥 인근에서만 머물 브랜드가 아니었다. '이탈리아의 자존심'으로 성장할 수 있는 브랜드였다. 휠라의 새로운 로고에 자신들의 의지를 담았다. 파랑은 차가운 포도주를, 빨강은 뜨거운 태양을 상징했다. 휠라 로고가 전 세계를 물들이기 시작했다.

휠라의 전략은 고급화였다. 휠라 특유의 깨끗한 이미지를 가지고 '이탈리아산 명품 브랜드'로 포지셔닝했다. 소비자에게도 럭셔리하게 다가갔다. 테니스나 스키처럼 '비싼' 스포츠 종목의 선수들을 모델로 기용했다. 대표적인 인물이 비에른 보리였다. 결국 휠라가 파는 건 옷

이탈리아를 상징하는 파랑(포도주)과 빨강(태양)의 휠라 로고. 출처 | 휠라 홈페이지

이 아니라 '꿈'이었다. 이탈리아산 '로망'이었다.

부담스러운 가격대임에도 무섭게 팔려나갔다. 미국과 유럽의 부유층 사이에서 클래식 스포츠웨어로 자리매김했다. 대한민국의 고위 공무원, 의사, 변호사들도 해외여행을 가면 F자 로고가 새겨진 티셔츠를 사 들고 왔다.

휠라는 대한민국에도 진출했다. 휠라코리아 법인이 세워졌다. 초대 대표는 윤윤수. 미국에서 신발 세일즈로 잔뼈가 굵은 남자였다. 20여 년 뒤에 휠라 그룹의 주인이 될 남자였다.

늦깎이 인생

지각 인생이었다. 서울대 의대에 진학하려 삼수를 했으나 뜻을 이루지 못했다. 한국외대에 입학해서는 커닝한 게 발각되어 1년 정학 처분까지 받았다. 사회생활을 시작한 나이가 서른이었다. 친구들 사이에서 그는 '꺼진 불'로 통했다.

JC페니 입사가 인생의 전환점이었다. 세일즈맨으로서의 재능이 만개했다. 카투사에서 3년 동안 갈고닦은 영어 실력이 든든한 무기였다. 삼성전자 전자레인지의 첫 미국 수출도 그가 성사시켰다. 1970년 대에 이뤄낸 680억 원짜리 딜이었다. 이후 신발 업체 화승의 수출 담당 이사로 스카우트됐다. 그룹 내 최연소 임원이었다. 늦깎이 사원에서 출발하여 이사 직함을 얻기까지 8년이 걸렸다. 친구들 사이에서는 '꺼진 불도 다시 봐야 한다'는 말이 돌았다.

휠라코리아 초대 대표 윤윤수의 캐리커처와 그의 저서. 삼수를 했음에도 서울대 의대 진학에 실패했다. 서른이 되어서야 사회생활을 시작했다. 34년 후 '이탈리아의 자존심' 휠라 그룹의 주인이 됐다. 인생은 마라톤이었다.

미국 출장 중에 휠라를 처음 접했다. 본능적으로 이 브랜드의 잠재력을 직감했다. 미국 내 휠라 라이선스를 가지고 있던 호머 알티스라는 남자를 찾아가 제안했다. 제가 한국에서 휠라 운동화를 만들어 올 테니 미국에서 같이 팔아보시겠습니까. 'Made in Korea' 마크를 단 휠라 운동화가 그렇게 세상에 나왔다.

그의 말마따나 "고구마 구워놓은 것처럼 못생긴" 운동화는 미국에서 크게 히트했다. 특히 흑인들이 휠라의 '어글리 슈즈'에 열광했다. 휠라의 운동화 부문 매출은 곧 의류 부문의 매출을 추월했다. 휠라는 나이키, 리복과 더불어 미국 내 3대 스포츠 브랜드로 우뚝 섰다.

그즈음 이탈리아의 휠라 본사에서 윤윤수를 호출했다. 당신이 대한민국에 휠라코리아를 설립해주었으면 합니다. 1991년이었다.

세계에서 돈을 가장 잘 버는 한국 법인

휠라는 한국에 진출한 첫해부터 돌풍을 일으켰다. 휠라 매장에 입장하려는 고객들을 줄 세워야 할 정도였다. 휠라코리아는 세계에서 가장 돈을 잘 버는 법인이 됐다. 휠라의 엔리코 프레시 회장이 "휠라가 태어난 곳은 이탈리아지만, 휠라를 꽃피운 곳은 한국"이라고 극찬할 정도였다.

휠라코리아가 성장하면서 윤윤수 대표에게도 파격적인 대우가 따랐다. 설립 첫해에 5억 원이던 그의 연봉은 1992년 8억 원, 1993년 10억 원, 1994년 12억 원, 1995년 14억 원으로 상승했다. 1996년에는 무려 18억 원의 연봉을 받았다. 당시 은행장들의 연봉이 1억 원이던 시절이었다. '샐러리맨의 신화', '돈 버는 마술사'라는 별명이 그를 따라다녔다. 그가 집필한《내가 연봉 18억원을 받는 이유》라는 도발적인 (?) 제목의 책도 베스트셀러에 올랐다. 그럼에도, 그는 여전히 배가 고팠다.

새우가 고래를 삼키다

전례가 없는 '사건'이었다. 2007년, 휠라코리아는 휠라의 글로벌 본사를 전격 인수했다. 당시 휠라 그룹은 연 6,000만 달러의 적자를 낼 정도로 심각한 경영난에 빠져 있었다. 윤윤수 대표는 휠라의 구원투수가 되기로 마음을 먹었다. 일생일대의 승부수를 띄웠다.

4억 5,000만 달러에 달하는 인수자금을 조달해야 했다. 그만한 돈을 쌓아두었을 리 없었다. 윤윤수 대표는 희한한 아이디어를 냈다. 휠라의 상표권 라이선스를 각국의 휠라 법인에 할인가에 넘기자. 대신, 로열티를 선납으로 받자. 휠라브라질, 휠라재팬 등의 법인을 찾아가 끈질기게 설득했다. 가까스로 인수자금이 모였다. 그렇게 '이탈리아의 자존심' 휠라를 품었다. 그의 표현대로 "대한민국 역사상 조공을 받는 첫 번째 사례"였다.

휠라다움

2011년부터가 고비였다. 휠라의 실적이 계속 감소했다. 2016년에는 영업이익이 마이너스로 돌아섰다. 악화된 실적보다 더 심각한 게 있었다. '휠라다움'의 상실이었다. 언제부턴가 휠라는 시류에 편승한 제품만 출시하고 있었다. 토닝화가 유행했을 때는 미세 전류가 흐른다는 이온 토닝화를 내놨다. 맨발 보행이 주목받자 발가락 모양의 스켈레토즈화를 출시했다. 아웃도어 열풍이 불었을 때는 트레킹화를 내놓았다. 결과적으로, 어느 것 하나 휠라스럽지 않았다. 모두 휠라 브랜드에 독이 되는 제품들이었다. 휠라는 '아재'들만 찾는 '올드한' 브랜드가 되어 있었다.

2015년을 브랜드 리뉴얼의 원년으로 삼았다. 잃어버린 20~30대를 붙잡는 것이 급선무였다. 브랜드 이름만 빼고 다 바꾸기로 했다. 휠라의 변화를 이끌 선장은 외부에서 수혈했다. 유명 디자이너 정구호가 크리에이티브 디렉터로 영입됐다.

정구호는 휠라 브랜드의 지향점부터 분명히 정했다. '헤리티지'였다. 휠라가 100년 동안 쌓아온 찬란한 유산이었다. 다른 브랜드들이 흉내 낼 수 없는 독보적인 경쟁우위였다.

헤리티지를 시대에 맞게 응용한 제품을 선보였다. 매장 인테리어도 전부 바꿨다. 마케팅 비용도 대대적으로 지출했다. 이제, 휠라가 성장하기만 하면 해피엔딩이 될 터였다. 결과는 예상 밖이었다. '달라진' 휠라는 팔리지 않았다. 20~30대는 여전히 휠라에 관심을 보이지 않았다. 40~50대 충성고객들은 이탈했다. 정구호발 마법은 없었다. 휠라는 정구호와의 계약을 연장하지 않았다. 새드엔딩이었다.

헤리티지를 맹신한 결과였다. 과거의 휠라를 최신 트렌드에 맞게 변주하면 쉽게 소비자의 지지를 얻을 거라 생각했다. 장기하가 만든 노래 제목 그대로였다. '그건 니 생각이고.'

헤리티지는 분명 휠라의 강점이었다. 헤리티지를 쥐고 흔들어야 한다는 것도 '이론적으로는' 맞았다. 딱 거기까지였다. 소비자는 이론만으로 움직이지 않았다. 휠라의 변신을 체감할 수 있는 그 이상이 필요했다.

철저한 역지사지

타깃으로 삼은 밀레니얼 세대를 다시 들여다보았다. 이들이 어떤 부류인지, 어떤 생각을 하며 사는지를 알고자 했다. 그들 입장에 서보려

휠라 명동 스토어. 휠라의 정체성은 헤리티지에서 나온다. 휠라는 브랜드의 오랜 유산에 집중하면서 되살아났다. 클래식하지 않은 제품을 출시하던 때는 큰 어려움을 겪었다.

했다. 결국 역지사지였다. 아집에서 벗어나 상대방이 진짜 원하는 바를 발견하는 것이었다.

2016년 하반기부터 역지사지의 결과물들을 내놓았다. 휠라의 옛 디자인을 복각復刻한 제품이었다. 헤리티지 제품이라는 점은 1년 전과 동일했다. 그러나 타깃의 니즈를 철저히 반영했다는 점에서 이전과 달랐다. 이 차이가 휠라의 부활을 이끌었다. 그때부터 휠라가 팔리기 시작했다.

가격을 역지사지하다

밀레니얼 세대는 10~30대로, 가격에 예민할 수밖에 없는 연령대였다. 휠라는 이들이 부담 없이 소화할 수 있는 가격대까지 내려보기로 했다. 프리미엄 브랜드로서 쉽지 않은 결단이었다. 생산단가를 낮출 수

1997년 출시된 휠라의 디스럽터가 19년 만에 디스럽터2로 재탄생했다. 6만 9,000원의 '가성비 갑' 어글리 슈즈였다. 출처 | 휠라 홈페이지

있는 새로운 협력업체를 찾아 나섰다. 중국 푸젠성 진장 지역에 '휠라 글로벌 소싱센터'를 지었다. 그 결과 코트 디럭스, 디스럽터2, 바리케이드XT97 같은 휠라의 어글리 슈즈들을 6만 9,000원에 출시할 수 있었다. 경쟁 브랜드가 내놓은 비슷한 사양의 운동화들은 대부분 10만~20만 원대였다. 휠라는 가성비 갑 운동화의 대명사로 떠올랐다.

그제야 밀레니얼 세대가 반응했다. 휠라의 운동화 대부분이 밀리언셀러 타이틀을 달았다. 휠라의 디스럽터2는 출시된 후 1년 반 동안 전 세계에서 1,000만 켤레 이상 팔렸다.

유통 채널을 역지사지하다

과거에는 백화점, 대리점 같은 소매점 판매를 고집했다. 중·장년층이 타깃일 때는 그 전략이 맞았다. 하지만 밀레니얼 세대에게는 통하지 않는 방식이었다. 이들은 백화점에서 쇼핑을 하지 않았다. ABC마트

ABC마트, 폴더 등의 셀렉트숍에서 휠라는 가장 잘 팔리는 브랜드 중 하나다. 당연히 제일 좋은 스폿을 배정받는다. 자연스럽게 홍보 효과가 발생한다.

같은 셀렉트숍에서 옷과 신발을 구입했다.

휠라는 기존의 유통망을 개편했다. 홀세일본부를 신설해 도매 유통 채널을 개척했다. 백화점에 대한 의존도를 낮추고 ABC마트, 폴더, 슈마커 등 10~20대가 많이 찾는 셀렉트숍 위주로 제품을 공급했다. 무신사 같은 온라인 채널도 적극적으로 공략했다. 40~50대 고객의 이탈은 감수했다.

휠라 제품을 찾는 고객들이 늘어날수록 셀렉트숍에서 더 좋은 부스를 배정받았다. 공간도 점점 넓어졌다. 나이키, 아디다스와 견주어도 손색이 없는 스폿이었다. 휠라 브랜드의 홍보가 저절로 이루어졌다. 판매가 또 다른 판매를 부르는 선순환이었다. 역시나, 물고기를 잡기 위해선 물고기가 모여 있는 바다로 가는 것이 맞았다. 산에 머물러 있을 것이 아니라.

FILA

MUSINSA EXCLUSIVE

10~20대가 주로 찾는 온라인 패션몰 무신사에서도 휠라는 가장 핫한 브랜드다. 두 브랜드가 협력하여 한정판 제품을 내놓기도 한다. 출처 | 무신사

협업으로 역지사지하다

헤리티지가 메인 반찬이라면, 브랜드가 새롭게 내보일 수 있는 색다른 반찬도 있어야 했다. 협업만한 카드가 없었다. 그것도 뻔하지 않은, 의외의 상대와 하는 협업이라야 시너지가 날 터였다. 메로나, 펩시, 베네피트, 포켓몬, 츄파춥스 같은 엉뚱한 브랜드를 협업 상대로 골랐다. 신의 한 수였다. 이들과의 터무니없는(?) 협업은 SNS에서 꼬리에 꼬리를 물고 퍼져나갔다.

우왁굳과의 협업은 그 절정이었다. 유명 게임 방송 BJ와 신발 브랜드의 '이상한' 만남이었다. 결과는 대성공. 우왁굳과 두 차례의 협업을 진행했을 때 완판은 기본이었다. 휠라는 밤샘 노숙까지 해야만 살 수 있는 브랜드의 반열에 올랐다.

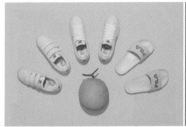

메로나, 우왁굳 같은 브랜드와 '참신한' 협업을 선보였다.
휠라는 고객을 줄 세우는 소수의 브랜드군에 합류했다.
출처 | 휠라코리아 홈페이지, 보도 자료

러시아 출신의 디자이너 고샤 루브친스키, 일본의 패션 브랜드 Have a good time, 카를 라거펠트가 이끄는 펜디와의 협업은 패션 브랜드로서 휠라의 격을 높여주었다.

이제 휠라는 '협업의 장인'이라고 불린다. 과거와 현재를 자유자재로 넘나드는 브랜드다.

클래식이 새로움이 되려면

혹자는 지난 몇 년 동안 불어닥친 레트로 열풍이 휠라를 살렸다고 간단히 평한다. 반만 맞는 이야기다. 레트로 트렌드가 휠라에 날개를 달아준 건 사실이지만, 부활을 위한 충분조건은 아니었다. 리복, 푸마,

휠라는 해외에서도 인기가 좋다. 왼쪽은 빔즈에서 판매 중인 휠라 슈즈. 오른쪽은 마쓰야긴자 백화점에 진열된 펜디와의 협업 제품.

엘레세, 카파처럼 유구한 역사를 가진 브랜드들을 보면 알 수 있다. 이들 중 어떤 브랜드도 휠라에 비견될 만한 성공을 거두지는 못했으니까.

휠라의 헤리티지는 출발점이었다. 고객을 마주하고 역지사지하는 데까지 나아가야 했다. 휠라의 유산을 고객이 체감할 수 있게 만드는 것이 관건이었다. 이를 위해 휠라는 가격을 낮추고, 유통 채널을 개편하고, 협업으로 새로움을 주었다. 휠라 스스로 옳다고 생각하는 방식이 아니라, 밀레니얼 세대가 진짜로 원하는 것을 주었다. 그제야 휠라의 클래식이 새로움으로 받아들여졌다.

휠라는 이 역지사지의 비밀을 깨닫기까지 상당히 오랜 시간을 돌아왔다. 그 비밀을 알고 있는 브랜드는 지금도 많지 않다.

뿌리깊은 나무

읽히는 잡지의 탄생

한창기 사장은 브리태니커 본사에 강권하여 <뿌리깊은 나무>를 발간했다.
창간호 표지에는 나이 든 농부의 쪼그라든 손을 담았다. 토박이 문화를 다루
는 이 잡지의 정체성이 오롯이 드러났다. **출처 l 뿌리깊은나무 박물관 페이스북**

"어떻게 한창기를 알지?"

이 나라를 대표하는 광고인이 나에게 물었다. 박웅현 TBWA KOREA 크리에이티브 대표였다. 당시 나는 이 회사에 갓 입사한 신입 사원이었다. 그와 마주하며 '한창기'를 언급했다. 어떤 이야기를 하다가 그의 이름을 꺼냈는지는 기억에 없다. 다만 박웅현 대표가 그때 해준 말은 기억에 생생하게 남았다.

"한창기는 우리 세대의 비틀스였지."

끝내주는 카피였다.

광주MBC에서 한창기 선생의 다큐를 제작하여 방영했다는 소식을 뒤늦게 접했다. 방송국에 연락하여 DVD를 구매했다. 그에 대해 하나라도 더 알고자 하는 마음이 간절했다.

한창기는 <뿌리깊은 나무>와 <샘이 깊은 물>이라는 특별한 잡지의 편집인이자 발행인이었다. 옷 좋아하는 멋쟁이로도 이름이 높았다. **출처 l 뿌리깊은나무 박물관 페이스북**

시대의 아이콘

한창기는 1970~1980년대의 아이콘이었다. 그 시대 대한민국에 살았던 청년들의 비틀스였다. 한창기를 비틀스 이상으로 생각했던 청년들 가운데 나의 아버지도 계셨다. 세월이 흘러 아버지는 아들에게 이 근사한 위인을 소개해주었다. '한창기스럽다'라는 말은 우리 부자의 최상급 표현이었다. 심지어 저 위대한 스티브 잡스조차도 우리에게는 '미국의 한창기'였다. 동시대에 한창기를 경험한 적은 없지만 그의 영향력은 시대를 초월했다.

누구보다도 독자적인 삶을 산 남자였다. 서울대 법대를 나온 수

재였지만 엘리트라면 판사나 변호사보다 '더 중요한 일'을 해야 한다고 생각했다. 그래서 세일즈맨이 됐다. 미8군에서 비행기표와 영어 성경을 팔았다. 집요함이 그의 무기였다. 장교 화장실을 기웃거리면서 장교들의 대화를 엿들었다. 대화 사이사이에 나오는 장교들의 이름을 적어두고는, 다시 마주치면 "미스터 윌리엄!"이라고 인사를 건네는 식이었다. 수많은 '윌리엄'들이 한창기의 고객이 됐다.

브리태니커와의 인연

우연히 브리태니커 백과사전을 접했다. 세계에서 사람 손으로 만든 제일 좋은 책이라는 바로 그 브리태니커였다. 미국 시카고 본사에 편지를 보냈다. 한국에서 브리태니커를 팔아보고 싶습니다. 수년간의 설득 끝에 20대의 청년은 브리태니커 한국 판매 책임자가 됐다. 브리태니커사 최초의 아시아 지역 지사장이었다. 그때부터 한창기는 자신과 같은 특급 세일즈맨을 양성하는 데 힘을 쏟았다.

한국 브리태니커사는 세일즈 사관학교였다. 브리태니커의 세일즈맨들은 천재 세일즈맨 한창기의 노하우를 그대로 전수받았다.

'0.5초 안에 깊은 인상을 주는 법을 익혀야 한다.'

'꼭 만나서 설명하고 싶은 사람이 있으면 그 사람의 집 앞 여관에서 자면서 새벽에 문을 두드려라.'

'자신이 판매하는 물건이 고객에게 유익한 것이라는 확신을 가지면 이미 성공한 것이나 마찬가지다.'

창립 2년 만에 브리태니커 세일즈맨은 250명 정도로 늘었다. 전성기에는 1,500명에 육박했다. 슈트를 완전하게 갖추어 입고 007 가방을 든 브리태니커 세일즈맨들이 전국을 누볐다. 대한민국은 세계에서 브리태니커 사전이 가장 많이 판매되는 나라가 됐다.

그즈음이었다. 한창기 사장은 돈보다 의미가 있는 일을 하고 싶었다. 그가 관심을 둔 곳은 점점 파괴되어가는 이 나라의 '옛 문화'였다. 그가 나고 나란 이 나라의 전통이 사라져가고 있었다. 저걸 지키는 데 생을 바치고 싶다. 사명의 발견이었다. 큰돈이 되지 않을 사명이었다. 묘책을 짜냈다. 세일즈맨으로서 훈련받은 '설득의 제왕'이 브리태니커 본사에 매달리기 시작했다.

> "브리태니커를 뒤져보면 한국에 관한 항목이 그야말로 쥐 불알만하게 실려 있는 바람에 한국 사람들 실망이 이만저만이 아니다. 그래서 지금 브리태니커 불매운동을 벌이려는 '불순한' 기운이 퍼지고 있다. 이쯤에서 불을 끄려면, '컨슈머리즘'이 브리태니커 백과사전 판매에 큰 걸림돌이 되기 전에 한국 문화를 제대로 담은 월간 잡지를 하루빨리 내야 한다."
>
> **- 《특집! 한창기》, 강운구와 쉰여덟 사람**

꼬박 4년을 설득한 끝에 브리태니커사의 허락을 받아냈다. 잡지 만드는 작업에 돌입했다. 영어 백과사전을 판 돈으로 한국의 전통을 지키는 일이었다. 대한민국 잡지의 역사를 완전히 다시 쓰게 될 〈뿌리 깊은 나무〉가 그렇게 세상에 나왔다.

토박이 문화를 담다

한창기 선생의 맏아들 〈뿌리깊은 나무〉는 1976년에 창간됐다(평생 독신으로 살았던 한창기 선생은 자신이 발행한 두 잡지 〈뿌리깊은 나무〉와 〈샘이 깊은 물〉을 각각 아들과 딸로 부르곤 했다). 경제 발전이 모든 것에 우선하던 시절이었다. 세계화, 현대화는 지상명령이었다. 해외 문물이 밀물처럼 밀려들어 추앙받았다. 우리 고유의 문화는 굴러온 돌에 자리를 내주고 있었다. 포크레인 소리가 우렁찬 굉음을 낼수록 '우리의 것'은 뿌리째 뽑혀나갔다. 〈뿌리깊은 나무〉는 이런 시대의 물줄기를 틀고자 했다. 모두가 필요를 느끼고 있으나, 모두가 눈을 감고 있던 일이었다.

〈뿌리깊은 나무〉는 우리 문화의 바탕이 '토박이 문화'에 있다고 보았다. 점점 자취를 감추어가던 오리지널들을 찾아내 취재했다. 연재된 기사의 제목들만 보더라도 이 잡지가 마음을 둔 곳이 어디였는지 분명하게 전해졌다. '혼자 사는 외톨박이', '민중의 유산', '다시 읽는 한국 구전', '이 땅의 이 사람들'….

창간호 표지에는 나이 든 농부의 거친 두 손이 쌀을 한가득 움켜쥔 사진이 실렸다. 토박이 문화의 정수가 이 한 장의 이미지로 생생하게 전해졌다. 창간사에서 한창기 선생은 이렇게 적었다.

> "뿌리깊은 나무는 우리 문화의 바탕이 토박이 문화라고 믿습니다.
> 또 이 토박이 문화가 역사에서 얕잡힌 숨은 가치를 펼치어 우리의
> 살갗에 맞닿지 않은 고급문화의 그늘에서 시들지도 않고 이 시대를

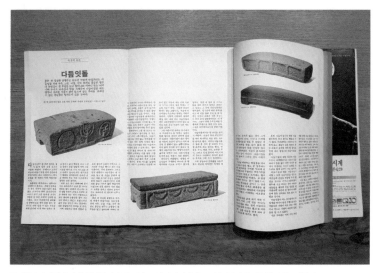

창간호부터 다달이 연재된 '민중의 유산' 시리즈 점점 사라져가는 토박이들의 물건을 찾아서 소개했다.

휩쓰는 대중문화에 치이지도 않으면서, 변화가 주는 진보와 조화롭게 만나야만 우리 문화가 더 싱싱하게 뻗는다고 생각합니다."

- 《특집! 한창기》, 강운구와 쉰여덟 사람

〈뿌리깊은 나무〉는 전통뿐 아니라 여러 분야의 유능한 필자들이 경제, 사회, 문화, 여성, 노동 등의 현안에 관심을 두고 목소리를 내는 잡지였다. 한 번도 보지 못한 유형의 잡지였다. 튀어 보이기 위해, 달라 보이기 위해 만든 잡지가 아니었는데도 완전히 '다른' 잡지였다. 등장하자마자 많은 이들이 이 잡지를 수집하기 시작했다. 이 잡지의 존재 자체를 고마워했다.

읽히는 잡지의 탄생

TBWA KOREA 박웅현 크리에이티브 대표는 한 인터뷰에서 "디자인은 배려다"라고 정의했다. '디자인'이라고 하면 흔히 무언가를 멋지게 꾸며주는 장식적인 요소로만 여기지만, 그 본질은 누군가의 삶을 즐겁고 편하게 해주려는 '배려'가 아니겠냐는 것이다.

〈뿌리깊은 나무〉가 성공한 비결도 '배려'였다. 사실 이 잡지가 다룬 토박이 문화는 전하기에 만만치 않은 주제였다. 그 자체로는 거칠고 투박하여 독자 입장에서는 쉽게 소화하지 못할 소지가 다분했다. 가령 '텔레비전의 세례를 덜 받은 후미진 촌구석에 사는 노인들의 삶' 같은 내용은 어떻게 취재해서 전해야 할까. 어떤 식으로 편집해서 독자들에게 보여주어야 할까. 이 지점에서 〈뿌리깊은 나무〉의 진가가 발휘됐다.

〈뿌리깊은 나무〉는 철저히 독자의 입장에 섰다. 초대 편집장을 지낸 윤구병 씨는 이 잡지를 두고 "열여섯 가지 금기를 무시하고 태어난 위험한 잡지"라고 했다. 독자들을 배려하고자 하는 이 잡지가 잡지계의 돈키호테가 될 수밖에 없었음을 가리키는 말이었다. 〈뿌리깊은 나무〉는 투박한 토박이 문화를 당대의 가장 세련된 그릇에 담았다. 쉽고 명확하게 설명했다. 그렇게 '읽히는' 잡지가 됐다. 독자를 배려하기 위해 〈뿌리깊은 나무〉가 박살 낸 몇 가지 금기를 소개한다.

첫째, 최초의 한글 전용 잡지였다.

<뿌리깊은 나무> 컬렉션. 토박이 문화를 세련된 그릇에 담았다. 이 잡지의 표지는 지금 봐도 감탄이 나올 만큼 유니크하고 멋스럽다.

한자와 영어를 섞어 써야 교양 있는 잡지로 여겨지던 시대였다. 가볍게 무시했다. 한글을 아는 사람이면 누구든 읽을 수 있는 잡지를 만들고자 했다. 모든 잡지가 세로쓰기를 고집할 때 가로쓰기를 도입한 것도 <뿌리깊은 나무>였다.

둘째, 쉽게 읽히는 잡지였다.

초등학교만 나온 사람이면 누구나 쉽게 읽을 수 있는 잡지를 만들고자 했다. '유행의 시대적 고찰'이라고 쓰는 대신 '유행은 시대에 따라 어떻게 바뀌나?'라는 제목을 달았다. 문장도 보통 사람들이 일상에서 쓰는 말과 말투를 담고자 했다. 불필요한 격식을 버렸다. 막힘 없이 술술 읽히는 잡지가 됐다.

셋째, 최초로 편집권을 실천한 잡지였다.

필자의 원고를 고쳐 쓰는 '무례한' 잡지였다. 필자의 글에 교정 이

국내 도시들을 심층 취재하여 《한국의 발견》이라는 단행본으로 엮었다. <모노클>에서 발간하는 '시티 가이드'의 한국어판이라고 보면 된다. 수십 년을 앞서갔다.

상의 손을 대는 일이 금기로 여겨지던 때였다. 한창기 사장은 '필자의 생각의 깊이를 다치지 않으면서, 필자의 말이 독자에게 제대로 전달되고 이해되도록 다리를 놓는 일'을 이 잡지의 편집자들이 해야 하는 일이라고 믿었다. 필자들의 엄청난 항의와 반발을 감수했다. 반면, 독자들은 '웬일로 알아듣게 쓰인' 잡지에 열광했다. 〈뿌리깊은 나무〉는 독자의 편이었다. 그대로 밀고 나갔다.

넷째, 최초로 아트 디렉션 체계를 도입한 잡지였다.

인쇄소에서 잡지 디자인까지 맡던 것이 당시의 관행이었다. 한창기 선생이 '이 나라에서 디자인 눈썰미가 가장 좋은 사람'으로 인정한 디자이너 이상철이 잡지의 디자인을 총괄했다. 레이아웃이라는 개념을 도입했다. 글자 크기와 행간, 자간 등에 통일감을 주었다. 국내 잡지사 중에서 처음으로 애플컴퓨터를 들여온 것도 〈뿌리깊은 나무〉였다.

그 결과 생경한 토박이 문화를 가장 현대적으로 보여주는 희대의 잡지가 탄생했다. 전북대 강준만 교수는 〈뿌리깊은 나무〉가 특별했던 이유를 '우리 것 사랑하기' 캠페인이 아니어서라고 했다. 대신 이 잡지는 '우리 것에 대한 제대로 된 감상'을 도왔다. 구호가 아닌 제안이었다. 사랑은 캠페인이 되는 순간 망하니까. '느낌'으로 통할 일을 '외침'으로 대신하는 순간 바로 죽어버리니까.

〈뿌리깊은 나무〉는 팔리는 잡지였다. 토박이를 다룬 잡지를 누가 볼까 했는데 안 보는 사람 빼고 모두 보는 잡지가 됐다. 1980년 신군부에 의해 강제로 폐간되기 전까지 월 발행부수가 8만 부를 넘나들었다. 당시 나름대로 인기가 있던 〈신동아〉의 정기구독자 수가 2만 부 정도였으니 이 잡지의 위상을 짐작해볼 수 있다.

2019년에 〈뿌리깊은 나무〉를 기억하는 이유

외국인 친구들이 한국에 놀러 올 때마다 고민이 시작된다. 이번에는 어디로 데려갈까. 무엇을 보여줄까. 가로수길, 이태원 같은 트렌디한 장소에 간다. 멋진 셀렉트숍과 카페를 찾는다. 그러고선 비장의 무기를 꺼내 보여주는 것도 잊지 않는다. 〈뿌리깊은 나무〉다. 40여 년 전에 나온 대한민국의 '클래식'이다. 잡지를 본 친구들의 반응은 한결같다.

"So cool!"

감탄하지 않는 친구들이 없다. 〈뿌리깊은 나무〉는 오직 이 나라에서만 만날 수 있는 우리 고유의 '오리지널'을 다뤘으니까. 이 땅의 토박이 문화를 지극히 세련되게 요리한 '작품'이니까.

40여 년 전 〈뿌리깊은 나무〉가 처음 나왔을 때는 해외 문물이 한국에 들이닥쳤다. 지금은 거꾸로다. 한류가 전 세계인의 마음을 사로잡는다. 케이팝이 대표적이다. BTS 같은 그룹은 미국에서 '비틀스'로 대접받는다. 역사상 대한민국이 가장 주목받는 시절이다. 경이로운 순간이다. 충분히 박수를 보낼 만한 일이다.

그런데 어딘가 모르게 허전함이 남는다. 다른 나라의 문화를 가져다가 그들보다 더 잘 만들어서 인정받는 것이라는 생각이 든다. 본래 '우리의 것'이 아닌 콘텐츠라는 점에서 어쩔 수 없이 정서적인 이질감이 남는다. 저건 원래 남의 것이니까. 우리만의 오리지널리티는 따로 있으니까.

'한국적인 것이 가장 세계적이다' 같은 말을 하고자 하는 것이 아니다. 우리 것을 들고 세계로 나아가야 한다는 말을 하고 싶은 것도 아니다. 남들이 알아주고 말고는 나중 일이다. 오직 우리만 가지고 있고, 우리만 누릴 수 있는 귀한 문화유산을 놓치고 사는 건 아닌지 돌아보자는 이야기다. 이건 균형의 문제다. 남의 것만큼 우리의 문화를 아는 것도 중요하다. 한창기 선생의 말처럼 '우리 문화가 세계 문화의 한 갈래로서 씩씩하게 자라야 세계 문화가 더욱 발전한다'고 믿는다.

우리의 내적인 풍요로움을 위해서도 이는 중요하다. 지금 시대는 기술도, 유행도 하루가 다르게 바뀐다. 변화가 급격해 미처 적응하지 못한다. 마음이 늘 버겁다. 초조함이 일상이다. 이렇게 모든 것이 급변하는 시대일수록 '변하지 않는 것'에 마음을 두는 지혜가 필요하다. 바로 '뿌리'다.

〈뿌리깊은 나무〉는 이 땅의 뿌리에 스포트라이트를 비춘 잡지였다. 우리의 어머니, 어머니의 어머니, 어머니의 어머니의 어머니를 조명한 잡지였다. 사실 뿌리를 잊더라도 별다른 문제 없이 살 수 있을 것이다. 뿌리를 안다고 해서 돈이 나오는 것도 아니다. 그러나 뿌리를 알면 마음의 풍요로움을 누릴 수 있다. 한창기 선생이 〈뿌리깊은 나무〉의 창간사에 적은 그대로다.

> "'잘사는 것'은 넉넉한 살림뿐만이 아니라 마음의 안정도 누리고 사는 것이겠습니다. '어제'까지의 우리가 안정은 있었으되 가난했다면, 오늘의 우리는 물질 가치로는 더 가멸되 안정이 모자랍니다."

한창기 선생이 〈뿌리깊은 나무〉를 통해서 한 일은 이 땅의 뿌리들을 살펴서 알리는 일이었다. 매우 세련되고 아름답게, 그리고 '읽히는' 방식으로. 〈뿌리깊은 나무〉를 통해 많은 이들이 마음의 안정을 누렸다.

오늘날에도 뿌리의 가치는 달라지지 않았다. 여기에 마음을 두어야 우리가 누구인지 보인다. 마음의 안정을 얻는다. 더 잘 살 수 있다. 더 많은 뿌리가 사라지기 전에 살펴 돌아보아야 한다. 폐간된 지 40여 년이 지난 잡지를 2019년에도 기억해야 하는 이유가 여기에 있다.

올해 아흔이 되신 나의 할머니는 종종 당신의 지난날 이야기를 들려주신다. 어렸을 적에 사셨던 시골집 이야기, 당신의 어머니 이야기, 신앙 이야기…. 나는 할머니의 이야기를 주의 깊게 듣는다. 가끔은 인내심을 요구할 때도 있지만 최대한 경청한다. 할머니와 보내는 이 시간을 '당연한 것처럼' 흘려보내면 안 될 것 같아서. 얼마 남지 않은 기회인 것 같아서. 할머니가 곧 〈뿌리깊은 나무〉인 것 같아서.

한창기 선생이 〈뿌리깊은 나무〉를 만들 때 이런 심정이 아니었을까 생각한다. 나의 할머니 이야기를 '읽히게 만든' 잡지가 〈뿌리깊은 나무〉였다.

백종원

역지사지 학교

백종원이 개설한 유튜브 채널은 단 3일 만에 구독자 100만 명을 돌파하는 기염을 토했다. **출처 | SBS <백종원의 3대 천왕>**

〈오! 수정〉은 홍상수 감독의 세 번째 장편이다. 영화에서는 '시점'이 교차한다. 동일한 상황을 한 번은 남성의 시점으로, 또 한 번은 여성의 시점으로 보여준다. 시점에 따른 기억의 차이는 적나라하다. 남자의 잃어버린 장갑을 여자가 찾아주었다. 남자는 여자가 들고 있던 장갑을 자신이 발견했다고 기억한다. 여자는 남자의 장갑을 자신이 먼저 건넸다고 기억한다.

키스에 대한 기억도 판이하다. 남자의 기억 속에서 여자는 키스가 좋았다며 수줍게 웃는다. 여자가 기억하는 건 첫 키스임을 고백하며 울음을 터뜨리는 자신의 모습이다. 감독의 말은 인간의 본성을 겨냥한다.

"기억은 욕망에 따라 변질된다."

모두가 자신의 욕망에 따라 사고한다. 자기중심적이다. 나는 아닌

영화 속에서 남자의 잃어버린 장갑을 여자가 찾아주었다. 당시의 상황을 서로가 너무나 다르게 기억한다. 홍상수 감독은 "기억은 욕망에 따라 변질된다"고 했다. **출처 |** 〈오! 수정〉

것 같다고? 질문 하나. 당신이 찍힌 단체 사진을 볼 때 누구를 제일 먼저 찾는가. 예외는 없다. 정도의 차이만 있을 뿐이다.

돈 버는 식당의 비법

아버지의 서재에서 백종원을 알았다. 2004년이었다. 그의 첫 번째 책이었다. 《돈 버는 식당, 비법은 있다》. 저자의 투박한 외모만큼이나 내용도 묵직했다. 어떤 '기준'으로 삼을 만했다. 《안나 카레니나》의 문장을 빌리자면, '돈 버는 식당'은 모두 백종원이 말한 대로 하고 있었다. '망하는 식당'은 제각각의 이유가 있었다.

2004년, 아버지의 서재에서 백종원을 알았다. 그의 첫 번째 책이자, 따끈따끈한 1쇄였다. 그에게서 역지사지를 배웠다. 쌈밥집 주방에 붙였다는 문구가 그의 태도를 잘 보여준다. 출처 | 《돈 버는 식당, 비법은 있다》

'비법'이라고 해야 특별할 게 없었다. 손님의 입장에 섰다. 그뿐이었다. 양질의 음식을 넉넉하게 주었다. 주방에는 '쌈을 아끼면 쌈밥집은 망한다'라는 표어를 붙였다. 가장 자신 있는 '단일 메뉴'로 승부했다. 알아보기 쉽게 메뉴판을 제작했다. 밝게 인사했다. 식당에 TV를 두지 않았다. 종업원들이 밥 먹는 모습을 손님에게 보이지 않았다.

역지사지였다. 황금률이었다. 백종원 스스로가 대접받고 싶은 대로 대접했다. 그가 보기에 비즈니스는 이게 전부였다. 막상 제대로 실천하는 음식점이 드물었다. 신기한 일이었다. 하나같이 자기중심적이었다. 백종원에게 '당연한' 행동들은 '비법'이 되어 퍼져나갔다.

2004년에는 백종원을 아는 사람이 주변에 없었다. 지금은 대한민국에서 백종원을 모르는 이가 없다. 백종원은 '팔리는 브랜드'다. 1,400개의 음식점에 새겨진 얼굴이다. 자신의 이름을 내건 인기 TV 프로그램을 진행한다. 사업가이자 음식탐구가다. 컨설턴트이고 방송인이다. 매번 다른 옷을 입지만 백종원 브랜드를 관통하는 키워드는 하나다. 역지사지. 백종원을 팔리는 브랜드로 만든 비법이다.

쌈밥집을 덜컥 인수하다

만화 같은 가족이었다. 아버지는 무엇을 먹었는지에 따라 그날의 기분이 달라졌다. 가족끼리 외식을 나가면 음식점을 다섯 번 옮겨 다녔다. 입에 딱 맞는 곳을 찾기가 그만큼 어려웠다. 가풍은 장남인 백종원에게 스며들었다. 중학생 때부터 요리책을 탐독했다. 주방은 요리 연구실이었다. 대학에 가서는 수업 대신 맛집을 순례했다.

군 시절은 그 절정이었다. 군 역사상 최초로 식당을 맡은 장교가 됐다. 백종원의 음식을 맛본 장군의 지시였다. 시내의 음식점들을 돌았다. 아귀찜 레시피를 알려주실 수 있을까요. 장군님께 만들어드리려고요. 일반인이라면 꿈도 꾸지 못할 요청을 주방장은 받아들였다. 기밀 레시피까지 아낌없이 퍼주었다. 군인한테 가르쳐줘 봐야 뭘 어쩌겠어. 착각이었다. 먹어보기만 해도 조리법의 80%를 알아내는 남자였다. 모든 노하우가 백종원의 것이 됐다. 호랑이가 자라났다.

음식점을 할 생각은 없었다. '가방끈 짧은' 사람이 음식 장사를 하던 때였다. 이래 봬도 명망 있는 교육자 집안의 장남이었다. 연세대 나온 남자였다.

1993년, 우연히 찾은 부동산에서 망해가는 쌈밥집을 덜컥 인수했다. 전 재산 50만 원을 털었다. 그렇게 음식 장사의 길로 들어섰다. 집안의 거센 반대를 감내했다. 최고로 좋아하는 일이자, 최고로 잘할 수 있는 일이었다. 요리를 위해 태어난 남자는 운명에 순응했다.

배달 사고

"부모님이 나를 사랑한다고 생각하나요?"

이 나라 청소년들에게 질문을 던졌다. 20%만이 그렇다고 답했다.

"당신은 자녀를 사랑하나요?"

같은 질문을 대상만 바꿔 부모에게 던졌을 때는 100%가 그렇다고 답했다. 20% vs. 100%. 부모는 자식에 대한 사랑이 넘치지만, 정작 자식은 부모로부터 사랑받지 못한다고 느낀다. 엇갈린 사랑이다. 커뮤니케이션의 실패다. 배달 사고다. 사랑하니까 잔소리하고, 사랑하니까 간섭한 건데 자녀는 엉뚱한 소리를 한다. 그게 사랑이었나요? 저는 그렇게 못 느꼈는데. 음식점에서도 비슷한 상황이 벌어진다.

〈백종원의 골목식당〉을 시청하는 건 괴로운 일이다. 보고 있으면 속이 터진다 하여 '암 유발' 프로그램으로 불린다. 대책 없는 음식점 사장님들 때문이다. 이분들은 대개 나름의 확신이 있다. 이 정도면 충분히 맛있지. 이 정도면 저렴하지. 이 정도면 서비스가 괜찮지. 이 정도면 손님들이 만족할 만하지.

백종원의 얼굴은 사색이 된다. 말을 잃는다. 어렵게 말을 꺼낸다.

"사장님이 손님이라면 이 가게 오시겠어요?"

재미있는 건 백종원의 피드백을 받은 이들의 반응이다. 자기방어

이 프로그램에서는 고객에 대한 이해가 전무한 사장님들을 마주하게 된다. 자신이 믿고 싶은 대로 믿어버리는 사장님들. 백종원은 수시로 뚜껑이 열린다. 출처 I SBS 〈백종원의 골목식당〉

기제가 발동한다.

"분명 손님들은 맛있다고 했는데요."

"우리 가게는 음식보다는 분위기가 중요하거든요."

여전히 자신이 보고 싶은 것만 본다. 믿고 싶은 대로 믿어버린다. 자기중심성의 틀을 깨기가 그만큼 어렵다.

프로그램 제작진이 최악의 가게를 뽑고자 한 게 아니다. 우리 주변에 있는 평범한 식당을 임의로 선정한 것이다. 즉, 대부분의 식당이 딱 저 수준, '암 유발' 식당이라는 결론이 나온다.

백종원의 말마따나 고객은 절대 사장의 의도대로 움직여주지 않는다. 고객과 눈높이를 맞춰야 한다. 하루아침에 되는 일은 아니다. 역지사지도 훈련이 필요하다.

여기서는 백종원을 관찰하며 얻은 역지사지 훈련법을 소개한다. 나를 알고, 고객을 아는 것. 그리고 경험을 쌓는 것.

나를 알기

역지사지에 관한 가장 큰 오해는 무턱대고 상대방에게 맞춰야 한다는 강박이다. 그건 나중 일이다. 자신을 파악하는 게 먼저다. 나를 알아야 상대방을 만족시킬 수 있다. 성경에도 쓰여 있지 않은가. '네 이웃을 네 몸과 같이 사랑하라.' 내 몸을 사랑하는 법을 아는 것이 먼저다. 그런 다음 그대로 이웃을 사랑하는 것이다.

백종원이 메뉴 개발을 할 때의 기준도 본인이다. 자기가 먹고 싶은

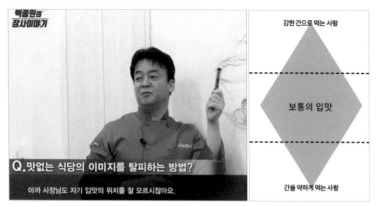

인기 메뉴를 개발하기 위해서는 자신의 입맛부터 파악해야 한다. 오른쪽은 백종원이 만든 마름모 차트. 자신의 입맛이 어느 지점인지 찍을 수 있어야 한다. 출처 | 유튜브 <백종원의 장사 이야기>

음식이어야 한다. 그래야 남들한테도 자신 있게 권할 수 있을 테니까.

자신의 입맛을 객관적으로 파악하는 건 기본이다. 백종원이 창시한(?) 마름모 차트는 이런 노력의 일환이다. 그는 차트에 자기 입맛의 위치를 정확하게 찍는다. 대중의 평균 수준에 아슬아슬하게 걸쳐 있단다. 여기에서 출발한다. 실제 메뉴는 이 지점보다 살짝 짜게 만든다. 그게 대중이 원하는 맛이니까. 그러면 거의 틀리는 법이 없다. 백종원이 음식점 사장들에게 자신의 입맛부터 파악하라고 하는 이유다. 자신을 알지 못하면 대중을 만족시킬 수 없다.

자기 요리에 대한 입장도 명확하다. 맛 칼럼니스트 황교익과의 일화가 이를 잘 보여준다. 황교익이 한 매체와의 인터뷰에서 말했다.

"백종원은 전형적인 외식 사업가다. 그가 보여주는 음식은 모두 외식업소 레시피를 따른 것이다. 맛있는 음식은 아니다."

이에 대한 백종원의 답은 쿨했다.

"내 음식이 세발자전거라면 셰프는 사이클 선수다. 자전거 박사들이 볼 때는 내가 사기꾼 같을 수 있다. 다만 나는 자전거를 대중화하는 것처럼 요리도 대중화하고 싶을 뿐이다."

모호함이 없었다. 자신을 객관화한 자만이 내놓을 수 있는 답변이었다. 며칠 뒤 황교익은 자신의 뜻을 알아준 백종원에게 감사하다는 내용을 칼럼에 실었다.

고객을 알기

유튜브용 콘텐츠 〈백종원의 장사 이야기〉는 백종원 표 '무엇이든 물어보세요'다. 음식점 사장님들이 고민을 토로하면 백종원이 즉석에서 답을 준다.

어느 족발집 사장님이 물었다.

"주말에 가족 손님을 늘리려면 어떤 족발 메뉴를 개발해야 할까요?"

백종원이 받았다.

"사장님이라면 아이들 데리고 주말에 족발 먹으러 가시겠어요?"
(결국 돈까스 메뉴를 추가하라는 조언을 해주었다.)

스페니시 펍을 운영하고 있다는 사장님이 물었다.

"펍의 오픈 시간을 당길 방법이 있을까요? 가격은 무척 저렴해요. 가장 싼 메뉴가 12,000원, 그다음이 16,000원…."

백종원이 치고 들어왔다.

"그게… 싸요?"

지극히 자기중심적이다. 고객의 생각은 안중에도 없다. 사장님들에게 처방책은 하나다. 고객에게 관심을 두는 것. 아마존의 제프 베이조스처럼 고객에 집착Customer obsessed할 정도여야 한다. 베이조스는 회의 때마다 의자 하나를 가져다 놓는다. 의식이다. 여기에 고객이 앉아 있다고 생각하고 회의합시다.

백종원도 고객에게 집착한다. 고객의 행동은 물론 심리까지 꿰뚫는다. 그의 트레이드 마크인 '30대 70의 법칙'은 그렇게 탄생했다. 손님이 식당에서 순수하게 입으로 느끼는 맛은 30% 정도다. 나머지는 시각, 후각, 선입견 등에서 결정 난다. 그러므로 식기나 인테리어, 홍보 등을 통해 음식을 더 맛있게 해줄 70%를 찾아야 한다는 것. 고객에 '집착하면' 이런 통찰을 얻는다.

경험이 실력이다

백종원의 '맛'과 '고객'에 대한 경험은 타의 추종을 불허한다. 많이 돌아다니고 많이 먹어본다. 패밀리 레스토랑에도 가보고, 일식집에도 가본다. 잘되는 집에도 가고, 안되는 집에도 간다. 손님들이 몰리거나 외면하는 이유를 자기 눈으로 직접 보면서 챙긴다.

메뉴를 개발할 때도 전 세계의 음식점을 섭렵한 경험이 경쟁력이 된다. 구구단처럼 정해져 있는 맛 공식 위에 경험으로 얻은 데이터가 올려진다. 창의적인 레시피가 탄생한다. 단, 데이터는 신중하게 얻는다. 자신의 '감'을 과신하는 법이 없다. 날씨에 따라서, 그날의 몸 상태에 따라 전혀 다른 맛이 난다. 같은 음식점이라도 여러 번 찾아가는 것은 그 때문이다.

방송에서도 경험 덕을 본다. 음식점에 들어서자마자 단박에 문제를 알아챈다. 사장님의 처지를 이해한다. 지난 몇십 년간 수도 없이 경험한 일이어서 그렇다. 머릿속으로 하루에도 몇십 개의 음식점을 만들고 부수는 게 취미여서 그렇다.

내공 100단의 조언이 폭포수처럼 쏟아진다. 말 한마디의 무게감이 다르다. 시청자들의 입에서 절로 탄성이 나온다. 옛말이 맞았다. 고기도 먹어본 놈이 맛을 안다. 경험이 실력이다.

쓰타야

고객의 기분이 되어본다

도쿄에 사는 사람들은 좋겠다고 생각했다. 다이칸야마 쓰타야 서점에 매일 갈 수 있을 테니까.

TSUTAYA

"지금 반스앤노블인데 이리로 올래?"

미국에서 대학에 다니던 시절, 토요일은 반스앤노블에 머무는 날이었다. 일종의 루틴이었다. 이날 나를 만나고자 하는 친구들은 나에게 연락해볼 것도 없었다. 반스앤노블에 오면 책과 잡지를 읽고 있는 한국인 남자를 발견할 수 있었다.

반스앤노블은 책 좋아하는 사람들에게 천국이었다. 젖과 꿀이 흐르는 땅이었다. '책 뷔페'였다. 그곳에 놓인 수많은 책과 잡지를 양껏 가져다 읽었다. 널찍한 테이블에 자리를 잡고는 스타벅스 커피를 안주(?) 삼아 독서 삼매경에 빠져들었다. 그렇게 시간 가는 줄 모르고 읽다 보면 어느새 저녁이 되어 있었다. 세상에서 가장 생산적인 시간을 보낸 것 같은 기분으로 '퇴근'했다.

한국으로 돌아온 지금도 여전히 반스앤노블을 그리워한다. 미국 유학 경험을 한 이 중에 나와 비슷한 생각을 하는 사람을 여럿 보았다.

망해가는 오프라인 서점

'반스앤노블이 결국 시장에 매물로 나오다.'

2018년 하반기에 들려온 소식이었다. 반스앤노블이 백기를 들었다. 미국 오프라인 서점 1위 브랜드의 치욕스러운 결말이었다. 2012년 70억 달러(약 7조 9,000억 원)에 달하던 매출은 2017년 37억 달러(약 4조 1,800억 원)로 떨어졌다. 같은 기간 700여 개에 달했던 매장은 620여 개로 줄어들었다. 시가총액의 하락은 더욱 극적이다. 2006년 20억 달러에 달했던 반스앤노블의 몸값이 2018년에는 4억 달러로 무려 80%나 감소했다. 이유는 하나다. '온라인 공룡' 아마존의 직격탄을 맞았다.

사실 아마존의 공세에 쓰러진 대형 서점은 반스앤노블뿐만이 아니다. 한때 650여 개의 매장을 보유했던 업계 2위 보더스도 2011년에 파산했다. 가히 '오프라인 서점의 몰락'이라고 할 만하다.

서점 업계의 위기는 미국에 국한되지 않는다. 미국보다는 좀 낫다고 하지만 일본 서점들의 상황도 만만치 않다. 아마존재팬과 라쿠텐 같은 온라인 쇼핑몰들로 인해 기노쿠니야, 마루젠 같은 대형 서점들의 매출도 하락하는 추세다. 모두 생존을 위해 몸부림친다.

쓰타야가 돋보이는 것은 그 때문이다. 전 세계 유명 서점들이 망하기 일보 직전이고, 일본 내 다른 서점들도 죽을 쑤고 있을 때 쓰타야만 계속해서 성장해왔다. 현재 일본 내에 1,500여 개의 매장을 두고 있으며, 2조 원에 달하는 연 매출을 올리는 1등 서점이다. 7,000만 명의 회원을 가진 빅데이터 기업이기도 하다. 쓰타야가 홀로 승승장구해온 비결은 '상식 파괴'다.

상식 파괴자

"모든 일은 한 사람에게서 시작된다."

쓰타야 창업자 마스다 무네아키 대표의 말이다. 인터넷으로 책을 팔겠다는 생각은 제프 베이조스의 머릿속에서 나왔다. 대한민국에 조선소를 세우겠다는 '미친' 생각은 고 정주영 회장에게서, 은행의 자동이체 기능을 송금에 활용한다는 생각은 토스 이승건 대표에게서 시작됐다. 이들의 공통점은 기존의 룰을 깨뜨리는 '상식 파괴자'였다는 것. 마스다 무네아키 대표도 상식 파괴자였다.

마스다 대표의 '상식 깨기'는 1982년 음반 대여점 LOFT를 열 때부터 시작됐다. 그때까지의 상식은 '음반은 레코드숍에서 사서 듣는 것'이었다. 마스다 대표는 고객의 입장에 서보았다. 희한한 생각이 스쳤다.

'고객 입장에서는 음반을 듣고 싶은 기간만 빌려서 듣고 돌려주는 편을 더 선호하지 않을까?'

음반 대여점 LOFT가 그렇게 세상에 나왔다. 고객들은 돈을 절약할 수 있어서 좋았고, 마스다 대표 입장에서도 음반을 사서 여러 사람에게 대여해줄 수 있으니 마진이 쏠쏠하게 남는 비즈니스였다. LOFT는 개장 첫날부터 문전성시를 이뤘다.

마스다 대표가 이듬해에 론칭한 쓰타야도 '상식 깨기'였다. 당시에는 비디오테이프, 레코드, 서적을 판매하는 곳들이 다 달랐다. 즉, 비디오테이프는 비디오 가게에서 팔았고, 음반은 레코드 가게에서 팔았으며, 책은 서점에서 팔았다. 해가 뜨고 지는 것만큼이나 당연하게 여겨지는 '상식'이었다. 마스다 대표는 다시 고객의 입장에 서보았다.

'이 세 가지 카테고리를 한자리에 모으면 고객들이 더 좋아하지 않을까?'

비디오테이프, 레코드, 서적을 한곳에서 파는 쓰타야 1호점이 탄생했다. 마스다 대표는 소비자들에게 희한한 생각을 던졌다.

"쓰타야가 판매하는 것은 '라이프스타일'입니다."

'업의 본질'을 새롭게 규정하는 말이었다. 그에 따르면 쓰타야는 단순히 물건을 판매하는 장소가 아니었다. 대신 수많은 영화, 음악, 서적에 담겨 있는 라이프스타일을 제안하는 곳이었다. 비디오테이프, 레코드, 서적을 한 매장에서 판매하겠다는 것도 라이프스타일을 제안하는 데 어느 것 하나 빠져서는 안 된다고 생각했기 때문이다.

> "하드보일드 영화의 팬이라면 레이먼드 챈들러의 소설도 좋아할 것이다. 그리고 그 주인공이 좋아하는 차분한 느낌의 재즈를 듣고 싶어 할지도 모른다. 그렇다면 하나의 상점에서 그것들을 모두 구입할수 있어야 한다."
>
> - 《지적자본론》, 마스다 무네아키

지금은 이렇게 하지 않는 곳이 드물지만, 당시에는 어디에서도 볼수 없는 혁신적인 시도였다.

상식을 깨는 데 따르는 어려움도 있었다. 업계에서 이단아 취급을 받았다. 상품별 유통 경로가 각기 다르고 이른바 '도매상'도 달랐기 때문이다. 유통 업체들은 쓰타야가 업계의 물을 흐리고 있다며 볼멘소리를 했다. 판매할 물건을 공급해주지 않는 업체도 여럿이었다. 마스다 대표는 이 모든 어려움을 선구자로서 감수해야 할 몫으로 여겼다. 고객들이 쓰타야가 제안하는 '삼위일체' 매장을 훨씬 더 선호할 거라는 데에는 이론의 여지가 없었다.

마스다 대표의 예측은 맞아떨어졌다. 고객들은 쓰타야의 새로운 시도에 열광했다. 자신들이 향유하고 싶어 하는 콘텐츠들이 쓰타야에 모두 모여 있었다. 그때부터 쓰타야는 '취향이 설계되는 장소'였다. 쓰타야처럼 서적과 음반을 모아놓고 파는 매장들이 하나둘 생겨났다. 유통 채널을 설득하기도 점점 더 쉬워졌다. 상식 파괴자 쓰타야는 어느덧 업계의 기준이 되어 있었다.

세계 최고의 기획회사

사업을 시작할 때부터 마스다 대표의 비전은 뚜렷했다.

"CCC(쓰타야의 모기업)를 세계 최고의 기획회사로 만들겠다."

그가 생각하는 기획회사의 정의는 '세상에 존재하지 않는 물건을 새롭게 기획하여 물건으로 존재하게 하는 회사'였다. 마스다 대표는 쓰타야에 기획'도' 필요하다고 보지 않았다. 기획이 전부라고 생각했다. 기획으로 승부를 봐야 하고, 기획에 목숨을 걸어야 한다고 생각했다. 이를 위해 두 가지만 제대로 하면 된다고 보았다. 하나는 고객 가치 증대, 또 하나는 라이프스타일 제안이었다.

고객 가치 증대

마스다 대표의 특기는 고객의 입장에 서는 거였다. 하루에도 몇 번씩 쓰타야 매장에 들러 '고객의 기분을 느끼는' 훈련을 하는 남자였다. 고객의 입장에 서서 고객의 기분을 느껴보면 기막힌 아이디어들이 쏟아져 나왔다. 모두가 음반을 판매하던 시절에 음반을 빌려주기로 한 것도, 삼위일체 매장을 만든 것도 고객의 입장에 서보았기에 가능했다.

쓰타야가 심야 영업을 시작한 것도 마찬가지였다. 사람들의 눈에 띌 것 같아서, 노력하는 모습을 어필하고 싶어서 등의 계산에 의한 것이 아니었다 고객의 입장에 서보면 정말 편하고 고마운 서비스일 거라는 확신이 들었다. 다른 매장들이 이른 저녁에 문을 닫을 때 쓰타야 매장만 늦게까지 불을 밝혔다. 쓰타야의 고객들이 감격한 건 자연스러운 결과였다.

쓰타야는 여느 기업들처럼 고객을 위하겠다고 목소리만 높이지 않았다. 대접받고자 하는 대로 고객을 대접했다. 이런 기업이 성공하지 못하는 것이 더 이상한 일이었다. 쓰타야는 날로 흥했다.

라이프스타일 제안

마스다 대표는 쓰타야가 '유일한' 장소가 되기를 원했다. 상품을 색다르게 팔고 싶었다. 눈에 보이는 물건을 파는 건 누구나 할 수 있는 일이었다. 남들과 똑같은 방식으로 똑같은 물건을 파는 장소라면 사람들이 굳이 쓰타야를 찾을 필요가 없었다.

마스다 대표는 기획회사 쓰타야의 경쟁력을 '제안 능력'이라고 보았다. 고객에게 가치가 있을 만한 라이프스타일 콘텐츠를 엄선해서 제안할 수 있어야 했다. 이건 회사가 돈이 많다고 해서 잘할 수 있는 부분이 아니었다. 직원들이 '지적으로' 준비가 되어야 했다. 쓰타야 직원 한 사람 한 사람이 고객에게 양질의 제안을 할 수 있는 수준에 이르러야 했다. 마스다 대표의 용어로는 '지적자본'이었다. 쓰타야 내부적으로 이 지적자본이 얼마나 축적되어 있는지가 제안 능력의 수준을 판가름할 것이고, 이것이 기획회사 쓰타야의 성공 여부를 결정할 것이었다. 마쓰다 대표는 자신이 쓴 책의 제목도 《지적자본론》이라고 지었다.

'단순히 물건을 파는 것이 아닌, 고객에게 꼭 맞는 라이프스타일 콘텐츠를 제안한다.' 근래 들어 유행하고 있는 이 개념을 무려 1980년대부터 생각해냈다. 이후 쓰타야 안에 지적자본이 꾸준히 쌓였다. 제안 능력도 나날이 발전했다. 쓰타야는 유일한 장소가 되어갔다.

30여 년 동안 '세계 최고의 기획회사'라는 목표를 향해 달려왔다. 이를 위해 고객 가치를 높이고 라이프스타일을 제안하자, 쓰타야의 참신한 기획이 팔리기 시작했다. 쓰타야를 따라 하는 경쟁자들도 하나둘 생겨났다. 쓰타야가 처음으로 세상에 선보인 희한한 생각이 업계의 기준이 되는 경우가 많아졌다. 그리고 2011년, 쓰타야는 세계 최고의 기획회사가 되는 마지막 한 점을 찍을 '기획물'을 세상에 내놓았다. 다이칸야마 티사이트였다.

무모한 도전

모든 사람이 무모한 도전이라고 했다. 마스다 대표가 도쿄도 시부야구 다이칸야마 지역에 4,000평의 땅을 마련했을 때였다. 그가 이 부지에 최고급 서점을 짓겠다고 했을 때, 사람들은 고개를 저었다. 이번에는 반드시 실패한다고 했다. 근거가 없는 말은 아니었다. 그 시선의 저변에는 '서점'에 대한 회의가 짙게 깔려 있었다. 책이 팔리지 않는 시기였다. 일본의 출판 시장 규모는 1996년 2조 600억 엔에서 2014년 1조 6,000억 엔으로 쪼그라들었다. 같은 기간 서점 수도 2만 3,000여 개에서 1만 3,000여 개로 감소했다. 서점 업계가 내리막이라는 건 숫자가 말해주고 있었다.

사람들은 이제 온라인에서 책을 사고 있었다. 클릭 한 번이면 다음 날 책을 받을 수 있는 시대였다. 점점 당일 배송도 가능해지고 있었다. 이런 상황에서 쓰타야가 대형 서점을 짓겠다고 나선 건 자살골이나 다름없었다.

더군다나 마스다가 매입한 다이칸야마 부지는 도쿄 외곽의 한적한 주택가에 자리 잡고 있었다. 마스다는 희한한 말을 내뱉었다.

"쓰타야의 기획력으로 승부를 보고 싶어서 시내 한복판이 아닌 이 지역을 골랐다. 쓰타야는 '찾아서 올 만한' 서점을 기획하려고 한다."

마스다 대표의 '무모한 도전'에 사람들은 벌어진 입을 다물지 못했다.

마스다 대표는 두 가지 측면에서 상식에 반하는 행동을 하고 있었다. 하나는 오프라인 서점이 온라인 서점을 이길 수 없다는 상식. 또 하나는 서점이 사양산업이라는 상식. 마스다 대표도 세간의 우려를 잘 알고 있었다. 그러나 그는 모두가 믿는 '상식'에 의문을 던졌다.

과연 오프라인 서점은 온라인 서점에 질 수밖에 없는 운명일까? 오프라인 서점이 온라인 서점보다 앞설 수 있는 요소도 존재하지 않을까? 모두들 서점을 사양산업이라고 여기는데 지금까지 다른 서점들이 너무 못했기 때문에 사양산업처럼 보이는 건 아닐까? 고객들이 찾아오고 싶어 하는 '특별한' 서점을 만들 수 있다면 판도를 바꿀 수 있지 않을까?

마스다 대표는 자신만의 답을 찾았다. 그대로 밀어붙였다. 상식 파괴자다운 추진력이었다.

온라인 서점은 넘사벽이 아니다

사람들이 온라인 서점에서 책을 사는 이유는 분명했다. 가장 큰 부분은 절대적인 '장서의 수'였다. 오프라인 서점과 달리 온라인 서점은 공간의 제약이 없었다. 미국에서 가장 규모가 크다는 반스앤노블만 보더라도 하나의 매장에서 소장할 수 있는 장서는 13만여 권에 불과했다. 아마존은 무한대였다.

가격 경쟁력도 온라인 서점이 유리했다. 오프라인 서점은 매장을 운영하는 데에만 상당한 비용이 들어갔다. 지출이 크니 마진도 떨어졌다. 온라인 서점만큼 파격적인 할인가에 책을 판매할 수 없었다.

구매 편리성도 온라인이 앞섰다. 오프라인 서점에 가려면 시간을 내서 발품을 팔아야 했다. 온라인에서는 클릭 한 번이면 끝나는 일이었다.

오프라인 서점이 온라인 서점을 이길 수 없는 이유는 차고 넘쳤다. 시작부터 승산이 없는 게임이었다. 하지만 마스다 대표는 거꾸로 생각했다. 오프라인 서점의 약점이 강점이 될 수 있다고 보았다. 특히 고객 가치 증대 측면에서 보자면 오프라인 서점이 온라인보다 더 나은 부분이 많았다.

첫째, 오프라인 서점에는 '즉시성'이 있다. 상품을 당일 배송하는 서비스가 확대되고 있지만, 어쨌든 온라인 서점은 책을 구매하고 나서 받기까지 대기해야 하는 시간이 필요하다. 지금 보고 싶은 책을 바로 구매해서 읽을 수 있다는 측면에서 오프라인 매장은 즉각적인 만족감을 줄 수 있다.

둘째, 오프라인 서점에는 '직접성'이 있다. 엄청난 양의 책을 눈으로, 손으로 직접 접할 수 있다. 이건 마치 진수성찬이 눈앞에 펼쳐져 있는 느낌과 비슷하다. 서점에 진열된 책들 사이에서 자신의 취향에 꼭 맞는 책을 찾아갈 때 느끼는 행복감은 모니터 앞에서는 절대 느낄 수 없는 것이다.

셋째, 오프라인 서점에는 특유의 '따뜻함'이 있다. 온라인으로 책을 구입하는 행위에 편리함은 있지만, 그 안에 편안함은 없다. 웹사이트에 들러서 구매 버튼을 누르면 땡이다. 오로지 책을 산다는 목적이 전부인, 매우 건조한 과정이다. 오프라인 서점은 다르다. 그 안에는 따뜻하고 지적인 공기가 흐른다. 스타벅스 커피를 마시면서 여유롭게 책을 음미하는 것도, 푹신한 소파에 앉아 책을 벗 삼아 휴식을 취하는 것도 모두 서점에서만 맛볼 수 있는 따뜻함이다. 이런 건 온라인에서는 죽었다 깨나도 경험할 수 없다.

그러니 오프라인 서점이라고 해서 반드시 망한다는 법은 없었다. 마스다 대표는 오프라인 매장이 가진 무기를 뾰족하게 만들면 반드시 온라인 서점을 이길 수 있다고 믿었다. 기획회사이자 오프라인 매장을 운영하는 쓰타야에 주어진 사명이기도 했다.

사양산업은 없다

"사양산업은 없다. 사양 기업만 있을 뿐이다."

유니클로 창업자 야나이 다다시 회장의 말이다. 야나이 회장부터가 사양산업으로 꼽히던 의류 업계에서 시가총액 64조 원 규모의 기업을 일궈낸 장본인이다. 그는 의류업 전체를 싸잡아서 사양산업이라고 말하는 건 '핑계'라고 보았다. 고객이 감탄할 만한 상품을 만들 자세가 되어 있다면 의류 업체들도 얼마든지 기회를 창출할 수 있다고 생각했다.

마스다 대표도 같은 생각이었다. 모두가 서점을 사양산업이라고
했다. 틀린 말은 아니었다. 실제로 서점 수가 급격하게 줄어들고 있었
다. 사람들이 책을 구매하는 비율도 감소하고 있었다. 마스다 대표는
숫자의 이면을 보았다. 고객의 입장에 서서 서점의 문제를 다시 정의
했다.

"서점이 서적을 판매했기 때문에 위기가 찾아왔다."

엉뚱한 소리였다. 서점이 서적을 판매하는 게 문제라니. 이에 마
스다 대표는 자신이 30여 년 전부터 품어왔던 생각을 펼쳐 보였다. 이
제 서점은 책에 담긴 내용을 고객들에게 '제안'할 수 있어야 한다. 책
은 그 자체로 엄청난 '제안 덩어리'다.

그러면 기존의 서점들은 왜 그때까지도 제대로 된 제안을 하지
못했던 걸까. 아주 간단한 이유다. 구매자가 아닌 판매자 중심의 사고
를 했기 때문이다. 일례로 잡지, 단행본, 문고본 등의 분류는 어디까지
나 유통을 하는 쪽의 입장에서 이뤄진 것이었다. 이런 분류를 매장에
도 그대로 도입하고 있었다. 서점은 판매자가 자신의 편의에 따라서
책을 파는 판매 장소일 뿐 소비자의 욕구에 예민하게 반응하는 구매
장소가 아니었다. 고객들을 배려하지 않고 자신들이 편한 방식으로만
책을 판매하니 온라인 서점에 고객을 빼앗기는 건 당연지사였다. 그
러면서 '책이 팔리지 않는다'고 한탄만 하고 있었다.

마스다 대표가 보기에 서점은 스스로 가진 잠재력을 조금도 보여
주지 못하고 있었다. 서점업은 사양산업이 아니었다. 사양 기업만 있
을 뿐이었다.

새로 나온 책이거나 잘 팔리는 책이거나. 교보문고에도 '제안다운 제안'은 없다. 판매자 위주다.

　　2011년, 다이칸야마 티사이트가 오픈했다. 마스다 대표가 창업 이후 줄곧 배양해온 철학이 집대성된 서점이자, 쓰타야에 쌓여온 지적자본이 총동원된 서점이었다. 다이칸야마 티사이트가 모습을 드러내자 여기저기서 '서점의 미래'라는 말이 나왔다.

핵심 타깃을 찾아라

티사이트를 지을 무렵 마스다 대표는 건너편에 있는 카페 미켈란젤로에서 시간을 보내는 일이 많았다. 그곳에 앉아 사람들이 오가는 모습을 온종일 지켜보았다. 그러고는 반려동물을 키우고 부유해 보이는 고령자가 많다는 사실을 발견했다. 티사이트가 누구를 위한 서점이 되어야 하는지에 대한 힌트였다.

일본의 인구 통계 지표를 확인해보니 젊은이의 숫자는 갈수록 줄어들고, 60대 이상의 노인 인구는 계속해서 증가하고 있었다. 이는 앞으로도 지속될 현상이었다. 더군다나 일본에서는 전체 개인 자산 1,500조 엔 중에서 70%를 60세 이상의 고령층이 보유하고 있었다. 결론은 복잡하지 않았다. 앞으로 쓰타야는 60대 이상인 고객들이 선택해주어야 했다. 그래야 돈을 벌 수 있었다.

60세 이상의 시니어들을 타깃으로 정했다. 대상이 분명해졌으니 이제는 '어떻게'를 고민할 차례였다. 마스다가 생각하는 기획의 진수는 고객이 기뻐할 만한 것들을 생각해내는 데 있었다. 60세 시니어들을 기쁘게 해줄 기획을 시작했다.

타깃에 맞는 책들을 구비했다. 건강에 관심이 많은 연령대인 만큼 요리 관련 서적을 일본 내 최고 수준으로 갖췄다. 여생을 풍부하게 보낼 수 있도록 도와주는 여행, 주택, 자동차, 디자인 서적도 풍성하게 채웠다. '어떻게 생을 마감할 것인가'에 참고가 될 만한 종교, 철학, 전기 서적도 준비했다. 비즈니스나 처세술 등의 서적은 취급하지 않았다.

시니어 타깃을 위한 노력은 여기서 그치지 않았다. 노인들은 아침 일찍 하루를 시작한다는 사실에 착안하여 아침 7시에 영업을 시작했다. 시니어들을 위한 편의시설을 갖추는 것도 소홀히 하지 않았다. 레스토랑과 애견용품점, 자전거 전문숍을 매장 안에 두었다. 그리고 호텔 수준의 택시 승강장을 갖추어 시니어 고객들이 편리하게 택시를 탈 수 있도록 배려했다.

티사이트는 문을 열자마자 실버 세대 고객들의 '아지트'가 됐다, 자신들을 이렇게 배려해주는 이 서점에 감격했다. 내가 티사이트에서 만난 한 노인은 자신에게 다이칸야마 티사이트는 '선물' 같은 장소라고 했다. 그동안 이 서점 없이 어떻게 살아왔나 싶다며 웃었다.

티사이트는 제안을 판다

오래전부터 기획회사 쓰타야의 무기는 제안 능력이었다. 다이칸야마 티사이트는 지난 30여 년 동안 쓰타야가 갈고닦은 제안 능력의 정수를 보여줄 기회였다.

서점의 분류 체계부터 새롭게 제안했다. 지난날 서점들은 기계적으로 책을 나누어 배치했다. 철학, 소설, 경제경영, 과학, 아동 코너로 나눈 후에 출판사별로 분류된 책장 안에 저자의 이름에 따라 히라가나 순으로 배치하면 끝이었다. 수납해야 할 서적이 몇 권이든 간에 해당하는 장소에 간편하게 진열하면 됐다. 거기에 베스트셀러 섹션을 만들어 요즘 잘 판매되는 책들만 따로 분류해놓으면 완성이었다. 이런 분류는 고객 입장에서는 아무런 감흥이 없었다.

　마스다 대표는 고객에게 제안다운 제안을 하고 싶었다. 이를 위해 모두가 알던 서점의 모습을 해체하고 재배열했다. 여행과 음식과 요리, 인문과 문학, 디자인과 건축, 아트, 자동차 식으로 장르에 따라 구분한 것은 이전과 크게 다르지 않았다. 이제부터가 진짜였다. 틀을 넘는 횡단적 진열 방식을 도입했다. 예를 들어, 여행 카테고리 안에서는 '뉴욕 여행'이라는 주제를 정했다. 그 안에는 폴 오스터의 소설《뉴욕 3부작》과 마일스 데이비스의 음반을 한자리에 배치했다. 뉴욕의 힙스터들이 찾는 의류 브랜드 챔피언의 후드티를 옆자리에 진열했다. 그리고 컨시어지 서비스를 통해서 뉴욕행 항공 티켓을 예매할 수 있도록 했다. '양껏 가져다 놓았으니 알아서 찾아서 드세요'가 기존 서점의

왼쪽 다이칸야마 쓰타야 서점이 농구 콘텐츠를 제안하는 법. 농구 잡지는 물론 농구용품, NBA 선수 피겨까지 '맛있게' 진열되어 있다.
오른쪽 다이칸야마 쓰타야 서점이 모터사이클을 제안하는 법. 책과 의류는 물론 진짜 오토바이를 가져다 놓았다. 딱히 이 분야에 관심이 없는 사람도 머무르게 하는 힘이 있다. 쓰타야식 제안의 힘이다.

태도라면, 쓰타야는 보암직하고 먹음직스러운 정찬을 내놓았다.

보기보다 간단한 작업은 아니었다. 제안 내용을 바탕으로 분류를 새롭게 하기 위해서는 엄청난 지적자본이 필요했다. 쓰타야의 직원들은 각 분야에 대한 전문적인 식견은 물론, 고객이 흥미를 가질 만한 콘텐츠를 엄선하는 제안 능력까지 겸비해야 했다.

컨시어지(접객 담당자)의 역할이 절대적이었다. 몇천 대 1의 경쟁력을 뚫고 각 분야의 프로들이 발탁됐다. 예를 들어 요리 코너는 일본을 대표하는 출판사에서 여성 잡지 편집장을 담당했던 편집자가, 자동차 섹션은 온라인에서 엄청난 인기를 끌고 있는 자동차 블로그의 운영자가 맡는 식이었다. 상품 매입부터 매장 구성까지 컨시어지들이 주도했다. 기획회사 쓰타야가 선보이는 진화된 버전의 '라이프스타일 제안'이 그렇게 탄생했다.

다이칸야마 티사이트를 찾은 고객들은 감격했다. 누군가가 나를 위해 이런 장소를 만들어놓았구나. 나의 내면에 있는 욕구를 이해했구나. 그래서 이런 제안을 했구나. 결국에는 이 브랜드에 고마운 마음이 남았다.

다이칸야마 티사이트의 성공은 예견된 것이었다. 오픈하자마자 명소로 떠올랐다. 사람들이 서점을 '찾아오기' 시작했다. 시니어 연령대는 물론 전 연령대가 고르게 찾아오는 핫스폿이 됐다. 해외에서 소문을 듣고 찾아오는 이들도 상당수였다. 평일에는 1만 명, 주말에는 2만 명이 이곳을 찾는다. 다이칸야마역 이용자는 서점을 열기 전보다 20% 늘었다. 마스다 대표의 무모한 도전은 통했다.

고객의 기분이 된다

마스다 대표가 쓴 책에는 '고객의 기분이 되어본다'라는 표현이 자주 등장한다. 20대 여성의 기분, 대학생의 기분, 여성 노인의 기분, 아침의 기분, 점심의 기분, 저녁의 기분…. 역지사지의 마스다식 해석이다. 그는 성공하는 방법은 간단하다고 덧붙인다. 고객이 원하는 것을 콕 집어서 제안만 하면 된다. '세계 최초'라는 공허한 구호도 필요 없다. 그건 대부분 회의실에서 만들어지는 말이니까.

쓰타야는 고객에 입장에 섰을 뿐이다. 서점업의 패러다임을 통째로 바꿔버린 브랜드의 비결치고는 별다른 것이 없어 보인다. 새로운 기술을 발명한 것도, 엄청난 콘텐츠를 내놓은 것도 아니다. 판매자가 주도하는 서점을 구매자를 위한 서점으로 만들고, 고객이 원하는 것을 콕 집어서 제안했을 뿐이다. 간단히 말하면, 대접받고 싶은 대로 대접하는 황금률을 실천했을 뿐이다. 그게 전부다. 원래 진리는 이토록 쉽고 간단한 법이다. 실천이 힘들다는 게 문제지.

발뮤다

내려놓아야 보이는 것들

죽은 빵을 살려내는 기적, 발뮤다 토스터. 출처 | 발뮤다 홈페이지

"자네는 아직 윤대협을 이기지 못해."

안 선생의 말이 제자의 가슴에 비수가 되어 꽂혔다. 북산고교의 에이스 서태웅이었다. 농구에 관해서라면 누구에게도 져본 기억이 없는 사내였다. 제자는 스승의 뜻을 알 수 없었다. 그 길로 윤대협을 찾아갔다. 윤대협과 해가 저물 때까지 1대1 승부를 겨뤘다. 경기 후 윤대협이 입을 열었다.

"넌 네가 가진 재능을 충분히 쓰지 못하고 있어. 1대1도 공격 기술 중 하나에 지나지 않아. 그것을 깨닫지 못하는 동안엔, 네게 지지 않아."

결정적인 힌트였다.

이후 고교 최강의 플레이어 정우성과 대결하면서 답을 얻었다. 1대1로는 도저히 정우성을 넘을 수 없었다.

'북산의 에이스가 무너졌다. 시합은 끝났다.'

경기장에 있는 모든 이가 같은 생각을 했다. 그 순간 서태웅은 나지막이 웃었다.

'이거였구나. 안 선생님과 윤대협이 말한 것이.'

그리고 패스를 했다. 자기만 잘난 줄 알던 천재가 팀플레이에 눈을 떴다. 경기의 흐름을 북산 쪽으로 돌려놓고, 강백호의 결승골을 어시스트했다. 그날 서태웅은 자신을 내려놓았다. 자신과 팀을 구했다.

일본의 가전 브랜드 발뮤다도 '내려놓아' 살아났다. 자신이 최고라 믿던 시절이 있었다. 확신과 오만함의 경계에서 춤을 췄다. 위기의 파도가 덮치고 나서야 생각을 고쳐먹었다. 내려놓았다. 패스를 할 줄 아는 서태웅이 됐다.

학교보다 거리에서 배우다

극적인 삶이었다. 어릴 적 부모가 이혼했다. 얼마 지나지 않아 모친이 사고로 세상을 떴다. 인생의 유한함을 느꼈다. 하루하루 전력을 다해 살기로 결심했다. 남은 생이 2,000년쯤 되는 건 아니니까.

열일곱 살에 고등학교를 중퇴했다. 1년 동안 스페인, 이탈리아, 모로코, 프랑스 등 지중해 연안의 나라를 여행했다. 유럽의 거리는 학교였다. 교실에서 배울 수 없는 '진짜 문물'을 접했다. 온몸으로 흡수했다. 평생을 두고 써먹을 감각이 됐다. 무한한 자신감을 얻어 귀국했다.

록스타로 진로를 정했다. 음반사와 계약을 맺고 록밴드 비치 파이터를 결성했다. 오래 기다리셨습니다, 여러분. 그동안 제가 갈고닦은 '미친 감각'을 보여드리지요. 거칠 것 없는 청춘이었다. 자신을 천재라 생각했다. 삶이 클라이맥스를 향해 치닫고 있다고 믿었다.

딱 거기까지였다. 클라이맥스는 없었다. 밴드의 음악은 뜨지 않았

극적인 삶을 살아온 데라오 겐. 로커로 10년을 살다가 디자이너로 변신했다. 발뮤다를 창업해서 이끌고 있다. **출처 I 발뮤다 홈페이지**

다. 그렇게 10년의 세월이 흘러갔다. 그사이 오만함과 무지함, 무례함이 씻겨 내려갔다. 연극의 1막이 끝났다.

우연한 계기로 인생의 궤도를 수정했다. 여자친구의 집에서 네덜란드 디자인 잡지 〈프레임〉을 만났다. 기타를 내려놓았다. 디자이너로 새롭게 출발했다.

매일 아키하바라의 전자상가 도큐핸즈로 출근했다. 제품을 보고 또 보았다. 오만 가지 질문으로 매장 직원들을 괴롭혔다. 얼기설기 그린 제품 도면을 들고 공장을 찾았다. 수많은 시행착오 끝에 쓸 만한 시제품을 생산해냈다. 남자의 나이 서른이 되던 해에 발뮤다 디자인(2011년 발뮤다로 회사명 변경)을 설립했다. 연극의 2막이 올랐다.

위기는 기회

데라오 겐 대표 자신이 유일한 직원이었다. 본인의 감각을 믿었다. 시장조사 따위는 하지 않았다. 로커 출신이었으니까. 곡을 만들 때 "어떤 곡이 듣고 싶으신가요?"라고 묻는 로커는 없으니까. 본인이 가지고 싶은 물건이라면 다른 이들에게도 마찬가지일 거라 생각했다. 알루미늄으로 만든 노트북 거치대, 탁상용 스탠드 등을 내놓았다. 디테일에 목숨을 걸었다. 반들반들 윤이 나는 표면을 위해 도장을 세 번이나 하는 식이었다.

문제는 가격이었다. 노트북 거치대가 무려 3만 5,000엔이었다. 몇 년 동안은 근근이 판매가 됐다. 그러나 2008년 세계 경제위기가 터지자 주문이 끊겼다. 3,000만 엔의 빚이 생겼다. 석 달 정도 지나면 도산하게 될 상황에서 겸손해지지 않을 이는 없다. 어디서부터 잘못된 걸까. 왜 고객들은 우리 제품을 외면하는 걸까.

발뮤다의 첫 제품인 노트북 거치대 X-Base.
반응은 나쁘지 않았다. 2주 만에 300대가
팔렸다. 그러나 경제위기가 닥치자 주문이
뚝 끊겼다. 출처 | 발뮤다 홈페이지

그 후로 9년의 세월이 흘렀다. 현재 발뮤다는 직원 90여 명에 100억 엔의 연 매출을 올리는 브랜드다(2018년 기준). 발뮤다의 팬들은 갈수록 늘어난다. 망하기 직전의 영세 브랜드가 세계적인 가전 브랜드로 도약하는 중이다. 비법은 하나였다. 내려놓는 것. 이전까지 성공의 지름길이라 믿고 움켜쥐고 있던 것들을 포기했다. 그때부터 발뮤다가 팔리기 시작했다. 위기는 기회였다.

혁신을 내려놓으니 고객의 필요가 보였다

처음엔 고객 탓을 했다. 솔직히 서운했다. 이토록 멋진 디자인을 못 알아보다니. 사람들의 안목이 이렇게나 떨어진다니. 생존의 갈림길에 서자 겸손해졌다. 빳빳했던 고개를 숙이고 실패의 이유를 찾았다. 한 가지가 분명해졌다.

"발뮤다의 제품은 고객들에게 필요가 없다."

자신이 보기에는 혁신적인 제품이었다. 그러나 고객의 생각은 달랐다. 멋지지만 쓸모없는 제품이었다. '아름다운 쓰레기'였다. 스스로 이상적으로 생각한 제품과 고객이 원하는 제품이 일치하지 않았다. 그때부터 '혁신'에 대한 강박을 내려놓았다. 시선을 돌려 사람들의 생활을 들여다보았다. 특별한 기능보다 고객의 '필요'를 고민하기 시작했다.

주변에 있는 가전에서 필요를 찾았다. 선풍기가 보였다. 시중에 나온 선풍기의 바람은 당장은 시원하지만 오래 쐴수록 기분이 불쾌해졌다. 자연 바람처럼 기분 좋은 바람이 필요했다. 바람이 닿는 날개 면적을 넓히고 특수 모터로 소음을 최소화한 선풍기를 내놓았다. 그제야 고객들은 필요를 느꼈다. 4만 엔이 넘는 가격에도 날개 돋친 듯 팔렸다.

토스터에서 필요를 보았다. 겉은 바삭하고 속은 폭신한 빵을 만들 수는 없을까. 빵 안에 수분을 채워 넣는 궁극의 토스터를 개발했다. 발뮤다의 토스터로 빵을 구운 이들마다 '죽은 빵도 살려낸다'는 소문을 내기 시작했다.

가습기에서 필요를 보았다. 매번 물탱크를 꺼내고 끼우는 건 거추장스러운 일이었다. 물탱크를 없애버렸다. 항아리 모양의 가습기 본체에 물을 붓는 낭만적인 가습기가 탄생했다. 사용할 때마다 도자기를 빚는 듯한 체험을 할 수 있었다. 이 정도면 가전이 아닌, 작품이었다.

이제 발뮤다는 애써 혁신하려 하지 않는다. 새로운 장르의 가전을 만들려 하지도 않는다. 고객의 필요만 수집할 뿐이다. 그런 발뮤다에 '혁신적'이라는 찬사가 쏟아진다.

디자인을 내려놓으니 제품의 목적이 보였다

"아름다움이 아닌 맛있음을 디자인한 첫 번째 프로젝트."

발뮤다 토스터를 개발한 직원의 말이다. 많은 이들이 발뮤다 하면 디자인을 떠올린다. 군더더기 없는, 세련된 디자인을 두고 '제2의 애플'이라 말한다.

지난날, 발뮤다에게 디자인은 절대선이었다. 사소한 부분까지 신경 쓴 아름다운 가전제품에 목을 맸다. 지금은 아니다. 가전의 목적이 우선이다. 디자인은 '거들 뿐'이다. 즉, 토스터로 구운 빵의 '맛있음'이 토스터 디자인의 '아름다움'보다 중요하다. 그렇다면, 그 '맛있는 빵'이 어떤 맛인지는 어떻게 알 수 있는 걸까. 발뮤다는 고객에게 묻지 않는다. 자신에게 묻는다. 과거를 반추한다. 인생을 통틀어 가장 맛있게 먹었던 빵에 대한 기억을 소환한다.

"서툰 스페인어로 갓 구워낸 빵을 받아서 한 입 베어 무는 순간 눈물이 쏟아졌습니다."

열일곱 살 소년 데라오 겐이 스페인 론다 지방에서 처음 먹었던 빵이 그랬다. 낯선 이국땅에서 빵을 베어 문 순간 그동안 쌓였던 긴장과 피로가 모두 풀렸다. 불안하고 힘들었던 감정들이 눈물이 되어 쏟아져 나왔다. 그때의 기억을 떠올렸다.

빵 맛에 관한 다음 기억은 직원들과 바비큐 파티를 한 날로 거슬러 올라간다. 그날은 폭우가 쏟아지고 있었고, 재미 삼아 숯불에 빵을 구웠다. 겉은 바삭하면서 속은 촉촉한 '미친' 토스트를 맛보았다.

2개의 강렬한 기억이 하나로 모였다. 그때 맛본 빵 맛을 구현하는 토스터 개발이 시작됐다. 늘 이런 식이다. 발뮤다는 기억을 소환해서 히트 제품을 탄생시킨다.

"기억하는 최고의 방법은 감동하는 것이다."

TBWA KOREA 박웅현 크리에이티브 대표의 말이다. 창의적인 생각은 기억에서 나온다. 필요한 순간에 기억이 나와주어야 한다. 쟁여둔 기억이 많으면 많이 나온다. 그 반대라면 적게 나온다. 기억들이

발뮤다 토스터는 기억의 산물이었다. 그날 폭우 속에서 먹었던 빵 맛을 기억했다. 수분이 촉촉하게 스며드는 토스터를 개발했다. 출처 | 발뮤다 홈페이지

서로 부딪쳐 화학작용을 일으키는 건 '덤'이다.

감동하여 얻은 기억은 쉽게 지워지지 않는다. 사소한 데에서 소름 돋을 줄 아는 사람이 그래서 유리하다. 남들은 무심코 흘려보내는 생각을 붙잡아서 기억한다. 참신한 생각의 재료로 쓴다.

발뮤다는 창의적인 집단이다. 감동받는 데 천재들이다. 행복했던 순간의 기억을 겹겹이 쌓아둔다. 가전으로 만든다. 어느 날 창문 사이로 불어온 기분 좋은 바람은 그린팬(선풍기)이 된다. 할머니에 대한 그리운 기억은 항아리에 물을 붓는 형태의 레인(가습기)이 된다.

기억으로 제품을 만든다. 결국 고객의 기억마저 상기시킨다. 언젠가 경험한 상쾌한 바람의 느낌, 눈물을 흘리면서 먹었던 토스트, 옛날 이야기를 들려주시던 할머니에 대한 기억이 되살아난다. 고객은 생각에 잠긴다. 행복해진다. 중국산 제품보다 5~10배나 되는 가격을 기꺼이 지불한다. 아깝다는 생각이 전혀 들지 않는다.

발뮤다는 잊힌 기억을 소환한다. 가습기 레인을 보면 우리네 할머니의 모습이 떠오른다. 항아리에 물을 붓는 듯한 형태의 낭만적인 가전이다. **출처 | 발뮤다 홈페이지**

주연 욕심을 버리니 주변이 보였다

단어의 쓰임은 시대의 반영이다. 한때 '패션 피플'이라는 단어의 주가가 높았다. TV에도 잡지에도 '패피'가 등장했다. 방점은 보통 '피플'보다 '패션'에 찍혔다. 패피라 불리는 이들을 보면 대개 사람보다 옷이 먼저 보였다. 패션이 피플을 집어삼킨 형국이었다. 주객전도였다. 패션은 늘 목소리가 컸다. 이 구역에서 내가 제일 잘나가. 홀로 튀려는 욕망은 언제나 불편함을 유발했다. 그럼에도 이 단어는 핫했다. 하지만 지금은 아니다. 쓰이는 빈도가 확연히 줄었다. 그 자리를 '놈코어', '휘게' 같은 단어들이 차지했다.

　"요즘 세대의 디자이너는 '가전제품'을 '가전'이라 부릅니다. 과거에는 항상 '가전제품'으로 불렸습니다."

발뮤다 제품은 튀지 않는다. 컬러가 정제되어 있다. 주변과 잘 어우러진다. 출처 | 발뮤다 페이스북

SWNA 이석우 디자이너의 말이다. 예전에 가전은 하나의 독립된 '제품'으로 인식됐다. 디자이너는 가전제품을 거실의 주인공으로 만들려고 했다. 더 화려하게. 더 튀게. 결국 거실에서 가전제품만 도드라졌다. 패피였다. 시대가 변해 이제 가전은 공간에 놓이는 물건으로 인식된다. 조화가 우선이다.

발뮤다가 인기를 얻는 이유도 가전의 역할에 충실하기 때문이다. 데라오 겐 대표가 어느 날 우연히 얻은 깨달음이 계기가 됐다.

창업한 후 오랜만에 기타를 잡은 날이었다. 당시에는 자나 깨나 선풍기 생각만 할 때였는데, 기타를 연주하는 동안에는 선풍기 생각이 전혀 나지 않았다. 그때 깨달았다. 고객도 마찬가지겠구나. 선풍기를 이렇게나 생각하는 사람은 이 세상에 나 하나겠구나.

당시 데라오 겐 대표에게는 선풍기가 세상에서 가장 중요한 물건이었다. 고객에게 선풍기는 그냥 선풍기였다. 선풍기보다 중요한 게 이 세상에 차고 넘쳤다. 집 안만 봐도 테이블, 의자, TV 같은 쟁쟁한 주연 후보들이 있었다. 선풍기는 주연 '깜'도 아니었다. 주제 파악을 마쳤다. 주연에 대한 집착을 내려놓았다. 어느 공간에서나 잘 어울릴 줄 아는 조연의 역할에 충실하기로 마음을 먹었다. 존재감을 억눌렀다.

"노력하고 고민한 흔적을 굳이 소비자에게 드러내고 싶지 않습니다."

발뮤다는 독종이다. 신제품을 출시하기 전까지 2,000개가 넘는 시안을 테스트한다. 무시무시할 정도로 회의에 회의를 거듭한다. 디테일에 대한 강박은 유명하다. 그러나 발뮤다는 이렇게 노력한 흔적을 굳이 드러내려 하지 않는다. 도리어 과하지 않도록, 꾸며낸 듯 보이지 않도록 경계한다. 스스로 설 자리를 잘 알기 때문이다. 자신을 낮추고 주변과의 조화를 살피려 한다. 발뮤다의 내공이다.

소비자들은 이런 진짜배기를 알아보지 못할 만큼 눈이 어둡지 않

신제품을 내놓을 때마다 발뮤다는 2,000개 이상의 시안을 제작한다. 가장 중요한 건 제품의 목적이다. 디자인보다 목적을 우선순위에 둔다.
출처 | 발뮤다 홈페이지

다. 발뮤다는 주연의 자리를 내려놓고, 낮은 데로 임했다. 결국 발뮤다가 주인공이 됐다.

내려놓으면 보이는 것들

"발뮤다 토스터는 절대 사면 안 돼. 엄청 살쪄."

지인의 충고에 웃었다. '죽은 빵도 살려낸다'는 발뮤다 토스터의 위력이 그대로 전해졌다. 이렇듯 발뮤다를 써본 사람들은 한목소리를 낸다. 발뮤다로 인해 생활이 달라졌다. 이제는 발뮤다 없이는 못 살겠다. 일종의 신앙고백이다.

발뮤다가 지금까지 출시한 제품은 10종이 채 되지 않는다. 새로

'이 가게 빵 좀 굽는데?'라는 생각이 들면 주방을 훔쳐보시길. 여지없이 발뮤다 토스터가 놓여 있을 테니까. 디저트 카페 브랜드 백미당에서도 발뮤다 토스터를 사용한다.

운 장르의 가전을 창조한 적도 없다. 그럼에도 발뮤다는 가장 사랑받는 가전 브랜드가 되어가는 중이다. 내려놓음이 비결이었다. 내려놓으니 고객이 보였다. 필요와 목적이 보였다. 가전이 놓일 위치가 보였다.

발뮤다는 부활했다. 자신을 내려놓고 고객을 바라보는 것만으로도 부활하기에 충분했다.

1ㅣ발뮤다의 첫 번째 브랜드 매장이 도쿄 긴자에 생겼다. 마쓰야 백화점 8층에 있다. 발뮤다의 이름값에 비해서는 상당히 겸손한(?) 규모였다. 브랜드보이가 찾았다.
2ㅣ토스터 옆에는 식빵과 물이 준비되어 있었다. 직원에게 "이건 전시용으로 두신 거죠?"라고 물어보니, 이 자리에서 직접 빵을 구워준다고 했다. 그리고 비닐장갑을 꺼냈다.
3ㅣ토스터에 물을 넣고 몇 분을 기다리니 먹음직한 토스트가 완성됐다. 빵의 향을 맡고 다른 고객들이 몰려왔다. 함께 나누어 먹었다. 특별한 체험이었다.

참고자료

1 사명

스티브 잡스: 마케팅의 본질, 유튜브 영상, 스테이지5, https://www.youtube.com/watch?v=EWSA7Lykvt4&feature=youtu.be

토스

1. 애플의 성공 비결은 '피카소 따라하기', <한국일보>, https://www.hankookilbo.com/News/Read/201408121138166732
2. 1,000만 명이 쓰는 간편송금 앱 토스 창업부터 지금까지, 유튜브 채널 <태용>
3. 《미친듯이 심플》, 켄 시걸 지음, 김광수 옮김, 문학동네

에어비앤비

1. '타도 에어비앤비' 외치는 메리어트, 특급호텔 공유숙박 진출, <조선비즈>, http://biz.chosun.com/site/data/html_dir/2019/05/17/2019051700996.html
2. 《에어비앤비 스토리》, 레이 갤러거 지음, 유정식 옮김, 다산북스

파타고니아

1. <매거진 B> Vol. 38, 파타고니아, JOH & Company 편집부 엮음, 제이오에이치
2. 《파도가 칠 때는 서핑을》, 이본 취나드 지음, 서지원 옮김, 화산문화기획
3. 《나는 왜 이 일을 하는가》, 사이먼 사이넥 지음, 이영민 옮김, 타임비즈
4. 《월든》, 헨리 데이비드 소로 지음, 강승영 옮김, 은행나무
5. 《컬트가 되라》, 더글라스 홀트·더글라스 캐머런 지음, 김정혜 옮김, 지식노마드
6. 월가는 파타고니아 교복 입지 마라, <티타임즈>, http://www.ttimes.co.kr/view.html?no=2019041018037728669&BC

무인양품

1. 세계인의 홈퍼니싱 필수템 '무인양품' 본질 빼고 껍데기 다 버려…'디자인 경영' 정수, <매일경제>, https://www.mk.co.kr/news/business/view/2017/07/443462/
2. "무인양품의 철학? 소비자에게 필요 없는 물건은 안 판다", <중앙일보>, https://news.joins.com/article/22415655
3. 무지코리아, 후카사와 나오토 디자이너 방한 '파운드 무지(Found MUJI)' 강연회 개최, <중앙일보>, https://news.joins.com/article/22033730
4. 《말하지 않아야 할 때: 이영표의 말》, 이영표 지음, 홍성사
5. 《마케팅이다: 세스 고딘의》, 세스 고딘 지음, 김태훈 옮김, 쌤앤파커스

6. <매거진 B> Vol. 53, 무인양품, JOH & Company 편집부 엮음, 제이오에이치

곤도 마리에

1. 《인생이 빛나는 정리의 마법》, 곤도 마리에 지음, 홍성민 옮김, 더난출판
2. 일본 정리의 여왕, 전 세계 '물건의 노예' 변화시킨 비결, <중앙일보>, https://news.joins.com/article/23347960
3. '설렘' 없는 옷 무덤과 과감한 작별… 어느새 널찍해진 공간이 내 방에 짠~, <한국일보>, https://www.hankookilbo.com/News/Read/201902250997395195
4. 정리가 어려운 당신에게, <VOGUE> 2019년 4월호, http://www.vogue.co.kr/2019/04/16/%EC%A0%95%EB%A6%AC%EA%B0%80-%EC%96%B4%EB%A0%A4%EC%9A%B4-%EB%8B%B9%EC%8B%A0%EC%97%90%EA%B2%8C/
5. The New York Times, Kissing Your Socks Goodbye, Penelope Green, Oct. 22, 2014

2 문화

배달의민족

1. 《생각하는 미친놈》, 박서원 지음, 센추리원
2. 《배민다움》, 홍성태 지음, 북스톤
3. 월요병이 없는 회사의 비밀, 김봉진 대표 세바시 강연, https://www.youtube.com/watch?v=pcbyke6A35o
4. 배달의 민족, 경매식 광고 '슈퍼리스트' 폐지…CPS 방식으로 대체, <디지털데일리>, http://www.ddaily.co.kr/news/article/?no=178617
5. [단독]발로 뛴 요기요, 날개 단 배달의 민족…매출 격차 3배, <전자신문>, http://www.etnews.com/20190503,000312
6. 오픈서베이 '음식 배달 서비스 이용 행태 파악', 2019년 4월, 전국 20~59세 남녀 1,500명 조사

빔즈

1. 셀렉트숍에 대해 알아보자: 일본 패션 브랜드를 중심으로, 패셔닛, 네이버 블로그 '패션 MD의 모든 것', http://blog.naver.com/PostView.nhn?blogId=hs963135&logNo=20134148086&parentCategoryNo=42&categoryNo=&viewDate=&isShowPopularPosts=true&from=search
2. "우리는 문화를 판다"…일본 빔즈의 44년 성공기, <중앙일보>, https://news.joins.com/article/23475215
3. 진화하는 셀렉트숍 리더 '빔즈', <패션비즈>, https://m.fashionbiz.co.kr:6001/index.asp?idx=154490
4. 빔즈는 앞으로 어디로 가는가. 한국패션산업협회, http://koreafashion.org/info/info_content_view.asp?num=2454&pageNum=1&clientIdx=1700&SrchItem=&SrchWord=&flag=2

자포스

1. 《딜리버링 해피니스》, 토니 셰이 지음, 송연수 옮김, 북하우스
2. 고객이 찾는 신발 없으면, 다른 온라인몰 알려줘라, <한국일보>, https://www.hankookilbo.com/News/Read/201809201621782911?did=NA&dtype=&dtypecode=&prnewsid=

에이스호텔

1. 《플레이》, 김재훈·신기주 지음, 민음인
2. <매거진 B> Vol. 29, 에이스호텔, JOH & Company 편집부 엮음, 제이오에이치

3 다름

돈키호테

1. 《돈키호테 CEO》, 야스다 다카오 지음, 김진연 옮김, 센시오
2. 《로켓 CEO》, 레이 크록 지음, 이영래 옮김, 오씨이오

버질 아블로

루이비통 남성복을 이끌 첫 흑인, 버질 아블로는 누구, <조선일보>, http://news.chosun.com/site/data/html_dir/2018/03/28/2018032800276.html

호시노야 도쿄

1. DBR Case Study: 호시노 리조트 운영 전략 및 조직 문화, <동아비즈니스리뷰>, https://dbr.donga.com/article/view/1203/article_no/8756
2. <매거진 B> Vol. 66, 호시노야, JOH & Company 편집부 엮음, 제이오에이치
3. "최전선 직원이 최대한 역량 발휘하는 방법 고민… 결론은 수평적 조직", <조선일보 위클리 비즈>

톰포드

1. 심상복의 명품TALK, 위기의 구찌 구한 톰포드, <중앙일보>, https://news.joins.com/article/4802284
2. 글래머러스의 화려한 부활, 2018 S/S 톰 포드 컬렉션, 패션앤, http://www.fashionn.com/board/read_new.php?table=1028&number=21842
3. 톰포드, MENAISSANCE MAN 블로그, https://m.blog.naver.com/PostView.nhn?blogId=anackne&logNo=220330334588&proxyReferer=https%3A%2F%2Fwww.google.co.kr%2F

모노클

1. <매거진 B> Vol. 60, 모노클, JOH & Company 편집부 엮음, 제이오에이치
2. <모노클, 미디어를 말하다 - Monocle media summit>, 정선영 외 1명 지음, 퍼블리

박진영

1. 이치로의 은퇴, 이종범의 후회, <동아일보>, http://www.donga.com/news/article/all/20190327/94751184/1
2. 스즈키 이치로는 철학자다, <한겨레>, http://www.hani.co.kr/arti/sports/baseball/750598.html
3. 박진영, 춤에 미쳐 인생 조진 녀석, 오광수의 문화살림 블로그, https://oks.khan.kr/79
4. 《마케팅 불변의 법칙》, 알 리스·잭 트라우트 지음, 박길부 옮김, 십일월출판사
5. '섹시한 남자 가수' 처음으로 표방한 X세대의 얼굴마담-박진영, <한겨레>, http://www.hani.co.kr/arti/culture/culture_general/887923.html

4 집요

《슈독》, 필 나이트 지음, 안세민 옮김, 사회평론

프라이탁

1. 소설가 김영하가 말하는 인공지능과 창의성, <경향신문>, http://news.khan.co.kr/kh_news/khan_art_view.html?art_id=201803121625001
2. 《FREITAG 프라이탁 - 가방을 넘어서》, 레나테 멘치 지음, 이수영 옮김, 안그라픽스
3. <매거진 B> Vol. 1, 프라이탁, JOH & Company 편집부 엮음, 제이오에이치
4. 《단 單》, 이지훈 지음, 문학동네

블루보틀

1. 《카페 블루보틀》, 김태균·진변석·김종선 지음, 팬덤북스
2. <매거진 B> Vol. 76, 블루보틀, JOH & Company 편집부 엮음, 제이오에이치

무신사

1. 실전서 만난 태극권 vs 격투기…中 전통무술 20초 만에 '굴욕', <서울신문>, https://www.seoul.co.kr/news/newsView.php?id=20170502017013
2. "매출이 나오면 에르메스도 온다." 무신사가 잘나가는 이유, 신영주, 아웃스탠딩
3. 조만호！1조 '무신사왕국' 만든다, <패션비즈>, https://m.fashionbiz.co.kr:6001/index.asp?idx=171639

월간 윤종신

1. [크리에이티브 토크] 조수용 제이오에이치 대표 & 윤종신 미스틱89, <월간 디자인>, http://mdesign.designhouse.co.kr/article/article_view/101/65168
2. 크리에이터 윤종신 vol.2 <월간 윤종신> 100호! 성실하고 유능한 편집장, Oh! 크리에이터, https://blog.naver.com/designpress2016/221345248302
3. 윤종신의 비전 "프릭, 혁명이 될 수도 있다", <텐아시아>, http://tenasia.hankyung.com/archives/748580
4. 윤종신이 들려 줄 이방인의 노래 "미루고 미루다 이제 떠납니다", <경향신문>, http://news.khan.co.kr/kh_news/khan_art_view.html?artid=201907061147001&code=960802
5. [황미현의 방토크] 윤종신 인터뷰, <news1>, http://news1.kr/articles/?3665437; http://news1.kr/articles/?3665436
6. 《박찬욱의 오마주》, 박찬욱 지음, 마음산책
7. 《아날로그의 반격》, 데이비드 색스 지음, 박상현, 이승연 옮김, 어크로스

슈프림

1. '뒷골목의 루이비통' 스트리트 브랜드 '슈프림' 성공 스토리, <조선일보>, http://news.chosun.com/site/data/html_dir/2017/06/18/2017061802179.html
2. 슈프림이 빠진 10억 달러짜리 모순, <GQ>, http://www.gqkorea.co.kr/2017/11/13/%EC%8A%88%ED%94%84%EB%A6%BC%EC%9D%B4-%EB%B9%A0%EC%A7%84-10%EC%96%B5-%EB%8B%AC%EB%9F%AC%EC%A7%9C%EB%A6%AC-%EB%AA%A8%EC%88%9C/
3. '난 철저히 마이너', 뒷골목 악동들의 패션 창조한 '슈프림' 창업자, <헤럴드경제>, https://news.v.daum.

net/v/20150926101506351

5 역지사지

1. 《카네기 인간관계론》, 데일 카네기 지음, 최염순 옮김, 씨앗을뿌리는사람
2. 《STICK 스틱》, 칩 히스·댄 히스 지음, 안진환·박슬라 옮김, 웅진윙스
3. 《굿 라이프》, 최인철 지음, 21세기북스

휠라

1. 리틀 자이언트 휠라 제국, 부활을 꿈꾸다, <한국경제신문>, http://bntnews.hankyung.com/apps/news?popup=0&nid=02&c1=02&c2=02&c3=00&nkey=201306272333183&mode=sub_view₩
2. 휠라, 완벽한 부활, <조선일보>, http://biz.chosun.com/site/data/html_dir/2019/02/07/20190207,00024.html
3. 《내가 연봉 18억원을 받는 이유》, 윤윤수 지음, 조선일보사

뿌리깊은 나무

《특집! 한창기》, 강운구와 쉰여덟 사람 지음, 창비

백종원

1. 《돈 버는 식당, 비법은 있다》, 백종원 지음, 청림출판
2. 《사춘기로 성장하는 아이 사춘기로 어긋나는 아이》, 강금주 지음, 루미너스
3. 백종원을 둘러싼 황교익 노정태 박은주의 갑론을박, '엄마냐 선생이냐?', <허핑턴포스트>, https://www.huffingtonpost.kr/2015/07/13/story_n_7782380.html
4. 유튜브 채널 <백종원의 장사 이야기>

쓰타야

1. 美 최대 서점 체인 '반즈앤노블' 매각 나서, <중앙일보>, https://news.joins.com/article/ 23019239
2. 출판업 호황인데… 반스앤노블 매각 검토 "아마존 효과", <머니투데이>, http://news.mt.co.kr/mtview.php?no=2018100414031330564
3. 당신의 음악 취향을 설계해 드립니다, <중앙선데이>, https://news.joins.com/article/22230045
4. 서점을 사양산업 취급할 때 日 쓰타야는 '취향'을 팔았다, <한국경제신문>, https://www.hankyung.com/life/article/2018121352751
5. 《지적자본론》, 마스다 무네아키 지음, 이정환 옮김, 민음사
6. 《취향을 설계하는 곳, 츠타야》, 마스다 무네아키 지음, 장은주 옮김, 위즈덤하우스

발뮤다

1. <슬램덩크> 23권, 이노우에 타케히코 글·그림, 대원
2. 《책은 도끼다》, 박웅현 지음, 북하우스
3. <매거진 B> Vol. 57, 발뮤다, JOH & Company 편집부 엮음, 제이오에이치
4. 《0.1밀리미터의 혁신》, 모리야마 히사코·닛케이 디자인 지음, 김윤경 옮김, 다산4.0
5. 데라오 겐 발뮤다 창업자 겸 CEO 인터뷰, <이코노미조선>, https://news.joins.com/article/23347960